Moritz Becker

Älteste Geschichte der Länder des österreichischen Kaiserstaates

bis zum Sturze des weströmischen Kaiserreiches

Moritz Becker

Älteste Geschichte der Länder des österreichischen Kaiserstaates
bis zum Sturze des weströmischen Kaiserreiches

ISBN/EAN: 9783742848338

Hergestellt in Europa, USA, Kanada, Australien, Japan

Cover: Foto ©ninafisch / pixelio.de

Manufactured and distributed by brebook publishing software
(www.brebook.com)

Moritz Becker

Älteste Geschichte der Länder des österreichischen Kaiserstaates

Inhalt.

I.

Aus der Urgeschichte.

1.

Gebietsgestaltungen.

Im Verlaufe jener unmeßbaren Zeiten, wo die vom Schöpfer wachgerufenen Kräfte an der festen Gestaltung und dem Ausbau unseres Erdballs thätig waren, unterlag das räumliche Verhältniß von Land und Meer einem fortwährenden Wechsel. Weite Gebiete festen Bodens, die lange bestanden hatten, versanken im Ocean, während uralter Meeresgrund an anderen Stellen wieder aus den Fluthen emporstieg. Durch diese steten Veränderungen der Oberfläche wurde die Erde allmälig zum Wohnplatz des Menschengeschlechtes vorbereitet. Bergketten bauten sich aus Felsarten auf, die, von Erzgängen aller Art durchzogen, dem Kampfe der Gewässer oder der Gewalt des Feuers ihren Ursprung verdankten; unerschöpfliche Salzlager entstanden aus vertrockneten Seebecken; ein vieltausendjähriges üppiges Pflanzenleben lieferte den Stoff zu unterirdischen Kohlenlagern; durch die Thätigkeit des fluthenden Wassers wurde ackerbares Erdreich über weite Räume verbreitet.

1

Manche Stufen dieser Entwicklung mochten mit allgemein verbreiteten gewaltigen Katastrophen verbunden, manche zum Grab einer ganzen organischen Schöpfung geworden sein. Doch je näher dem Momente, wo das Werk der Allmacht mit der Erschaffung des Menschen gekrönt werden sollte, desto mehr näherten sich alle irdischen Verhältnisse im großen Ganzen dem gegenwärtigen Zustande.

Aber selbst in der letzten Epoche vor dem Auftreten unseres Geschlechtes waren die Umrisse des Festlandes noch vielfach anders geformt als jetzt. Auch für unseren Erdtheil, in dessen Mitte das Gebiet unseres heutigen Kaiserstaates liegt, läßt sich aus den Ergebnissen naturwissenschaftlicher Forschungen eine vielfach andere Gestalt, als die gegenwärtige, nachweisen. Das Festland erstreckte sich einst viel weiter gegen Norden. Großbritannien und Irland waren keine Inseln, Dänemark und das südliche Schweden keine Halbinseln, sondern ungetrennte Theile des Festlandes, das sich gegen Abend ein gutes Stück über die Westküsten von Frankreich und Irland, gegen Mitternacht über die Nordspitze von Schottland hinaus erstreckte. Der Rhein, damals ein Strom nahezu von der Länge und Mächtigkeit des heutigen Laplata, nahm seinen Lauf in fast nördlicher Richtung und mündete, nachdem er von Morgen die Elbe und von Abend die Themse aufgenommen, bei den heutigen Shetlandsinseln. Der größte Theil von Schweden dagegen, von dem heutigen Gothenburg und Stockholm aufwärts, und das finnische Tiefland bestanden nicht; der botnische, der finnische Busen und das weiße Meer waren ununterscheidbare Theile eines großen nördlichen Oceans.

In jahrtausendlangen Zeiträumen, deren Anfang und Ende außer der menschlichen Berechnung liegen, bekam Europa nach und nach die heutige Gestalt. Vom östlichen Abhange des mächtigen skandinavischen Gebirges rückte das Land allmälig weiter gegen das Meer vor, der Boden von Finnland hob sich und bildete eine durch zurückgebliebene Wässer und Seen vielfach durchbrochene Scheidewand zwischen dem weißen Meer und der heutigen Ostsee. Was der Ocean hier an Gebiet verlor, das gewann er dagegen westlich vom skandinavischen Gebirge. Der Boden zwischen dem heutigen Großbritannien, Dänemark und südlichen Norwegen verschwand mehr und mehr in den Fluthen, die sich im Kattegat und Sund gewaltsam die Verbindung mit dem östlichen Meere brachen. Was früher Tiefland des Continents war, wurde jetzt zu zwei großen Wasserbecken, der Nordsee und dem baltischen Meer. Auch von Westen her gewann der Ocean immer größere Ausdehnung, machte immer tiefere Risse in die Ostküste des Festlandes, trennte Irland von England, die Hebriden, die Orkney- und Shetlands-Inseln von Schottland und wühlte zwischen dem heutigen England und Frankreich eine immer tiefere Bucht hinein, so daß das Britenland, von drei Seiten schon ganz vom Meere umflossen, nur durch einen immer schmaler werdenden Landstrich mit dem Continente zusammenhing. Die gewaltige Katastrophe, die den Riß vollständig machte, gehört schon der Zeit an, da Europa in allen seinen Theilen bevölkert war, und wir werden später das große geschichtliche Ereigniß kennen lernen, das aller Wahrscheinlichkeit nach damit in ursächlichem Zusammenhange stand.

. Aber lange bevor sich die letztangedeuteten Umstaltungen vollzogen, hatte eine merkwürdige Zwischenperiode, die sogenannte Eiszeit, bestanden. Die zwei großen Wärmespender für den Süden und Westen Europa's, die unermeßbare Sahara und der Golfstrom, kamen unserem Welttheil einst nicht zu Gute. Die Sahara war vom Meere überfluthet, der Golfstrom in eine andere Bahn gelenkt. Große Theile der osteuropäischen, so wie der nordasiatischen Niederung waren noch von Wasser bedeckt und die Wogen des arktischen Oceans trugen unbeirrt ihre Massen von Treibeis weit nach dem Süden. Unter solchen Verhältnissen entwickelte sich bald ein so rauhes, insbesondere feuchtes Klima, daß allmälig ein Theil des europäischen Festlandes mit Eisfeldern (Gletschern) bedeckt wurde.

In jener Zeit mußte auch das Gebiet unseres Kaiserstaates ein vielfach anderes Aussehen haben als gegenwärtig. Das Gebiet des fortwährenden Schnees, das wir heute auf die höchsten Puncte der Alpen beschränkt sehen, reichte viel tiefer in das Land herab. Wo sich jetzt weite Ebenen ausbreiten oder fruchtbare Thäler hinziehen, waren früher die Ausgänge von Eisbergen oder Felsabstürzen. Das Steinfeld bei Wiener-Neustadt z. B. ist das Ueberbleibsel des vom Schneeberg und dessen Vorbergen abgelagerten Steingerölles. Der romantische Thalkessel von Maria-Zell verdankt einer Ablagerung von Gletscherblöcken sein Dasein. Das Leibnitzer, das Grätzer Feld in Steiermark waren ursprünglich tiefe Thalrisse, nach und nach mit Schotter ausgefüllt, den die Wasserfluthen aus den oberen Gebirgsgegenden herabschwemmten; die Mur wühlte sich durch diese Schotterablagerungen ihr Bett. Das adriatische Meer bildete an seinem nordwestlichen Ende, zwischen den Apenninen und Alpen, eine breite und tiefe Bucht, deren nördliches Gestade die weit herabgehenden Gletscher der letzteren einfaßten. Durch das allmälige Zurücktreten des Meeres, durch das Schmelzen der tiefer liegenden Gletscher und durch das vom Gebirge herabgeschwemmte Erdreich entstanden nach und nach die lombardische Ebene und das Lagunengebiet von Venedig.

Der kälteren rauhen Natur entsprachen das Pflanzenleben, die Thierwelt. Das riesige Mammuth, das Rhinoceros

mit gespaltener Nase, das Rennthier, das heute nur im kältesten
Norden von Europa zu treffen ist, und der Riesenhirsch trieben
sich in den Niederungen herum; der Höhlenlöwe, die Höhlen-
hyäne, der gewaltige Höhlenbär hausten in den Schluchten der
Gebirge.

Ob zu jener Zeit unsere Länder schon von Menschen
bewohnt waren, wie sich dies aus gemachten Funden für das
nördliche Frankreich mit großer Wahrscheinlichkeit behaupten
läßt, muß vorläufig in Frage bleiben. In der Zeit aber, von
welcher wir mit Bestimmtheit wissen, daß bereits menschliche
Ansiedelungen vorhanden waren, finden wir ganz Mitteleuropa
von ungeheuren Waldungen bedeckt, in denen je nach der
größern oder geringern Rauheit des Klimas die Fichte, die
Eiche, die Buche herrschten. Ausgedehnte Wald- und Wiesenmoore
unterbrachen stellenweise das wilde Dickicht des Urwaldes. Thier-
gattungen, die heute dem Aussterben nahe oder aus den bewohn-
teren Theilen von Mitteleuropa verdrängt sind, schweiften durch
die rauhe Wildniß: der starke Ur, von dem noch Cäsar sagt, daß
er an Größe dem Elephanten nahe komme, der „grüne Schelch"
oder Riesenhirsch, den noch das Nibelungenlied und eine Jagd-
urkunde aus dem X. Jahrhundert erwähnen, der aber jetzt vollständig ausgerottet ist, der Edelhirsch, an Kopfeshöhe ein statt-
liches Pferd überragend, der Wisent oder Auerochs mit der breiten gewölbten Stirn, den kurzen rundlichen Hörnern und dem
mächtigen Vordertheil, das Wildschwein, von größeren Verhältnissen als das heutige, das Elenn, das jetzt nur noch in
Litauen in dem Forst von Bialowisa gehegt wird, wo auch
eine Heerde von einigen hundert Auerochsen ihren letzten Zufluchtsort gefunden hat.

In dieser wilden Umgebung kämpften die ältesten menschlichen Bewohner von Mitteleuropa um ihr einfaches und ärm-

liches Dasein; dort lebten und starben während einer Zeit, die wir nach Jahrtausenden messen dürfen, Völker dahin, von denen uns nur zum Theile und unter Namen, die von zweiter und dritter Hand herrühren, unsichere Kunde bewahrt ist.

2.

Steinzeit — Pfahlbauten — Iberer.

Die einigermaßen verbürgte Geschichte der Länder, die den österreichischen Kaiserstaat bilden, reicht wenig über den Beginn der christlichen Zeitrechnung zurück. Damals hatte das gewaltige Rom den südlichen und südwestlichen Theil dieses Gebietes erobert und war daran, längs der Donau eine sichere Grenzhut gegen die Barbaren aufzustellen.

Aber selbst die Nachrichten über diese Zeit, soweit sie aus römischer und griechischer Feder fließen, sind dunkel, theilweise einander widersprechend und lassen sich nur in den Hauptpuncten mit einiger Sicherheit feststellen. Denn sie kommen von Männern, welche die Völker und Zustände, die sie schildern, von ihrem Standpuncte beurtheilt und in vielen Fällen sich nicht auf Selbsterlebtes, sondern auf fremde Angaben gestützt haben. Und was über die genannte Zeit zurückreicht, gehört mehr oder minder der Sage an, die wahres mit falschem mengt und erst durch die Forschung geläutert werden muß.

Dieses Ziel verfolgt die Wissenschaft. Ihrem Lichte weicht allmälig das Dunkel, das über der Vorzeit schwebt, und sie gestattet heute sogar schon einen Blick in das Völkerleben urferner Zeiten. Aus den versteinerten Ueberresten längst ausgestorbener Thiere und Pflanzen schließt die Wissenschaft auf den Entwicklungsgang der Erdrinde. Aus wenigen Knochen dieser

Urbewohner setzt sie deren Gestalten zusammen und deutet auf ihre Lebensweise hin. Aus den Spuren menschlicher Thätigkeit, die in tieferen Schichten des Erdbodens liegen, sucht sie die Zustände längst untergegangener Völker zu entziffern. Die Forschung nach Merkmalen solcher Art ist im vollen Gange. Mit jedem Jahre wächst die Zahl ausgegrabener Gegenstände, die von der Urzeit Kunde bringen: Waffen, Werkzeuge, Geräthe, Schmucksachen; und schon hat man aus der Betrachtung und Vergleichung solcher „Gebilde von Menschenhand" überzeugend dargethan, daß in der Entwicklung des Völkerlebens drei große Culturstufen zu unterscheiden seien, deren erste man als die Steinzeit, die zweite als die Broncezeit, die dritte endlich als die Eisenzeit zu bezeichnen pflegt.

Auf der untersten Stufe war den Menschen die Verwendung von Metallen unbekannt; sie gebrauchten Waffen und Werkzeuge aus Stein und Bein, das ist aus Stoffen, die ihnen die Natur zunächst darbot. Scharfe und spitzige Steine, die Knochen des erlegten Wildes, die Geweihe des Hirsches und des Elenns, die Hauer des Ebers wurden zu Geräthen des häuslichen Gebrauches, der Abwehr gegen Feinde, der Jagd und des Fischfangs. Mit unsäglicher Geduld lernte der Mensch Stein an Stein schleifen und dem harten Stoffe eine zweckdienliche Form zum Schneiden, Stechen oder Spießen geben, der dann mit einem Holzstücke als Handhabe in Verbindung gebracht zur Haue, zum Messer oder zum Meißel wurde, zum Abschaben der Thierhäute oder zur Bebauung des Bodens dienen mußte. Durch Reiben zweier Hölzer verschaffte man sich Feuer, mit dessen Beihilfe ohne Zweifel auch das Fällen der Bäume vor sich ging. Es gibt heute noch wilde Völker, die an dem Baum, dessen sie habhaft werden wollen, zuerst unten im Kreise die Rinde abschälen, dann Feuer herum anlegen und in die Kohlen hinein hauen,

in die entstandene Vertiefung wieder Feuer legen, und so
fort, bis der Baum stürzt. Die Kleidung des Menschen in dieser
frühesten Entwicklungsperiode bildeten Thierfelle, die mittels
Nadeln aus Knochensplittern, mit Thiersehnen oder Pflanzen-
fasern roh zusammengenäht wurden. Irdene Töpfe und Geschirre
verfertigte man aus grobem mit Sand untermengtem Thon; sie
wurden aus freier Hand gearbeitet und hatten einen dicken Boden
und dicke Wände. Dennoch sorgte man schon für einige Verzierung; ein paar Striche und Puncte, mit einem Holze in die
Masse eingedrückt, sollten den Anblick des Gefäßes gefälliger
machen. Zum Mahlen der Gersten- und Weizenkörner diente ein
muldenartig ausgehöhlter Stein, in welchen ein zweiter halb-
kugelförmig zugerichteter hinein gedrückt und gedreht wurde.
Netze aus Bastfäden, Angeln aus spitzigen Steinchen oder
Knochen dienten zur Fischerei; einfache Wurfgeschosse, in deren
Gebrauch es wilde und halbwilde Völker bekanntlich zu einer
staunenswerthen Geschicklichkeit und Sicherheit bringen, zur Jagd;
größere Thiere, wie den Ur, wußte man wohl auch in über-
deckten Gruben zu fangen und da mit Steinwürfen oder Spießen
zu tödten.

Welcher Art die Ansiedlungen der ältesten Bewohner
unseres Erdstriches zu Lande gewesen, ist kaum mehr möglich
zu entscheiden. Eine Eigenthümlichkeit derselben aber waren ihre
Seeansiedlungen; und vielleicht war der Biber, dieser fleißige
und geschickte Zimmermann und Deichgräber, damals über den
größten Theil von Europa verbreitet, der erste Lehrmeister des
Menschen in der Kunst des Wasserbaues. Spuren solcher Seeansiedlungen ließen sich zwar auf dem Gebiete unseres Kaiserstaates bisher nur im Gardasee nachweisen, finden sich aber
fast in allen unsern Nachbarländern, so daß an der allgemeinen Verbreitung dieser Lebensweise, wo die Oertlich-

teit dazu geeignet war, kaum zu zweifeln ist. Nahe am Ufer oder weiter im Wasser wurden nämlich große Massen von Pfählen in den Boden eingerammt, aus darüber gelegten dicken Brettern feste Bühnen gebildet und auf dieser Grundlage Hütten aus Holz und Flechtwerk errichtet, die man mit Stroh und Binsen bedeckte. Vom festen Lande führten einfache Brücken dahin, die nächst dem Ufer, um den Zutritt des Wildes oder des Feindes abzuhalten, durch eine Art Aufzug abgebrochen werden konnten. Das sind die sogenannten Pfahlbauten, deren Ueberreste man vor kaum einem Jahrzehent zuerst in einigen Schweizerseen bei sehr niedrigem Wasserstand entdeckt hat und deren Spuren seitdem an vielen andern Puncten des mittlern Europa aufgefunden wurden. Diese Funde stimmen auch mit dem zusammen, was wir aus geschichtlicher Ueberlieferung von einigen der ältesten Bewohner unseres Welttheiles wissen. Der griechische Geschichtschreiber Herodot liefert von einer Pfahlansiedlung der alten (thrakischen) Päonier auf dem See Prasias eine Beschreibung, die mit den Ergebnissen der neuesten Untersuchungen über die Pfahldörfer ganz übereinstimmt. Herodot erzählt auch, daß jedes Paar, das sich verehelichte, drei neue Pfähle einrammen mußte; den kleinen Kindern habe man den Fuß an einen Strick gebunden, damit sie nicht ins Wasser fielen; von jeder Hütte sei eine Oeffnung ins Wasser gegangen, von wo man, bei dem ungemeinen Fischreichthum des Sees, die Fische geradezu habe schöpfen können. Man wußte aber auch den See zu befahren; ausgehöhlte Baumstämme dienten als Kähne, wie man deren noch heutzutage als sogenannte „Einbäumler" auf den oberösterreichischen Seen antrifft. Die dem Ufer nahegelegenen Theile mancher Seen scheinen mit solchen Ansiedlungen förmlich überdeckt gewesen zu sein und mochten einem von zahlreichen Dörfern belebten Gestade geglichen haben, nur daß

die Ebene kein fester Boden, sondern der bewegliche Wasserspiegel war. Im Genfer See haben sich mehr als 26, im
Bodensee mehr als 30 Stellen vorgefunden, wo ehemals Seeansiedlungen bestanden.

Wenn es sich fragt, welchem Volksstamme die ältesten
Bewohner unseres Himmelsstriches angehörten, so wird auch
der Wißbegierigste mit bloßen Muthmaßungen zufrieden sein
müssen. Daß unsere Länder schon in sehr früher Zeit bevölkert
waren, beweisen die zahlreichen Ueberbleibsel aus dem Stein-
alter, die man in Böhmen (bei Sedlec, Bukowice, Nemĕřic,
Ctinowes), in Mähren (bei Frain), in der ungarischen Zips,
in Galizien (bei Sandec, Krakau), in Niederösterreich (bei
Eggenburg, Tirnstein, Rukersdorf), in Oberösterreich (bei
Steyr, Mitterberg) und an vielen andern Orten fand. Nach
der Vergleichung der in den Gräbern der Steinzeit aufgefundenen
Schädel halten einige Forscher die Menschen jenes Zeitalters
für **finnischen** Ursprunges, andern gelten sie für **Iberer**.
Wenn es sich aber bestätigen sollte, was in neuester Zeit
Sprachgelehrte herausgebracht haben wollen, daß die Sprache
der dem finnischen Stamme angehörigen Lappen im äußersten
Norden von Europa und jene der Basken am nördlichen und
südlichen Abhange der Pyrenäen, der Ueberbleibsel der ältesten
Bewohner von Spanien und Frankreich, eine zwar nicht in
Wort und Laut, aber in gewissen inneren Bildungs-
weisen und Formgesetzen sich kundgebende Verwandtschaft
aufweise und daher auf einen gemeinsamen Ursprung zurückzuführen sei, so wäre es am Ende einerlei, ob wir die
längst dahingegangenen Urbewohner unseres Vaterlandes für
Finnen halten, oder ob wir sie mit dem von den Griechen und Römern uns überkommenen Namen der **Iberer**
bezeichnen.

3.

Erz- oder Broncezeit — Kelten.

Früher als das Eisen wußten die Menschen das Kupfer zu gewinnen und zu verarbeiten. Das Kupfer fand sich gediegen oder in Erzen an vielen Orten zu Tage, und die lebhafte Farbe desselben zog leicht den Blick und die Aufmerksamkeit auf sich. Die Gewinnung des Kupfers ist eine leichtere als die des Eisens, es fordert keinen so hohen Hitzegrad zum Schmelzen als dieses. Noch heute legen amerikanische Wilde an Stellen des zu Tage liegenden Kupfers Feuer an und schmelzen es dadurch aus dem andern Gesteine heraus. Doch war es seltener das reine Kupfer, woraus die älteren Völker Geräthe und Werkzeuge, Waffen und Schmuckgegenstände bereiteten, sondern es war in den meisten Fällen eine Mischung von Kupfer und Zinn, das sogenannte Erz oder die Bronce, deren sie sich bedienten. Die Mischung war ungefähr 85 Theile Kupfer zu 15 Theilen Zinn, am häufigsten 90 Theile von ersterem und 10 Theile von letzterem. Funde von Gegenständen aus solchen Stoffen wurden neuerer Zeit sehr häufig und in den verschiedensten Ländern von Europa gemacht. Am auffallendsten ist eine Art kleiner Meißel, die an einen kurzen Griff oder Stiel aus Holz gesteckt wurden und zu mannigfachem Gebrauche dienen konnten, wie man ja stets bei wenig in der Bildung und Kunstfertigkeit vorgeschrittenen Völkern wahrnehmen kann, daß sie e i n e Art Werkzeug zu den verschiedensten Zwecken zu verwenden wissen. Man besaß aber auch eigene landwirthschaftliche Werkzeuge, wie z. B. bei Güns in Ungarn, zu Hallstatt in Oberösterreich und an anderen Orten Sicheln aus der Erzzeit ausgegraben wurden. Dieser Zeit angehörige Waffen waren schon mannigfacher und mit mehr Umsicht gearbeitet als die der Steinzeit. Man fand zweischneidige Schwerter, Dolche, Lanzen und Pfeilspitzen. Besonders zahlreich sind die Funde von Schmuckgegenständen, die, sowie Waffen, den Todten in das Grab mitgegeben zu werden pflegten, namentlich Armringe und Heftnadeln zum Zusammenheften der Kleidungsstücke. Sie sind mitunter ziemlich fein gearbeitet und haben eine zwar einfache aber nicht ungefällige Verzierung.

Es fragt sich nun zweierlei, erstlich: Wie und wo kam man in so früher Zeit zur Gewinnung des Zinnes, das im barbarischen Europa hauptsächlich nur aus dem südlichen Britannien bekannt war? und dann: Welchem Volksstamme gehörten die Gegenstände der europäischen Broncezeit an? Denn die in den verschiedensten Gegenden gefundenen zeigen nahezu die nämliche Mischung von Kupfer und Zinn, und weisen auch in der Form und Verzierung solche Aehnlichkeiten auf, daß man unmöglich etwas anderes, als ihre Abstammung von einem und demselben Volksstamme vermuthen kann.

Man nimmt ungefähr das sechzehnte Jahrhundert vor der Geburt unseres Heilands als die Zeit an, da die Kelten (oder Celten) aus Asien, der Wiege des Menschengeschlechtes, in Europa einwanderten.

Vielleicht war es eine jener großen Menschenströmungen, wie sie im Laufe der Völkergeschichte unseres Welttheils so oft wiederkehren, und es mochten damals mit den Kelten, oder ihnen nachfolgend, noch andere Stämme aus Asien herübergekommen sein. Die in den ersten Jahrhunderten nach Christus so ausgebreitete und vielverzweigte Familie der Slaven führt ihren Aufenthalt in Europa jedenfalls auf viele Jahrhunderte vor Christus zurück. Die Griechen faßten die im Nordwesten von ihnen wohnenden, ihnen nicht näher bekannten Menschen unter dem Namen der Hyperboräer zusammen. Vertrauter wurden sie und die Italer im Laufe der Zeit mit den in ihrer Nachbarschaft siedelnden Illyriern, unter welcher Bezeichnung sie im allgemeinen die Stämme zwischen dem adriatischen Meere, der mittleren Donau und dem Hämusgebirge (Balkan) begriffen. Als Abzweigungen derselben galten die Liburner an der dalmatischen Küste und jene Päonier, die wir weiter oben als Pfahlbauer auf dem See Prasias kennen gelernt haben.

Der Name der Illyrier reicht überhaupt in das grauеste Alterthum zurück; die griechische Sage setzt einen ihrer ältesten Helden mit diesem Volksstamme in Verbindung. Nachdem Kadmos, der von den Phönikern die Buchstabenschrift nach Europa gebracht, lange über Böotien geherrscht hatte, verließ er auf des Bacchus Befehl seine Burg Kadmea oder Theben und ging zu den Encheliensern, denen er gegen ihre Feinde, die Illyrier, beistand, worauf er ihr König ward und einen Sohn zeugte, der den Namen Illyrios erhielt. Zuletzt verwandelte Zeus den Kadmos und dessen Gattin Harmonia in Schlangen und versetzte sie in das Elysium. Die Gegend, wo Kadmos in solcher Weise seine irdische Laufbahn beschloß, wird als dieselbe bezeichnet, wo später die phönikische Pflanzstadt Epidamnus (das heutige Alt-Ragusa) blühte, und ein Wartthurm zeigte den spätern Bewohnern die Stelle, wo die Verwandlung vor sich gegangen war.

Es sind noch andere Sagen der Hellenen, die in Gegenden unseres heutigen Kaiserstaates verlaufen. Völkernamen, die sich bis nahe an die christliche Zeitrechnung oder über dieselbe hinaus, ja zum Theil bis auf den heutigen Tag erhalten haben, tauchen zum erstenmale im Zeitalter der Mythe oder in den frühesten Jahrhunderten geschichtlichen Halbdunkels auf.

Bald vernehmen wir, wie Agathyrsos, ein Sohn des Herakles, auswandern muß, weil er die Probe mit Bogen und Gurt nicht besteht, und die Agathyrsen erhalten sich viele Jahrhunderte lang im heutigen Siebenbürgen an der Maris (der heutigen Maros). Man schildert sie als ein friedfertiges Volk, nicht ohne Bildung, das den Werth des Goldes kannte und aus diesem in ihrem Lande reichlich aufgefundenen Metalle kostbare Gefäße hatte. Allein daß sie in gemeinschaftlicher Ehe lebten und sich blau bemalten, weist auf die Rohheit ferner Zeiten zurück.

Dann wieder sehen wir Jason, den abenteuernden Griechen, mit dem geraubten goldenen Vließe und der entführten Medea über das schwarze Meer, die Donau und die Save hinauf vor den ihn verfolgenden Kolchern fliehen. Er kommt bis an den Fluß Nauportus (in der Gegend von Ober-Laibach), wo er überwintert und den Grund zur Stadt Aemona, dem heutigen Laibach, legt. Seine Verfolger aber, die ihn nicht erreichen, setzen sich an der istrischen Küste fest und gründen Pola.

Das Ende von Troja, der altberühmten Königstadt, wirft seine Helden, Freund wie Feind, Jahre hindurch auf allen Meeren herum. Der trojanische Fürstensohn Antenor landet mit einer kleinen Schaar Heneter oder Veneter am Ausflusse der Etsch und erbaut an diesem Flusse Patavium, das nachmalige Padua, und den tapfern griechischen Diomedes führen seine Geschicke an die Nordküste des adriatischen Meeres, wo ihm später an den Ufern des Timavus (des heutigen Flüßchens Timavo) ein Tempel errichtet wird. —

Wir kehren nach dieser Abschweifung, die im Grunde keine war, zu den Kelten und zu unsern beiden früher gestellten Fragen zurück. Die Kelten scheinen bei ihrer ursprünglichen Einwanderung in Europa unsere Gegenden, mit den Urbewohnern kämpfend, auch wohl theilweise sich mit ihnen vermischend, nur durchzogen zu haben, mit ihrer Hauptmacht aber weiter gegen Abend gerückt zu sein, bis das Weltmeer ihrem Wandern ein Ziel setzte. Da nahm ein Theil Besitz von Gallien, woraus die Iberer an die Pyrenäen und über dieselben gedrängt wurden. Ein anderer Theil richtete sich auf britischem Boden ein, der damals noch mit dem Festlande von Europa zusammenhing.

Die Kelten haben ohne Frage in ihrer ersten Entwicklung gleich anderen Völkern die Steinzeit durchgemacht. Aber in England wurden sie im Laufe der Zeit mit der Gewinnung des Kupfers und Zinns vertraut, lernten diese beiden Metalle mit einander in Verbindung setzen und die dadurch gewonnene Mischung zur Verfertigung von Gegenständen benützen, deren Gebrauch sich allmälig unter ihren Stammesgenossen verbreitete, und von denen, wie schon früher bemerkt, Ueberreste in den verschiedensten Theilen von Europa gefunden werden. Die Gelehrten haben darum auch jenes eigenthümliche Werkzeug nach Art eines Meißels, das man unter den Denkmalen aus der Erzzeit so häufig antrifft, mit Beziehung auf den Volksstamm, dessen vorzugsweisem Gebrauche es aller Wahrscheinlichkeit nach angehört, Kelt (oder Celt) genannt.

Das Volk der Kelten war groß und weit verzweigt. Die Griechen nannten sie Galater, die Römer Gallier und das von ihnen bewohnte Gebiet in Westeuropa, das heutige Frankreich, Gallien. Im Laufe der Jahrhunderte wurden ihnen ihre Wohnsitze im Abendlande von Europa zu eng und es erfolgte nun wieder eine Rückströmung von Westen nach Osten, die für die Länder unseres Kaiserstaates folgenreich geworden ist.

Die Sage berichtet darüber folgendes: Im Lande der Kelten hatte der Stamm der Bituriger das Uebergewicht erlangt. Das Volk wuchs so an, daß der heimische Boden nicht mehr zum Unterhalte zureiche. Da gebot König Ambigates seinen Neffen Bellowes und Sigowes, mit reisigem Volke gegen Sonnenaufgang hin Wohnsitze zu suchen. Das war etwa 600 Jahre vor Christus. Bellowes wandte sich mit seiner Schaar nach Südost, überschritt die Rhone, welche das Hügelland der Sevennen von den Vorbergen der Alpen scheidet, und fand durch die Pässe des Hochgebirges den Weg nach Italien. Sigowes zog östlich über den Rhein und weiter in das waldreiche Bergland längs der obern Donau, welches man damals mit dem Namen „hercynischer Wald" bezeichnet hat, und gründete dort seinem Volke eine neue Heimat.

Viel wissen die alten Geschichtschreiber von dem Zuge der bellowesischen Kelten oder Gallier zu erzählen. Auf der Wanderung zu den Alpen schlossen sich ihnen theils freiwillig, theils gezwungen kleinere Völker an. Der Heereszug, Weiber, Kinder und Troß ungerechnet, zählte 300.000 Bewaffnete. Nicht ohne Schwierigkeiten, die der fremde Boden darbot, nicht ohne blutigen Kampf mit den Bewohnern gelang ihnen die Besetzung des Landes. Fünfzig und mehr Jahre gingen hin, ehe die Wanderer die erste feste Niederlassung fanden. Während dieser Zeit lagerten sie an den Westabhängen der Alpen, dort, wo diese Frankreich von Italien scheiden, halfen griechischen Ansiedlern, die übers Mittelmeer aus ihrer Heimat geflüchtet waren, Massilia (das heutige Marseille) gründen und brachen sich endlich durch die Alpenpässe Bahn in die Niederung des Po. Die Bewohner wichen ihrem Andrange oder fügten sich nach vergeblichem Widerstande ihrer Botmäßigkeit. Ganz Oberitalien und ein Theil von Mittelitalien wurde nach und nach von den Kelten

beſetzt. Dort ſtießen ſie 391 vor Chr. G. mit den Römern
feindlich zuſammen und am 18. Juli 390 kam es am Flüßchen
Allia zur Schlacht. Die Römer wurden vollſtändig geſchlagen,
nur Trümmer ihres Heeres kamen flüchtig nach Rom. Die
Gallier folgten ihnen auf dem Fuße, Rom wurde geplündert,
niedergebrannt und nur der befeſtigte Höhenpunct der Stadt,
das Capitol, hielt noch Stand. Nach mehreren vergeblichen
Verſuchen der Feinde, dieſes in ihre Gewalt zu bekommen,
wurde unterhandelt und in dem theuer erkauften Frieden
mußten die Römer unter anderm verſprechen, in ihrer Stadt,
wenn ſie wieder aufgebaut ſei, ein Thor für die Gallier
offen zu laſſen. Mit reicher Beute beladen, kehrten dieſe nach
Oberitalien zurück; doch der „galliſche Schreck“ blieb fortan
bei den Römern haften, und es bedurfte einer mehrhundert-
jährigen Anſtrengung, ehe die Macht dieſes furchtbaren Feindes
gebrochen wurde.

Der andere Zug der Kelten unter Sigoveš ſcheint vom
Beginn an weniger Hinderniſſe gefunden zu haben. Stetig nach
Oſten fortſchreitend verbreitete ſich keltiſche Bevölkerung allgemach vom Rhein ab bis über die Weichſel hinaus, dann die
Alpen entlang bis an deren öſtliche Ausläufer zu beiden Seiten
der Donau. Die früheren Bewohner, in deren Sitze ſie ein-
drangen, vielleicht mit Reſten der urſprünglichen Einwanderung
der Kelten nach Europa vermiſcht, wurden von den neuen An-
kömmlingen zum Theile verdrängt, zum Theile traten neue Völ-
kermiſchungen ein. Viele der Pfahldörfer gingen dabei durch
Feuersgewalt zu Grunde; andere nahmen die Kelten in Beſitz
oder gründeten, indem ſie den früheren Einwohnern dieſe Art
von Niederlaſſung ablernten, neue. Daraus iſt es zu erklären,
daß ſich unter den Gegenſtänden, die man neuerer Zeit
aus dem Seeboden ausgehoben hat, ſowohl ſolche finden,

die der Steinzeit, als andere, die dem Zeitalter der Bronce angehören.

Ein dritter Zug der Kelten, oder vielleicht ein Theil des Sigowesischen Haufens, schlug südlich von diesem die Richtung gegen das adriatische Meer ein, breitete sich in den Gegenden zwischen der Donau und Save, an der mittleren und unteren Donau bis an das Hämusgebirge aus, und stieß da mit den alten Päoniern und den illyrischen Völkerschaften zusammen.

So wie im Westen gegen Rom, so bewährten die Kelten ihren Kriegsmuth und ihre Eroberungslust im Osten gegen Griechenland, welches damals unter makedonischer Herrschaft stand. Alexander der Große empfing, 335 vor Christus, an der untern Donau keltische Gesandte, die ihm Freundschaft und Bündniß anboten. Nach Alexander's Tode fochten keltische Schaaren (Skordisker) in den Heeren seiner Feldherren, die sich um das Erbe des großen Welteroberers stritten. Das war Uebung in der griechischen Kriegskunst, deren das schlaue Volk für seine ferneren Pläne bedurfte. Im Jahre 280 v. Chr. G. brachen 300.000 Kelten (Skordisker und andere) verheerend in Griechenland ein; das Land der alten Cultur gerieth in Gefahr, ihnen zur Beute zu werden. Eine entscheidende Niederlage (278 v. Chr. G.) hemmte endlich ihr Vordringen auf dieser Seite.

4.

Spuren keltischer Cultur in unsern Ländern.

Von den keltischen Stämmen, die in Theilen unseres heutigen Vaterlandes ansässig gefunden wurden, lassen sich folgende bezeichnen. Der mächtigste und ausgebreitetste Stamm der Boier

gab dem heutigen Böhmen, vielleicht auch Bayern den Namen
und dehnte seine Wohnsitze über Mähren und Niederösterreich,
sowie über einen großen Theil des westlichen Ungarn um den
Neusiedler-See (Lacus Peiso) aus. Die Taurisker saßen im
Salzburgischen, in Steiermark und Kärnten; noch heutzutage
heißen viele Gebirgsübergänge in diesen Ländern Tauern,
und der Name der Krimler und Radstätter Tauern sowie
der Ausdruck Tor in der Benennung mehrerer Bergspitzen
erinnert an die alten keltischen Bewohner dieser Länder.
Ferner sind als keltische Stämme zu nennen: die Skordisker
in Croatien und Slavonien und die Ombroner an der
Weichselquelle. In manchen Gebieten trat eine entschiedene
Mischung der ursprünglichen Bewohner mit den neuen Ankömm-
lingen ein. So gelten die Karner, die im heutigen Krain,
und die Japoden oder Japyden, die im croatischen Küstenlande wohnten, für Mischvölker von Kelten und Illyriern.

Von dem Schicksale der Bewohner, welche die Kelten bei
ihrer Einwanderung vorfanden, mangelt die sichere Kunde. Die
in den Alpenländern mögen nach kurzer Gegenwehr sich ihrer
Herrschaft gefügt und in erträglicher Abhängigkeit von ihnen
die heimischen Wohnsitze behalten haben, nur daß sie mehr in die
Gebirge zurückgedrängt wurden, während sich die Kelten in den
offenen Thälern und Ebenen festsetzten. Die in den Niederungen der Donau und Theiß angesiedelten Stämme, unfähig der
Gewalt zu widerstehen, gaben ihr Land dem unwiderstehlichen
Feinde preis und suchten weiter gegen Osten ein neues. Wahrscheinlich traf dies Schicksal auch verschiedene Zweige des großen
slavischen Stammes, die aus ihren Sitzen zwischen Donau
und Theiß über die Karpaten gedrängt wurden, wo in den
ausgedehnten Landstrichen am Dnjestr und Dnjepr ihre Stammesbrüder seit uralter Zeit wohnten.

2*

„Die Kelten", sagt ein neuerer Schriftsteller mit Recht, „sind ein Volk, das eine große Geschichte hat. Kelten haben Rom zerstört und Karthago öfter in Schrecken gesetzt; Kelten haben einmal Griechenland erobert und sind auf Delphi Sturm gelaufen; vor den Kelten in Galatien hat Asien gezittert, sie haben alle Städte zum Tribut gezwungen, sie haben die Könige von Syrien geschlagen, sie waren nahe daran ein Keltenreich im Lande der Pyramiden zu gründen. Kelten haben Mittel- und Westeuropa mehrere Jahrhunderte lang innegehabt, die Blätter der alten Geschichten sind voll von den Thaten ihrer Kühnheit und ihres Heldenmuthes. Von diesem Volk rühren vielleicht die ersten Dörfer- und Städtegründungen, rühren wahrscheinlich die Namen von Flüssen, Bergen und Ortschaften her, welche heute noch im Gebrauch, aber nicht aus unserer Sprache zu erklären sind, und aus denen wir hier wieder auf das frühere Leben Schlüsse machen können."

Als die Römer erobernd in das Keltenland drangen, fanden sie wohlgepflegte Felder und gebahnte Straßen selbst in unwirthlichen Alpenthälern vor; das letztere trug viel dazu bei, daß den Eroberern nachher die Verwaltung des Landes leichter wurde. Die Namen der Flüsse Donau, Traun, Inn, Raab, der Orte Cilly, Pettau, die Bergnamen Tauern, Kar u. a. sind keltischen Ursprungs, von den Römern dem Klang ihrer Sprache angepaßt.

Die Kelten haben den Bergbau in unsere Gegenden gebracht. Das Kupferwerk am Mitterberg im Salzburgischen reicht in das früheste Alterthum hinauf, die Zinngruben im böhmischen Erz- und Fichtelgebirge waren ohne Zweifel schon bei den Boiern in Betrieb. In den Salzgruben von Hallstatt und Hallein haben sich Broncewerkzeuge vorgefunden, was den Beweis liefert, daß die Gewinnung des Salzes unseren keltischen Vorfahren nicht unbekannt war; dahin weist auch der Name dieser Orte, so wie von Hall in Thyrol, da hal im keltischen Salz bedeutet.

Durch die Berührung mit den Römern und Griechen einerseits und mit den Germanen andererseits lernten die Kelten den Gebrauch der anderen Metalle kennen. Von den Germanen zunächst die Bearbeitung des Eisens, womit jene von altersher vertraut waren. Viele halten darum die eisengrabenden Kothiner im mährisch-schlesischen Berglande für ein Mischvolk von Kelten und Germanen; sowie die Bastarner und Peukiner, im nördlichen Theile von Siebenbürgen und weiter gegen Osten, bald für Kelten, bald für Germanen, bald für ein Mischvolk von beiden gelten. Aber auch dort, wo keltische Stämme unvermischt lebten, machte die Bekanntschaft mit dem Eisen immer größere Fortschritte und die beiden letzten Jahrhunderte vor der christlichen Zeitrechnung lassen sich als die Periode bezeichnen, wo der Uebergang von der Broncezeit in die Eisenzeit in unseren Gegenden stattfand.

Den Makedoniern und Agathyrsen lernten die in unseren Ländern lebenden Kelten die Verwerthung von Gold und Silber ab. Sie hatten goldene Münzen mit sehr einfacher Verzierung, halben Ringen, Puncten u. dgl., etwas ausgehöhlt wie kleine Schüsselchen. Auch Silbermünzen keltischen Ursprungs fand man in Ungarn, die schon einer Zeit höherer Ausbildung angehören. Nach Art der makedonischen Münzen findet sich auf der einen Seite ein Kopf, auf der andern ein Pferd mit oder ohne Reiter; auf manchen kommt der Name boischer Fürsten: Jantumarus, Ainorix, Atta, Biates, Nonnes u. a. vor.

Zur Zeit der Kelten ging schon ein lebhafter Handelsverkehr über unser Land. Theils brachten auswärtige Kaufleute Gegenstände, die den Kelten zum Gebrauche dienten, wie

phönikisches Glas, zierliche Erzgeräthe oder feinere Webestoffe
aus dem Süden; theils ließen sie Erzeugnisse der nördlichen
Gegenden, wie namentlich Bernstein von der Ostseeküste,
durch ihr Gebiet den Griechen und Römern zuführen. Das
Gast- und Fremdenrecht in dieser Hinsicht war ihnen heilig.
„Aus Italien", erzählt Aristoteles, „führt eine Straße nach
Keltika bis zu den Keltoligiern und Iberern, die der Weg des
Herakles genannt wird. Wer auf ihm, sei es Hellene oder ein
Einheimischer, seine Wanderung macht, steht unter der Obhut
der Anwohnenden, daß ihm kein Leid geschehe. Denjenigen wird
Strafe auferlegt, in deren Gebiet dem Wanderer Böses wider-
fährt."

Dieses Lob aus dem Munde eines Griechen ist um so höher
anzuschlagen, als der Kelte seinem Charakter nach hochfah-
rend war, sich gern übernahm und etwas besseres zu sein
dünkte als andere Völker. Als die Gallier zum ersten Male in
Hetrurien mit den Römern in Berührung kamen und diese
sie fragten: „Was habt ihr hier zu schaffen? woher habt ihr
das Recht auf fremde Ländereien?" entgegneten jene: „Unser
Recht tragen wir auf der Spitze unserer Schwerter; es ist das
Recht des Stärkern, das ihr Römer ebenfalls wider euern
Nachbarn anwendet." Bei seinem Zuge längs des Hämus-
gebirges traf Alexander den Großen nach Besiegung der
Triballer jene Gesandtschaft der Kelten, die von seinen Kriegsthaten gehört hatten und ihm Bundesfreundschaft anboten.
Als ihnen Alexander während des Gastmahles, zu dem er sie
geladen, die Frage vorlegte, was sie denn am meisten fürchteten,
gaben sie zur Antwort: „Nichts, als daß einmal der Himmel
einstürze, und dann werden wir es noch darauf ankommen lassen,
ihn mit unseren Speren aufzuhalten." Alexander meinte nachher,
sie seien wahre Prahlhänse.

Dies lag allerdings in ihrem Wesen, sie waren leichtfertig, großsprecherisch, wie wir eben sahen, und prunkliebend. „Die hervorstechenden Eigenschaften der keltischen Race", sagt der französische Geschichtsforscher Thierry, „waren die persönliche Tapferkeit, in der sie es allen Völkern zuvorthaten; ein freier, stürmischer, jedem Eindruck zugänglicher Sinn; viel Geist und Verstand, aber dabei die äußerste Beweglichkeit, Mangel an Ausdauer, Widerstreben gegen Zucht und Ordnung, Prahlsucht und ewige Zwietracht, die Folge grenzenloser Eitelkeit". In der Kleidung liebten sie bunte Stoffe mit allerhand Flitter und Zierrath von bunten Glas- und Blechstücken. An den Armen trugen sie Ringe, um den Hals wanden sie goldene Ketten und Geschmeide, den Leib gürteten sie mit prunkenden Binden; Helm und Harnisch glänzten von blinkendem Metall; selbst Schwert, Dolch und Lanze waren mit Gold verziert. Ihr zänkisches Wesen und ihre Prahlsucht führten oft zum Streit. Die barbarische Sitte des Zweikampfes, den gebildeten Griechen und Römern fremd, hat sich vielleicht von ihnen erhalten. Prächtig angethan, in glänzender Rüstung, stellten sich die Entzweiten einander gegenüber und der Tod des einen, wo nicht gar beider, endete den muthwilligen Streit.

Die gewöhnliche Kleidung der Männer bestand aus einem Leibrock und unter dem Knöchel zusammengebundenen Beinkleidern. Noch heute trifft man bei den Bewohnern der kleinen Karpaten eine ähnliche Bekleidung sammt jener seltsamen Kopfbedeckung, wie sie unter den auf der Trajanssäule zu Rom abgebildeten Völkerschaften zu sehen ist. Auch Mäntel trugen die Männer, an der Schulter mit Heftnadeln befestigt, die Frauen aber lange Kleider und einen Schultermantel.

Die Religion der Kelten hatte etwas düsteres, obgleich sie die Unsterblichkeit der Seele und eine Vergeltung im künftigen

Leben annahmen. Ihre Priester bildeten eine eigene Kaste, sie hießen Druiden und übten großen Einfluß auf das Volk, das sie zum Kampfe für Freiheit und Unabhängigkeit anfeuerten. Die Kelten verbrannten ihre Todten, die Germanen begruben sie in flachen Gräbern reihenweise wie in den heutigen Friedhöfen, das Antlitz gegen Osten gewendet, die Frauen reich geschmückt, die Männer in voller Kriegsrüstung. Im Uebergang von der Bronce-zeit zur Eisenzeit finden sich beide Bestattungsweisen nebenein-ander. Von hohem Interesse in dieser Hinsicht ist die Aufdeckung eines uralten Leichenfeldes bei Hallstatt in Oberösterreich, welches uns in jene Zeit schauen läßt, wo die Bevölkerung der österreichischen Alpen neben dem Erz schon Eisen verwendete und, wie früher berichtet, mit fernen Ländern im stetigen Handels-verkehre stand. In beinahe tausend Gräbern, die seit dem Jahre 1846 aufgedeckt sind, fand man die Verstorbenen theils beerdigt, theils verbrannt, mit ihnen viele tausend Gegenstände von Bronce, mehrere hundert von Eisen, manche von Eisen mit Bronceverzierung, andere von Gold, Bernstein, Glas oder Thon; Gefäße in Kesselform und kleinere; Spere, Schwerter, Dolche, Messer, Streitkeile und Schmucksachen von mancherlei Form. Die Zeit, aus welcher diese Denkzeichen einer frühen Cultur stammen, ist nicht festgestellt. Aus einzelnen Merkmalen jedoch vermuthet man, daß sie jener, wo unsere christliche Zeitrech-nung beginnt, nicht fern liege, und es ist sehr wahrscheinlich, daß die Todten auf dem Hallstätter Leichenfelde in naher Beziehung zu dem Volksstamm der Kelten stehen, der in der Geschichte Euro-pa's vor der christlichen Zeitrechnung so bedeutsam hervortritt.

In den beiden letzten Jahrhunderten vor Christi Geburt brach über die Kelten des Pogebietes, der Elbe und der Donau-länder und über die mit ihnen theilweise vermischten Illyrier am adriatischen Meere dasselbe Schicksal herein, das sie den früheren

Bewohnern bereitet hatten. Germanische Völker, ebenso wie ehemals die Kelten mit den Waffen in der Hand Wohnsitze suchend, besetzten vom Norden her den hercynischen Wald; die weltherrschenden Römer drängten von Süden nach Erweiterung der Reichsgrenzen. Noch ehe das letzte Jahrhundert der vorchristlichen Zeitrechnung zu Ende ging, war die Herrschaft der Kelten auf diesem Schauplatze gebrochen, und die Donau schied das Römerland vom Lande deutscher Barbaren. Den Verlauf dieser Ereignisse wollen wir näher ins Auge fassen.

Auch in Gallien und Britannien mußte sich der keltische Name unter das Gebot des Römers beugen, und heute sind es nur die Bewohner der französischen Bretagne, die „Welschen" im westlichen England, ein Theil der Hochschotten und der Iren in den westlichen Bezirken, in denen sich die Ueberbleibsel der einst über ganz Mitteleuropa verbreiteten stolzen und mächtigen Völkerfamilie erhalten haben.

II.

Römische Eroberungen.

5.

Eroberung von Norditalien.

Als die norditalischen Kelten zum ersten Male mit den Römern zusammenstießen, war der römische Staat noch auf ein kleines Ländergebiet in Italien beschränkt. Empfindlich geschlagen, an den Rand des Verderbens gebracht, mit Noth und großen Verlusten der furchtbaren Gefahr entronnen, erkannte es Rom als ein Gebot der Selbsterhaltung, sich des anstürmenden Feindes zu erwehren. Die schweren Kriege, in denen dies geschah, haben zur inneren Festigung des römischen Gemeinwesens nicht wenig beigetragen. Die cisalpinischen Gallier (Gallier diesseits der Alpen), wie die Römer sie nannten, hatten sich, dem Laufe des Po folgend, feste Wohnsitze in Oberitalien gegründet, von wo sie drohend nach Süden blickten und jede Gelegenheit ergriffen, die italischen Völker ihre waffengeübte Hand fühlen zu lassen. Geschlagen oder schlagend mußten die Römer fortwährend unter Waffen sein, denn der Feind glich dem Gewitter, das fortzieht und unerwartet aber sicher wiederkehrt. Der gallische Schreck war der erste Aufruf zur Machtentwicklung

des römischen Staates, und die gallischen Kriege waren die
Pflanzschule jener Mannszucht und Tapferkeit, die den Römern
später die Welt erobern half.

Von dem ersten Siege der Kelten in Oberitalien bis zu
ihrer letzten Niederlage gingen beinahe zweihundert Jahre hin.
In der ersten Zeit als selbständige Gegner, später, wo sie geschwächt waren, als Bundesgenossen oder Hilfstruppen anderer
Kriegsvölker, standen sie den Römern mit immer frischem Kriegs-
muthe gegenüber, jede Gelegenheit wahrnehmend, wo der Besitz
Italiens zu erringen sei. In den Samniterkriegen (343—287
v. Chr.) leisteten gallische Heerhaufen den furchtbarsten Widerstand. Als König Pyrrhus (280 v. Chr.) Rom bedrohte,
kamen keltische Söldner mit ihm übers Adriameer. Im ersten
punischen Kriege (264—241) kämpften sie in den Reihen der
Karthager gegen Rom.

In der vom Po durchströmten Niederung zwischen den
Alpen, Apenninen und dem Adriameer hatten lange vor den
Kelten die Umbrer und Ligurer gesessen; beide später von
den aus Mittelitalien heranrückenden Etruskern oder Tus-
kern verdrängt, die eine hohe Cultur mitbrachten. Das reiche
Melpum, vermuthlich in der Gegend von Mailand, Mantua
und Verona waren tuskische Städte, wegen des Handels am
tyrrhenischen und Adriameere weit berühmt.

Mit den Galliern waren über die Alpen die Insubrer
und die Cenomanen, Völker keltischen Stammes, ins Land
gekommen. Erstere gründeten Mediolanum (das heutige
Mailand), letztere ließen sich um Brixia (Brescia), Verona,
Mantua nieder. Die Tusker, aus einer ihrer Städte nach der
andern verdrängt — den härtesten Kampf hatte die Bezwingung
von Melpum gekostet — wichen vor ihnen theils nach Nord
durch die Klausen der Gebirgswässer in die Thäler der Alpen,

theils nach Süd über die Apenninen zurück. Südlich vom Po wohnte ein Zweig der mächtigen Boier, der in früherer Zeit den südlichen Keltenstämmen über die Alpen zu Hilfe gezogen war; sie hatten das von ihnen benannte Bononia (das heutige Bologna) zur Hauptstadt. Nördlich der Etsch aber, an der Küste des Adriameeres, wohnten von altersher die Veneter, an welche das heutige Venedig, wiewohl viel später gegründet, erinnern mag. Zu welchem Volke sie gehörten, ist zweifelhaft. Vielleicht waren sie illyrischen Ursprungs. Der Sage von dem trojanischen Prinzen Antenor wurde schon früher gedacht. Patavium (das heutige Padua) war ihre Stadt. Nordwestlich von ihnen in den Gebirgen, welche das venetianische und lombardische Gebiet von Südtyrol scheiden, saßen die Euganäer, die ursprünglich das ebene Land zwischen dem Comersee und dem adriatischen Meer innegehabt hatten. Nachher sollen sie einerseits von den Kelten, anderseits von den Venetern in die Gebirge gedrängt worden sein.

Wären diese Völkerschaften unter sich einig gewesen, nimmer hätte Rom seine Weltherrschaft begründen können. Aber die Veneter und Euganäer scheinen niemals gegen die Römer gefochten, sich vielmehr von ihren keltischen Nachbarn, so oft diese gegen Rom im Kriege waren, immer ferngehalten zu haben, und auch sonst brach oft in dem entscheidendsten Zeitpuncte Uneinigkeit zwischen den Kelten aus; einzelne Stämme verhielten sich unthätig, während die andern gegen die Römer kämpften, oder wurden gar zu Verräthern an ihren Stammesgenossen. Letzteres war namentlich mit den Cenomanen der Fall, die vielleicht stark mit venetischen und euganäischen Stämmen gemischt waren und darum zu ihrem eigenen Verderben nicht immer aufrichtig zu den Kelten hielten. Dagegen waren die Insubrer und Boier unbändige Völkerschaften und den Römern von der

Zeit des ersten Zusammenstoßes feindlich. Häufig traten sie mit einzelnen der nördlichen und westlichen Stämme in Bund, deren Heerhaufen sich über die Alpenpässe in die italienischen Ebenen herabwälzten und ihren Stammesgenossen zu Hilfe eilten.

Im Jahre 225 vor Christus bedrohte der gallische Schrecken Rom zum zweiten Male. Alle keltischen Völkerschaften Oberitaliens hatten sich vereinigt; keltische Stämme aus Gallien, sowie die Taurisker aus den steirischen Alpen waren zu ihnen gestoßen. Allein sie konnten nicht ihre ungetheilte Macht gegen Rom verwenden. Die Cenomanen hatten den Beitritt zum Waffenbunde verweigert; gegen diese und die Veneter mußten sie einen Theil ihrer Streitkräfte zurücklassen. Dennoch waren sie noch immer mächtig genug. 50.000 Mann zu Fuß und 10.000 Reiter, gingen sie über das Apenninengebirge gerade auf Rom los, das zitternd den Ausgang des Kampfes erwartete. So groß war dort die Bestürzung, daß man in sinnlosem Aberglauben einen keltischen Mann und eine keltische Frau lebendig auf dem Marktplatze begrub, indem man meinte, dadurch Unheil über die fürchterlichen Heerhaufen von den Göttern der Unterwelt heraufzubeschwören. Das Keltenheer stand nur noch drei Tagreisen von Rom, als es bei Telamon von zwei römischen Heeren in die Mitte genommen wurde. Das bereitete ihm den Untergang. 40.000 keltische Leichen bedeckten das Schlachtfeld; einer der Führer gab sich mit seinem Gefolge selbst den Tod, der andere mit 10.000 der Seinen gerieth in Gefangenschaft..

Die nächste Folge des Zwiespalts unter den norditalischen Völkerstämmen war der Beginn ihrer Unterwerfung unter die römische Herrschaft. Kaum hatte Rom den drohenden Angriff mit dem Aufgebot aller seiner Kräfte abgewehrt, als es den

Krieg zuerst in das Land der Boier (224 v. Chr.), im Jahre
darauf in jenes der Insubrer (223 v. Chr.) trug. Gajus Fla-
minius überschritt mit einem römischen Heere den Po. Zwar
mißglückte seine erste Unternehmung. Er erlitt bei dem Uebergang über den Strom schwere Verluste und gerieth jenseits in
so arge Bedrängniß, daß er froh sein mußte, als ihm die Insubrer freien Abzug gestatteten. Kaum der Gefahr entronnen,
wagte er das Unternehmen von neuem. Von dem Gebiet der be-
freundeten Cenomanen aus griff er die Insubrer zum zweiten
Male an, die nun alle Kraft aufboten, dem kühnen Gegner die
Stirne zu bieten. Aus dem Tempel ihrer Göttin nahmen sie die
goldenen Feldzeichen, „die unbeweglichen" genannt, und rückten,
50.000 Mann stark, dem römischen Feldherrn entgegen. An
einem Nebenflusse des Po, vielleicht dem Oglio, boten sie ihm die
Schlacht. Doch alle ihre wilde Tapferkeit vermochte nichts gegen
die Kriegskunst der Römer, welche nach hartem Kampfe den Sieg
entschied. Die Insubrer baten um Frieden, allein die Römer forderten unbedingte Unterwerfung. Da rafften jene ihre letzten Kräfte
auf, warben Hilfstruppen bei ihren nördlichen Stammesgenossen
und fochten im Jahre darauf (222 v. Chr.) mit wechselndem
Glücke gegen die von den beiden Consuln Marcus Marcellus
und Gnäus Scipio geführten Heere, bis der erstere in
der entscheidenden Schlacht von Clastidium (dem heutigen Ca-
steggio im Gebiete von Alessandria) das Heer des Königs Vir-
dumar vernichtete und der andere die Hauptstadt der Insubrer,
Mediolanum, erstürmte. Nun breiteten sich die Römer in dem
größten Theile von Oberitalien aus und gründeten die festen
Plätze Cremona auf dem linken und Placentia (das heutige Piacenza) auf dem rechten Ufer des Po. Die Grenzen
des römischen Gebietes waren nun die südlichen Abfälle der
Alpen.

Diese Herrschaft war noch keine dauernde. Nach den entscheidenden Siegen Hannibal's am Ticinus und an der Trebia (218 v. Chr.) erhoben sich die vor kaum vier Jahren unterworfenen Gallier. Mehr als 60.000 Boier, Insubrer und Ligurer vermehrten das karthagische Heer und trugen neuen Schrecken nach Rom, gegen das sie in den mörderischen Schlachten am trasimenischen See (217 v. Chr.) und bei Cannä (216 v. Chr.) mit Erbitterung kämpften. Nach Beendigung des zweiten punischen Krieges brachen die Gallier abermals los. Unter Anführung des Hamilcar, eines zurückgebliebenen karthagischen Feldherrn, nahmen im Frühjahre 200 v. Chr. 40.000 Boier, Cenomanen, Insubrer und Ligurer Placentia mit Sturm, legten es in Asche, so daß nur 2000 Einwohner mit dem Leben davon kamen, und gingen auf Cremona los. Hier aber kam es zur Schlacht, in welcher die Römer nach heißem blutigen Kampfe den Sieg davon trugen. Hamilcar, mehrere andere Häuptlinge und 35.000 Gallier blieben auf dem Schlachtfelde. Der Sieger Lucius Furius zog in Rom im Triumph ein.

Der Krieg war auch damit nicht zu Ende. Mit wechselndem Glücke dauerte er noch viele Jahre lang und zeigte alle Wildheit und Grausamkeit eines Verzweiflungskampfes, den diese Völker um ihre Freiheit und Unabhängigkeit fochten, und wieder war es die Uneinigkeit, die ihnen den größten Schaden brachte. Bald trennten sich die Insubrer von den Boiern und unterlagen einzeln den Römern. Bald traten die Cenomanen mit den Römern sogar in heimlichen Bund, wandten sich (197 v. Chr.) während einer heißen Schlacht am Mincius (heute Mincio) plötzlich von den Insubrern und fielen verrätherisch ihren Stammes- und früheren Bundesgenossen in den Rücken. Die Macht der Insubrer hatte dadurch den ersten entscheidenden Schlag erlitten. Im folgenden Jahre, 196, brachte ihnen Claudius Marcellus noch eine Niederlage bei; 40.000 Leichen bedeckten das Schlachtfeld; Comum (das heutige Como) und acht und zwanzig andere feste Plätze fielen in seine Gewalt. Nur die Boier und Ligurer blieben noch mit ungebrochener Kraft übrig und wagten die Abwehr. Im Jahre 193 standen sie vereint gegen Rom im Felde. Bei Mutina (heute Modena) kam es zur Entscheidungsschlacht. Der Prätor Scipio Nasica führte die Römer. Lange schwankte der Sieg, endlich entschied das Kriegsglück zu Gunsten der Römer; nur 2000 Gallier gaben sich gefangen, die andern fanden den Tod auf dem Schlachtfelde. Mit den Besiegten wurde in barbarischer Weise verfahren. Was halbwegs rüstig war, ergriff den Wanderstab, gab lieber die Heimat als die Freiheit auf, und siedelte sich jenseits der Alpen unter seinen Stammesbrüdern, den Tauriskern, an. „Von der Nation der Boier", wurde nach Rom berichtet, „ist nichts mehr übrig als Kinder und Greise". Ihr Land wurde zur römischen Provinz, die Festungen Placentia und Cremona wurden neu hergestellt und bevölkert, Mutina, Bononia, Parma wurden römische Pflanzstädte.

Das Schicksal der Boier, des mächtigsten und tapfersten der oberitalischen Keltenstämme, entschied auch das der Völker am linken Ufer des Po. Im Jahre 187 unterwarfen sich die Insubrer ohne weiteren Kampf und lieferten auf das Gebot des römischen Prätors Furius ihre Waffen aus. Den Venetern half es nichts, daß sie an allen diesen Kriegen gegen die Römer keinen Theil genommen, vielmehr die Freundschaft der Römer gesucht und bewahrt hatten. Sie verloren ihre Freiheit wie die andern; das ganze Land zwischen dem Po und den Alpen wurde römisches Gebiet, das transpadanische Gallien. Die römische Sprache gewann immer größere Ausdehnung, die

keltische wurde nach und nach in die höheren Alpengegenden
zurückgedrängt. Sorgfältig wachten die Römer darüber, daß fortan
keine keltischen Stämme mehr über die Alpen in das italische und
istrische Tiefland herabstiegen. „Die Alpen", hieß es, „sind die
Scheidewand zwischen Gallien und Italien; wehe denen, die
sie zu überschreiten wagen". Als im Jahre 186 eine Schaar
Taurisker (oder Karner) versuchte, am Gestade des adriatischen Meeres friedliche Wohnsitze zu gründen, wurde sie in die
Berge zurückgewiesen, die von ihnen bereits angelegte Stadt
wieder zerstört. In den Jahren 183—181 v. Chr. gründeten
die Römer an der Nordküste der Adria Aquileja als Grenz-
veste gegen keltische Einfälle; die Stadt wurde mit der Zeit ein
wichtiger Handelsplatz und der Knotenpunkt der nach Osten,
Norden und Westen führenden Straßen. Mit der keltischen
Herrschaft in Oberitalien hatte es für alle Zeiten ein Ende.

Aber die Gründung von Aquileja führte zu neuen Kämpfen.
Die illyrischen Völkerschaften kamen dadurch in Aufregung;
sie hatten den Römern schon vordem zu schaffen gemacht und
sollten ihnen noch mehr in der Folge zu schaffen machen,
bis auch sie, wie wir sogleich erzählen werden, ihrem Geschicke
verfielen.

6.

Bezwingung der illyrischen Völkerschaften.

Die Ostküste des Adriameeres, soweit sie heute die istrische
Halbinsel, das croatische Küstenland, die Militärgrenze und
Dalmatien mit den Inseln begreift, war im Alterthum von
Stämmen illyrischen Volkes bewohnt. Genannt werden
die Istrier zwischen den Küstenflüssen Timavus (Timavo) und

Arsia (Arsa), kühne Seeräuber mit den durch Meeresbuchten geschützten Orten Tergeste (Triest) im Norden und Pola im Süden. Dann die Liburner zwischen den Flüssen Tedanius (Cermanja) und Titius (Kerka), treffliche Seeleute und Erfinder von leichten Schiffen besonderer Art; südlich von diesen bis zum Flusse Drilon (Drin) die Dalmater, die auch insbesondere Illyrer heißen, und unter diesen an der Narenta die Daorser. In dem Raume zwischen den Istriern und Liburnern, also im heutigen croatischen Küstenlande, wohnten die Japoden oder Japyden, die wir schon oben als ein keltisch-illyrisches Mischvolk bezeichnet haben.

Der unmittelbare Zusammenhang durch die See brachte die Küstenbewohner in frühe Berührung mit den Culturvölkern des Alterthums, den Phöniкern und Griechen. Die Inseln wurden von diesen als Rastplätze auf ihren Handelsfahrten und als gelegene Punkte zur Ansiedlung benützt und bildeten sich allmälig zu kleinen selbständigen Staaten aus. Die Inseln Issa (Lissa), Melita (Meleda), Pharos (Lesina) sind schon im fünften Jahrhundert vor Christo als griechische Colonien bekannt, und die Hafenstadt Epidaurus an der Küste (sie lag entweder an der Stelle des heutigen Alt-Ragusa oder an der Einfahrt in den Busen von Cattaro) gilt als uralter griechischer Pflanzort, der seine Geschichte bis in die Mythenzeit hinaufführt.

Im Lande der Japyden, die keltische Waffen trugen und sich tättovirten, gab es nur kleine Ortschaften, an der Küste wird keine genannt. Sie scheinen sich trotz ihres Antheils am Meere, den sie wahrscheinlich auf Kosten der Liburner errungen hatten, weniger am Seeverkehr betheiligt zu haben als ihre Nachbarn. Ihre Veste Metulum (nach einigen das heutige Metling an der Kulpa, nach andern in der Nähe von Laas in Mittelkrain) war später ihr letztes Bollwerk gegen die Botmäßigkeit der Römer.

Im Lande der Liburner kennen wir aus der vorrömischen Zeit die Orte Jadera (Zara oder Zara vecchia) und Scardona, ersteren als Station für die Handelsschiffe, die aus Oberitalien über Pola kamen, letzteren als Hauptort des Landes genannt.

Bei den Dalmatern wird in früher Zeit die Stadt Dalminium (Delminion) angeführt, die dem Lande den Namen gab. Sie waren ein rauher Volksstamm, der lange seinen ursprünglichen Sitten getreu blieb. Sie kannten keine Münze und hielten das bebaute Land als Gemeineigenthum, das alle acht Jahre unter den eigenberechtigten Stammesgenossen von neuem vertheilt wurde. Land- und Seeraub galt ihnen als erlaubtes Gewerbe, das sie weithin zum Schrecken ihrer Nachbarn und der Küstenbewohner machte. Der Hauptsitz ihres Bundes, das schon genannte Dalminium, lag auf steilem Felsen (wahrscheinlich nahe den Quellen der Cettina) und war durch Holzwerke stark befestigt. Unter den übrigen Orten dieses Theiles von Illyrien sind Tragurium (Traù); eine Pflanzstadt der Griechen von Issa, und Epetion (bei Spalato) zu nennen. Der Sitz illyrischer Fürsten bis zur Unterjochung durch die Römer war aber Scodra (jetzt Skutari in Albanien).

Ueber den Culturzustand der genannten Stämme ist wenig erhebliches zu sagen. Landeinwärts waren Ackerbau und Viehzucht im Betriebe, natürlich in sehr ursprünglicher Art und wenig vom Boden begünstigt, wie dieser noch heute dort für die geregelte Wirthschaft schwierig ist. Als Nutzthier stand die Ziege voran. Vom Weinbau finden sich zwar Spuren, aber sie lassen weder auf einen bessern Betrieb noch auf größere Verbreitung schließen. Wenn aber der Wein von Issa der beste von allen genannt wird, so bezieht sich dieses Zeugniß gewiß nicht auf die Zeit nach der römischen Herrschaft in diesen Gegenden.

Dagegen bestimmte die steil abfallende Küste mit den vielen in Felskesseln versteckten Buchten und der langen Reihe Inseln den Haupterwerb: Fischfang, Kleinhandel zur See, und in weiterer Folge Seeraub, der in der That stark betrieben wurde und bei dem lebhaften Handelsverkehr zwischen Italien und dem Orient auch reiche Beute trug. Die griechischen Colonien mit ihrem geordneten Gemeinwesen, das im Handel seine Stütze fand, waren dadurch zunächst bedroht. Die Gebieter von Scodra hielten die kleineren illyrischen Völkerschaften in Abhängigkeit und vereinigten sie oft zu gemeinsamen Seeunternehmungen, wobei die gefürchteten liburnischen Schnellsegler eine bedeutende Rolle spielten. Mit ganzen Geschwadern befuhren sie die Küstenstriche des adriatischen Meeres, und die reichen Ansiedlungen an der Westküste des Peloponnes zitterten, wenn die Flotte der kühnen Seeräuber nahte, die selbst die offene Seeschlacht nicht scheuten. Die reiche Insel Kerkyra (Corcyra) ward ihnen zur Beute.

Dieses so weithin gefährliche Unwesen gab den ersten Anlaß zur Einmischung der Römer in die Angelegenheiten der illyrischen Küstenbewohner, worauf die Unterjochung trotz des von Zeit zu Zeit erneuerten Widerstandes ihren natürlichen Verlauf nahm.

Als im Jahre 238 v. Chr. die mächtigste der griechischen Colonien, die Insel Issa, von Agron, dem Herrn von Scodra einen Ueberfall besorgte — er hatte sich schon der Nachbarinseln bemächtigt — suchten die Issaner Schutz in Rom und fanden ihn, da sie dem Senate vorstellten, daß auch der Römer Vortheil dabei im Spiele sei, da römische Handelsschiffe durch Seeraub nicht minder zu leiden hätten als ihre eigenen. Rom forderte durch eine Botschaft Abstellung des Unfugs, die verweigert wurde. Agron erklärte, Seeraub sei nach illyrischen Grundsätzen ein erlaubtes Gewerbe. Die Gesandten erwiderten: Rom werde es sich anliegen lassen, den Illyern bessere Rechtsbegriffe beizubringen. Das war soviel wie eine Kriegserklärung. Ein Umstand beschleunigte den Ausbruch der Feindseligkeiten. Die römischen Gesandten wurden auf ihrem Heimwege nach Rom erschlagen und man war geneigt anzunehmen, daß dieß auf Anstiften des Königs Agron geschehen sei.

Kurze Zeit darauf stand die römische Kriegsflotte in den illyrischen Gewässern, und der Erfolg des Krieges konnte nicht zweifelhaft sein. Rom war damals weniger auf Eroberung als auf die Machtstellung bedacht, die es sich im Adriameer für künftige Unternehmungen zu sichern strebte. Darnach lauteten die Bedingungen des Friedens, denen sich Agron's Witwe Teuta fügte. Die Herren von Scodra wurden auf ihr Gebiet beschränkt, zinspflichtig und dazu verhalten, über die Stadt Lissus an der Mündung des Drilon (Drin) hinaus kein bewaffnetes Schiff fahren zu lassen; selbst unbewaffnete Schiffe durften nicht zu zweien auf einmal diese Linie überschreiten. Die illyrischen Stämme so wie die griechischen Colonien wurden für unabhängig erklärt, freilich nicht ohne Besatzung, welche die Römer an wichtigen Punkten angeblich zu deren Schutze zurückließen. Einen abtrünnigen Bundesgenossen der gedemüthigten Fürstin, Demetrius von Pharos, setzten die Römer zum Vormund ihres Sohnes und zum Statthalter in dem römischen Schutzlande ein.

Noch einen besondern Vortheil hatten die Römer von dem kurzen Kriege. Sie lernten die seegewandten Liburner mit ihren leichten Fahrzeugen kennen, und benützten beide zur Verbesserung ihrer Flotte, die damals für Kriegsunternehmungen noch wenig geeignet war. Später bildeten liburnische Fahrzeuge den besten Theil der römischen Flotte, auch auf der Donau und Save.

Bald nach dem Frieden mit Teuta verließ Demetrius die Sache Roms und rüstete mit Hilfe der Istrier einen Raub-zug nach den kykladischen Inseln. Es geschah im geheimen Ein-verständniß mit Makedonien, dessen König durch die feste Stel-lung der Römer im Adriameer gefährdet war. Demetrius, von den Römern geschlagen, 219 v. Chr., fand Zuflucht am makedo-nischen Hofe. Die Römer unternahmen damals nichts gegen seine Beschützer, da sie zur selben Zeit im Westen durch Hannibal bedroht waren.

Während der Bedrängniß des zweiten punischen Krieges erwog aber Rom die Gefahr, von zwei Seiten angegriffen zu werden, wenn Makedonien sich mit dem Punier verbinde, und ergriff den ersten Anlaß zum Kriege. Nach drei Feldzügen — sie fallen mit Unterbrechung in den Zeitraum zwischen 215 und 168 v. Chr. — erlag das von Alexander dem Großen gegrün-dete Reich trotz der reichen Hilfsquellen, die es aufzubieten hatte, und wurde zuerst römisches Schutzland mit einem Scheine von Unabhängigkeit, dann römische Provinz.

In den Kämpfen, die Makedoniens Schicksal entschieden, waren die illyrischen Küstenbewohner mit verflochten, theils im Bunde mit Rom, theils gegen Rom, wie es der jeweilige Vor-theil eingab, tapfer und ausdauernd im Widerstande, aber ohne Hoffnung des Gelingens. Während des dritten makedonischen Krieges vernehmen wir von einem König Genthios im südlichen Illyrien, welchen die Römer nach Besiegung des makedonischen Königs binnen dreißig Tagen zur Unterwerfung zwangen. Der Prätor Lucius Anicius nahm die Flotte des Genthios, eroberte Scodra mit Sturm und bekam ihn in seine Gewalt; er mußte als Gefangener im Triumphzug der Römer erscheinen.

Die nördlichen illyrischen Völkerschaften waren dießmal nicht in den Krieg mit verflochten und theilten darum auch nicht das Los des Besiegten. Doch ihre alte Unabhängigkeit wieder zu gewinnen, gelang ihnen nicht. Im Gegentheile, je mehr die Römer sich im Innern der thrakischen Halbinsel festsetzten, desto strenger mußte die Küste im Zaum gehalten werden. Die Inseln Pharos und Korkyra und die griechischen Pflanzorte an der Küste wurden Stationen für Roms Flotten und Heere; an der Nordküste des adriatischen Meeres entstand Aquileja, eine neue römische Zwingburg, deren Gründung die illyrischen Völker in nicht geringe Aufregung versetzte. Statt durch Vorsicht die Küstenvölker vom Losschlagen gegen die gewaltsame Fremd-herrschaft abzuhalten, reizte man sie zu neuem Widerstande. Einer Schaar von Barbaren, wie die Römer sie nannten, gering an Zahl, aber muthig und tapfer, gelang es im Jahre 177 ein römisches Lager zu überrumpeln. Das Erstaunen über diese Kühnheit wich bald dem Schrecken vor den furchtlosen Küstenbewohnern, der sich über ganz Italien verbreitete. Die Römer sandten Heere gegen sie ab, erstürmten und zerstörten mehrere feste Plätze, tödteten ihren König Aepulo und zwangen die Istrier zum Frieden, der aber bald wieder gebrochen wurde, so oft sich ein Anlaß bot. Diese rohen Völker zeigten dabei einen Muth und eine Ausdauer, die eines bessern Erfolges werth gewesen wären. Es zeugt von der inneren Kraft dieser Stämme, wenn wir erfahren, daß (156 v. Chr.) die Dalmater ein römisches Heer aus dem Lande werfen und erst nach Jahres-frist von einem zweiten besiegt werden können; oder daß (139 v. Chr.) die Japyden einen erprobten römischen Heerführer empfindlich schlagen und erst der feinern Kriegskunst weichen, welche sie mit einem Angriff im Rücken überrascht. Zwei dal-matische Stämme, die Ardyäer und Pleräer (Paralier) an der Narentamündung, mußten, damit die Römer sich ihrer unermüdlichen Kampfeslust erwehren konnten, von der Küste entfernt und im Binnenlande, etwa in der heutigen Herzegowina angesiedelt werden, um Aecker zu bebauen, statt Küsten und Seefahrzeuge zu plündern (133 v. Chr.). In dem ersten der gedachten Kriege war das von den Römern befestigte Dalminium, das dem Lande den Namen gegeben, erobert und niedergebrannt worden (155 v. Chr.); anstatt der verlorenen Veste wurde von den Dalmatern eine neue Stadt erbaut, Salona, in der Nähe der jetzigen Altstadt Spalato. Die Römer aber gründeten nach beendetem Kriege mit den Japyden eine Colonie zu Tergeste, dem heutigen Triest, 128 v. Chr.

Wahrscheinlich hatten die Dalmater, seit ihnen Makedonien nicht mehr eine Stütze bot, an den Skordiskern, einem der tapfersten aber auch wildesten und grausamsten der keltischen Stämme, Bundesfreunde gefunden, die, wie oben gesagt wurde, an der Save wohnten und Segestica (Siscia) zum Hauptorte hatten. Denn wir treffen sie um diese Zeit bei den Aufständen der Illyrer gegen Rom betheiligt, und sie werfen sich zugleich in verheerenden Raubzügen auf das römische Makedonien, zu ihrem Verderben. Im Jahre 129 v. Chr. drang der römische Consul Lucius Cotta tief in das Land der Skordisker, während Lucius Metellus mit Glück gegen die Dalmater kämpfte. Der letztere, der von seinem Siege den Beinamen Dalmaticus bekam, überwinterte in Salona, das seitdem der Hauptwaffenplatz der Römer in Illyrien wurde. Von hieraus führten sie nachher die gabinische Heerstraße über Andecrium (das heutige Clissa) ins innere des Landes. Die Kämpfe mit den unbändigen Skordiskern dauerten aber noch fort. Im Jahre 114 v. Chr. wurde der Consul Gaius Porcius Cato von ihnen überfallen, sein Heer vollständig aufgerieben; er selbst entkam mit wenigen.

Nun ließen aber die Römer nicht nach, bis sie das wilde Volk bezwungen hatten. Marcus Drusus war der erste, der siegreich bis an die Donau vordrang (111 v. Chr.); das Jahr darauf rückte Marcus Minutius den Margus (die Morawa) aufwärts und brachte den Skordiskern eine entscheidende Niederlage bei, die sie zur Unterwerfung zwang.

Die Eroberung des illyrischen Küstenlandes ging von da an ihren sichern Gang. Neben der Gewalt der Waffen verfolgten die römischen Culturmittel unausgesetzt dieses Ziel. Indem der Römer, wo er festen Fuß faßte, planmäßig besorgt war, das eroberte Land dem Verkehr zu öffnen und durch Colonien dort eine bessere Bewirthschaftung, römischen Brauch und römische Sprache einzuführen, während die Gewohnheiten der Unterjochten billig geschont wurden, war es ihm möglich, die Eroberung festzuhalten, troß der Stürme, die der Staat im leßten Jahrhunderte vor Christo im Innern zu bestehen hatte, und troß des zähen Widerstandes, den die Küstenvölker der neuen Herrschaft entgegensetzten. Aufstände einzelner Stämme wiederholten sich zwar, wurden aber stets bezwungen.

7.

Die Kimbrer und Teutonen.

Mit den Völkern inner den Alpen — wir haben schon die Karner am Isonzo und der obern Save, die Tauriskar an der obern Drau, Mur und Salza, die Rhäter im Etschlande von Tyrol genannt — waren die Römer schon frühzeitig in Berührung gekommen, theils wo es sich darum handelte, Raubzüge abzuwehren, theils wo werthvolle Rohproducte, die im Barbarenlande zu holen waren, zum Handelsverkehr einluden.

Im Lande der Taurisker, die später Noriker hießen, war die Stadt Noreia (bei Neumarkt in Steiermark oder bei St. Veit in Kärnten) blühend und weitbekannt durch die in der Gegend betriebenen Eisengruben, und in den Hochthälern zwischen der Drau, Mur und Salza lockten reiche Goldlager den italischen Händler. Es wird uns überliefert, daß die norischen Taurisker den Römern erlaubt hätten, ihnen beim Goldbau zu helfen; als sie sich aber betrogen sahen, die Gehilfen davon jagten und den Goldhandel selbst in die Hand nahmen.

Raubzüge in das römische Gebiet waren namentlich bei den Rhätern nichts seltenes. Die reichen und fruchtbaren Gefilde des Po-Landes lagen ihnen so nahe, und die römische Besatzung an der Grenze mag es nicht haben fehlen lassen, sie durch Streifzüge in ihr Gebiet zu reizen. Die Einfälle der nördlichen Stämme, mit Grausamkeit vollführt, wurden von römischer Seite mit gleicher Grausamkeit erwiedert. Im Jahre 128 vor Christi Geburt erlitten die Stoener, die in den Gebirgen oberhalb Verona saßen, durch die Römer eine so empfindliche Niederlage, daß dem siegreichen Feldherrn dafür die Ehre des Triumphzuges gegönnt wurde.

Allein diese räuberischen Einfälle und Vergeltungszüge beschränkten sich auf die Grenzbezirke und beirrten nicht weiter das nachbarliche Einvernehmen, das die Römer mit diesen Völkern zu bewahren suchten, bis der Zeitpunkt zu einem offenen Angriff gekommen war. Dazu ließen es die Römer an kluger Vorbereitung nicht fehlen. Unter dem Schein von Handelsreisen wurde das Gebirgsland nach allen Richtungen durchforscht, mit den Häuptlingen einzelner Stämme Gastfreundschaft geschlossen, gegen auswärtige Feinde Beistand angeboten. Römische Gewerbsleute siedelten sich in den barbarischen Orten an, römische Producte kamen dort auf den Markt. Die Bewohner ließen sich überzeugen, daß der Verkehr durch gebahnte Straßen erleichtert werden müsse und legten Straßen an, auf denen dann römische Heeresabtheilungen Uebungsmärsche ausführten, vorläufig in friedlicher Absicht und zur Befestigung der Gastfreundschaft, aber gewiß nicht ohne Bedacht auf künftige Unternehmungen. Der Consul Marcus Aemilius Scaurus war der erste Römer, der mit einem Heere die Kette der Ostalpen überstieg (115 v. Ch.), und zwar an der niedrigsten Senkung des Gebirgszuges zwischen Tergeste und Aemona. Er drang tief in das Land der Taurisker ein und schloß mit ihnen Gastfreundschaft. Er hat nachher seine Erlebnisse selbst beschrieben, und Cicero meint, sein Buch sei für die Römer nützlicher als Xenophon's Kyropädie. Leider hat es sich nicht bis auf unsere Zeiten erhalten.

Da trat ein Ereigniß ein, das die römischen Waffen unter bedenklichen Umständen mitten in unsere Alpen führte. Schon im fünften Jahrhundert vor Christo war zu den südlichen Völkern Europa's dunkle Kunde gedrungen, daß eine furchtbare Ueberschwemmung die Länder gegen Mitternacht heimgesucht habe. Vielleicht hing das mit jenem gewaltigen Naturereignisse zusammen, wo die Fluth der von Westen andringenden Gewässer das letzte schmale Band, das noch die britischen Inseln mit dem Festlande von Europa zusammenhielt, gewaltsam durchbrach, weithin menschliche Niederlassungen unter den Wellen begrub, Schrecken, Verwirrung und Aufregung über die dortigen Gebiete verbreitete und eine Bewegung unter den Volksstämmen hervorrief, die sich Jahrhunderte hindurch fortgepflanzt hat. Ungefähr dreihundert Jahre vor Christi Geburt traf der vielgereiste Grieche Pytheas, der erste gebildete Europäer, welcher den zwischen Gallien und Britannien entstandenen Canal befuhr, unter den Stämmen an der Nordsee Teutonen; ein anderer Volksstamm, die Kimbrer, hauste damals wahrscheinlich im heutigen Dänemark. Vielleicht seit jener furchtbaren Katastrophe ein Wandervolk, mochten sie diese Wohnsitze schon lange wieder verlassen haben, ehe sie mit den Völkern des mittleren Europa in Berührung kamen.

Im Jahre 114 vor Christo wurde Rom durch die Nachricht überrascht, ein streitbares Volk unbekannten Stammes und von schrecklichem Aussehen habe das Land der Kelten an der Donau durchbrochen und ziehe gegen Italien heran. Das Volk, es war germanischen Stammes, nannte sich Kimbrer, d. i. Kämpfer, und kam von Norden, und es hieß, ein außerordentliches Naturereigniß, „ein Erdbeben, in Folge dessen das Meer ein Stück Land verschlang", habe sie von ihrer ursprünglichen Stätte verdrängt. Wie ehemals die Kelten suchten sie Wohnsitze mit den Waffen in der Hand und führten Weib und Kind, Hab und Gut auf lederbedeckten Karren mit.

Die Boier im heutigen Böhmen und Mähren hatten einen ihrer Angriffe zu bestehen und diesen glücklich abgewehrt, wozu wahrscheinlich ihre von dichten Grenzwäldern geschützte Lage mithalf. Darauf hatten sich die Kimbrer südöstlich vom Boierlande gegen die Donau gewandt, dieselbe im heutigen Ungarn überschritten und waren durch das Skordiskerland ohne Widerstand, vielleicht den bequemen Weg im Thale der Drau verfolgend, in die Alpen gedrungen. Dort im Gebiete der norischen Taurisker trafen sie auf ein Römerheer, welches der Consul Papirius Carbo von Aquileja her dem ungekannten Feind entgegenführte.

Zum erstenmale standen sich hier Römer und Deutsche in Waffen gegenüber, beide durch den Eindruck der seltsamen

Erſcheinung gefeſſelt. Den Südländer insbeſondere mochte der Anblick der hohen ſchlanken Geſtalten mit tiefblondem Haar und blauen Augen, der kräftigen Weiber, die den Männern an Größe und markigem Gliederbau kaum etwas nachgaben, der flachshaarigen Jungen, „der Kinder mit dem Greiſenhaar", wie die ſchwarzgelockten Römer ſie nannten, und der lärmende Aufzug des Wandervolkes unheimlich berührt haben.

Die Kimbrer griffen nicht an; aber auch Carbo ſcheute den Angriff, bevor die Seinigen an den Anblick des Feindes gewöhnt ſeien. Er verſuchte vorläufig ein Abkommen. Durch keltiſche Dolmetſche ließ er den Kimbrern eröffnen: die Tauriſker ſeien Gaſtfreunde der Römer, und hätten ihn zum Schutze ihres Gebietes gerufen; ſie mögen daher von Feindſeligkeiten ablaſſen und ihres Weges ziehen; er werde ihnen Boten geben, die ſie über die Grenze geleiten. Die Kimbrer fügten ſich und folgten den Boten. Allein die Willfährigkeit des Conſuls war eine Falle, um die Barbaren in einen Hinterhalt zu locken und ſie dort — man nennt die Gegend um Noreia — verrätheriſch anzugreifen. Mit dem Muthe der Verzweiflung warfen ſich die Kimbrer auf den Feind und ſchlugen ihn nieder. Ein plötzlich hereinbrechendes Unwetter trennte die Kämpfenden, ſonſt wäre das römiſche Heer vernichtet worden (113 v. Chr.).

Nach dem Siege ſtand dem Wandervolke der Weg nach Italien offen. Die Kimbrer wählten ihn nicht. Sie mochten durch den erſten Zuſammenſtoß belehrt ſein, daß ihnen zu dauerndem Widerſtande gegen ein ſo kriegsgeübtes Heer die Kraft mangle, und wandten ſich zurück gegen die Donau. Stromaufwärts zogen ſie längs des Nordabhanges der Alpen, wo der Unterhalt leichter war als im Hochgebirge, gegen den Oberrhein und über den Strom nach Gallien. Ein anderer Wanderzug, die Teutonen, auch deutſchen Stammes und von Norden kommend, traf ſie dort und vereinigte sich mit ihnen; kleinere Völkerschaften hatten sich schon früher angeschlossen.

Neun Jahre war das Land jenseits des Rheins der Schauplatz ihrer verheerenden Raubzüge, denen die Bewohner nicht wehren, die Römer, um die Sicherung ihrer Grenze besorgt, nicht Einhalt thun konnten. Und immer drängte das barbarische Wandervolk nach jener Seite Galliens hin, wo ehedem die Kelten und nachher Hannibal den Weg nach Italien gefunden hatten. Ein römisches Heer, das sich ihnen an der Rhone entgegenstellte, wurde geschlagen; ein zweites hatte ein gleiches Schicksal; von einem dritten entkam mit genauer Noth nur der Feldherr, seine Schmach in Rom verkündend. Der „kimbrische Schreck" lastete auf ganz Italien, und Rom war in Angst, wie zur Zeit der Gallier und des Hannibal. Aber die Kimbrer wußten hier eben so wenig wie bei Noreia ihren Sieg zu nützen und bereiteten sich dadurch selbst den Untergang. Anstatt rasch den Weg nach Italien zu verfolgen, der doch ihr Ziel war, zogen sie plündernd in Gallien umher, über die Pyrenäen nach Spanien hinüber, und, als sie dort keine Wohnsitze erzwingen konnten, wieder nach Gallien zurück, von der Hand zum Munde lebend auf Kosten der Bewohner, denen sie die Feldfrüchte raubten, die Viehherden wegtrieben. Und als das ausgesogene Land endlich dem großen Schwarm nicht mehr genug zum Unterhalte bot, beschlossen sie in getrennten Zügen nach Italien zu dringen, die Teutonen mit einem Theile der Bundesvölker den Rhonefluß abwärts dem Seeufer entlang, die Kimbrer mit dem andern Theile durch die ihnen bekannten Pässe der Ostalpen

Mittlerweile hatten aber die Römer Zeit zu größern Rüstungen und einen Feldherrn gefunden, der das Kriegsglück ihren Waffen zuzuwenden verstand.

Im Sommer des Jahres 102 v. Chr. wurden die Teutonen, während sie den Weg nach Italien frei zu haben glaubten, bei Aquae Sextiae (Aix in der Provence) von Marius bis zur Vernichtung geschlagen.

Die Kimbrer waren in der Zwischenzeit durch das Land der Helveter an den Rhein gezogen und in das Gebiet der Rhätier gelangt, wo sie den Brennerpaß überschritten und sich in die Thäler der Eisak und Etsch ergossen. Ein wüster wandernder Menschenknäuel, Männer, Weiber, Greise und Kinder durcheinander, wälzte sich der Lavine gleich durch die Thäler des Hochgebirgs. Den ungeheuren Troß vermehrten große Karren, auf denen sich unter einem Lederdach die ganze wandernde Wirthschaft des Hausvaters befand, das geringe Geräthe, sammt dem Haushund. Und ungeschlacht genug mochten die Ankömmlinge den Rhätern erscheinen, da sie rohes Fleisch verzehrten. Aber auch sie hatten ihre Religion und ihren Aberglauben. Greise Frauen, im weißen leinernen Gewande und unbeschuht, zogen als Priesterinnen mit und wurden in allen wichtigen Dingen von den Edlen des Volkes befragt; sie vollzogen die Opfer an den Gefangenen, aus deren rinnendem Blut sie gutes oder schlimmes verkündeten und darnach den Entschluß der Heerführer bestimmten.

Unterhalb Tridentum (Trient) am linken Ufer der Athesis (Etsch) hatte sich der Consul Quintus Lutatius Catulus mit seinen Legionen aufgestellt, um den Andrang der Kimbrer aufzuhalten. Als aber diese in dichtem Schwarm aus den Bergen hervorbrachen, ergriff die römischen Soldaten ein solcher Schreck, daß das Fußvolk, keinen Ruf der Befehlshaber achtend, in gestrecktem Lauf den schützenden Höhen zueilte, die Reiterei aber mit verhängten Zügeln in die Stadt sprengte.

Schon hatte der Feind, um den Römern den Rückzug auf das andere Ufer abzuschneiden, Bäume gefällt und machte Anstalten, dieselben den reißenden Fluß hinab gegen die Kriegsbrücke schießen zu lassen, als es dem Consul gelang, den größten Theil seines Heeres zu sammeln und über die noch unversehrte Brücke auf das rechte Ufer zu bringen. Nur eine Legion war zurückgeblieben und ihr feiger Tribun wollte sich dem andringenden Feinde ergeben; da stieß ihn der Centurio Gnäus Petreius von Atina nieder, stellte sich an die Spitze der Seinen, hieb sich mit ihnen durch die feindlichen Haufen durch und brachte die Legion glücklich auf das andere Ufer.

Nun stand den Kimbrern die lombardische Ebene offen. Catulus fand keinen Haltpunkt mehr, wo er sein Heer ihnen entgegenstellen konnte, und mußte sich auf das rechte Po-Ufer zurückziehen. Die Verbindung mit Aquileja war zu Lande abgeschnitten, nur zu Schiffe konnte sie noch unterhalten werden. Zum Glücke für Rom hielt der schreckliche Feind für diesmal in seinem Eroberungszug inne. Die ihnen neue, mit Frucht gesegnete Landschaft und der Ueberfluß an allem, was die Kimbrer so lang entbehrt hatten, lud zur Rast ein und die Bequemlichkeit des Lebens fesselte die Natursöhne an die leicht gewonnene neue Heimat. Da wurden sie — im Sommer 101 — plötzlich durch die Kunde von der Annäherung eines gewaltigen römischen Heeres aus ihrer Thatlosigkeit aufgeschreckt, und ehe sie eines Entschlusses fähig waren, stand derselbe Mann, der die Teutonen geschlagen hatte, ihnen mit dem ganzen Aufgebote der römischen Kriegsmacht schlagfertig gegenüber.

In den raudischen Feldern (campi Raudii), dort wo die Sesia dem Po zufließt, trafen die Heere aufeinander. Ihrem Kriegsgebrauch gemäß sandten die Kimbrer Boten in das feindliche Lager, Ort und Zeit des bevorstehenden Kampfes auszumachen;

wolle der Gegner diesen vermeiden, so möge er ihnen und ihren Brüdern Land anweisen. „Wer sind eure Brüder?" fragte Marius. „Die Teutonen", hieß es. „Die haben schon Land und Wohnungen für die Ewigkeit", erwiderte der römische Feldherr und ließ den Führer ihrer früheren Wandergenossen Teutobud in Ketten vorführen. Darauf bestimmte er den folgenden Tag zur Schlacht und das zwischen beiden Heeren liegende weite Feld zum Kampfplatz.

Es war am 30. Juli 101 vor Christo, als das entscheidende Kriegslos fallen sollte. Bei den Kimbrern erscholl der herkömmliche schreckenerregende Kriegslärm; alle die vielen tausend Männer brüllten und ihre Schwerter wiederhallten an den Schilden, während die Weiber an das Lederdach ihrer Karren schlugen, das dumpf wie eine Trommel tönte. Ehe sich die Kimbrer dessen versahen, wurden sie mit ihrem Gegner handgemein. Die der Schlachtordnung vorangegangene keltische Reiterei war im dichten Morgennebel auf die römische gerathen und troß des stürmischen Angriffs zurückgeworfen worden. In Unordnung drängte sie auf das Fußvolk und brachte auch dieses aus den Reihen. Ehe die Kimbrer von neuem Halt gewinnen konnten, waren ihnen die römischen Legionen am Leibe und ein kurzer aber mörderischer Kampf entschied den Tag mit der völligen Vernichtung des eingedrungenen Barbarenheeres. Der größte Theil der streitbaren Mannschaft, an 100.000 Köpfe, erlagen im Schlachtgewühl, darunter ihr Kriegsherr Boiorig, vermuthlich ein Boier, den das Vertrauen der Kimbrer zur Führerschaft erkoren hatte. Viele gaben sich selbst den Tod, um der Leibeigenschaft zu entrinnen, darunter die meisten Weiber, nachdem sie ihre Kinder getödtet hatten. Tausende, die vor diesem Schritte der Verzweiflung zurückschauderten, fielen den Siegern in die Hände,

und wurden nach Rom auf den Sclavenmarkt geschleppt.

Marius feierte einen der glänzendsten Triumphe und
hieß der Retter des Vaterlandes.

8.

Julius Cäsar und die keltischen Stämme.

Seit den Tagen der kimbrischen Gefahr war die Freiheit
der Kelten in unsern Alpen von zwei Seiten bedroht, und es hing
nur von dem Verlauf der Ereignisse ab, ob sie den Deutschen
zur Beute werden sollten, die von der Nordsee und dem baltischen
Meer fort und fort gegen Süden drängten, oder ob ihr nachbar-
liches Verhältniß zu den Römern sich in ein abhängiges ver-
wandeln werde. Daß die Eingänge des Gebirges an der Süd-
seite der Alpen gegen einen andringenden Feind schwer zu vertheidigen seien, hatten die Römer erkannt. Die Raubzüge der
wilden Alpenbewohner in das römische Oberitalien hörten
selbst nach der Kimbrerzeit nicht auf. Im Jahre 95 v. Chr.
unternahm deshalb der Consul Lucius Crassus einen
Rachezug in die nördlichen Thäler, die er weithin mit seinen
Legionen durchzog, dabei die Einwohner niedermachte und
ihre Hütten den Flammen preisgab. Allein kaum hatte er den
Rücken gewandt, als die Rhäter auf Vergeltung sannen.
Im nächsten Jahre (94 v. Chr.) legten sie das blühende
Comum in Trümmer, plünderten, brandschatzten weit in der
Gegend umher und mordeten die ganze männliche Bevölke-
rung bis zu den Kindern in der Wiege. So gewann bei den
Römern der Gedanke, die Alpen bis an die Donau dem
Reiche einzuverleiben, immer mehr Bestand. Aber die Aus-

führung mußte einer andern Zeit überlassen werden, da die innere Gährung im Staate damals einer Unternehmung nach außen nicht günstig war.

In den Ländern zwischen den Alpen, dem Rhein und der Weichsel, die man heute unter den Namen von Nord- und Mitteldeutschland begreift, wird seit dem Zuge der Kimbrer eine mächtige Völkerbewegung bemerkbar. Deutsche Stämme, entweder von andern oder von der Unwirthlichkeit ihrer Heimat gedrängt, wanderten südwärts und warfen sich, wie ehemals die Kimbrer, auf die Kelten, um Wohnsitze zu erzwingen. Man unterschied diese deutschen Stämme nicht nach den Namen ihrer Gaue, sondern nannte sie im Allgemeinen Sueben, d. i. schweifende, und theilweise auch Markomannen, d. i. Landwehr, welche Namen später auf einzelne Völker übertragen wurden.

Die Kämpfe, welche die Kelten mit ihnen um den Besitz ihres Landes zu bestehen hatten, sind uns nicht bekannt. Jedenfalls waren sie verderblich für die ersteren; denn wir finden um das Jahr 70 v. Chr. einen Theil der keltischen Boier aus ihrem Lande verdrängt und heimatlos umherritten, bis sie theilweise sich den aus dem Schwarzwalde verdrängten Helvetiern anschlossen, um in ihrem Stammlande Gallien Wohnsitze zu suchen.

Allein auch den Siegern über die Kelten scheint das eroberte Gebiet an der obern Elbe, am Main und an der obern Donau nicht die gewünschten Vortheile geboten zu haben; denn auch sie wandten sich bald mit gewaffneter Hand gegen Gallien. Ein ähnlicher Zug wie die Kimbrer, aber kriegsgewandt und unter bewährter Führung, zog im Jahre 71 v. Chr. über den Rhein und besetzte den östlichen Theil Galliens, der zunächst an das römische Gebiet grenzte. Es waren die früher genannten Sueben mit Markomannen, ihr Führer Ariovist, ein gefürchteter Heerfürst.

4*

Begreiflich mußten diese Ereignisse die Aufmerksamkeit der Römer auf sich lenken, da das südliche Gallien, der Schlüssel von Italien, für dessen Vertheidigung sie schon mehrmals kostbares Blut geopfert hatten, im Besitz dieser Völker war. An der Sicherheit der Grenze auf dieser Seite hing, wie ehedem die gallische und punische Gefahr gezeigt hatte, die Sicherheit des Staates. Zu derselben Zeit fügte es sich, daß die Provinz Gallien dem Gaius Julius Cäsar zur Verwaltung übergeben wurde, der, nach unbegrenztem Einfluß im Staate strebend, die Vorzüge eines Feldherrn und Staatsmannes in sich vereinigte. Als Cäsar (57 v. Chr.) in Gallien ankam, wurden ihm die drohenden Verhältnisse bald klar, und er beschloß, ihnen rasch zu begegnen. Er hatte auch die andern nördlichen Länder des Reiches, Oberitalien, Istrien und Dalmatien zur Verwaltung überkommen, stand mit den Alpenkelten in naher Beziehung, konnte über ihre Haltung sicher unterrichtet werden und sie ohne den Schein von Feindseligkeit im Auge behalten. Jene keltischen Stämme, die zunächst durch die Helveter bedroht waren, brachte er dahin, daß sie ihn zu Hilfe riefen. Damit war der Schauplatz seiner Unternehmung auf das keltische Gebiet verlegt und der glückliche Erfolg durch die Theilnahme der Kelten erleichtert, die sich unter seine Kriegsherrschaft stellten. Gegen die Helveter, wiewohl sie von der römischen Grenze noch fern waren, brach er unverweilt los und besiegte sie mit den ihnen verbündeten Boiern theils in offener Feldschlacht, theils durch sein Ansehen bei den Kelten, indem er verbot, den Besiegten Beistand zu leisten. Mit den Unterworfenen verfuhr er, als ob er Herr des Landes wäre. Den Boiern wurde ein Landstrich unter den Kelten zur Siedlung angewiesen; die Helveter schickte er in ihre frühere Heimat am Oberrhein zurück, wo sie unter römischer Hoheit fortan die Grenze gegen die Deutschen zu vertheidigen hatten.

Mit diesem Schlage war der kleinere Feind besiegt. Der größere, Ariovist, stand noch ungeschreckt in dem von ihm besetzten Theile Galliens. Da er kurz nach seinem Einbruch ins Land von den Römern als Freund und Bundesgenosse erklärt worden war, so sah er in Cäsar nicht seinen, sondern den Gegner der Kelten. In dem fruchtbaren Hügellande westlich vom Jura, aus welchem die Rhone ihre nördlichen Zuflüsse empfängt, hatte er seinen Sueben eine neue Heimat eingerichtet und fortwährend über den Rhein her neue Schaaren an sich gezogen. Die von ihm unterjochten Keltenstämme wandten sich bittend an Cäsar, sie vor dem Bedrücker zu schützen. Die Bewunderung seiner Kriegsthaten überwog bei ihnen das Mißtrauen, das sein herrisches Benehmen einflößte.

Die Wechselfälle des kurzen Feldzuges gegen Ariovist zeigten das Feldherrntalent Cäsar's im schönsten Lichte. Der Suebenfürst wurde geschlagen und zur Flucht über den Rhein gedrängt, an dessen Ufern nun zum ersten Male römische Legionen lagerten (57 v. Chr.). Hier beim Anblicke des Stromes, der mit seiner breiten Thalsohle zwischen bewaldeten Bergen eine natürliche Schutzwehr gegen die Barbaren bot, mag in Cäsar der Gedanke reif geworden sein, das ganze Land westlich vom Rhein den Römern dienstbar zu machen. Er setzte ihn nach dem Siege über Ariovist ins Werk, treulos gegen die Kelten, die ihn zum Beistande gerufen, aber in der weisen Voraussicht, daß den durch Zwietracht zerfahrenen Stämmen die geregelte Herrschaft der Römer gedeihlich sein werde. Wenn wir sehen, daß er bei der Erweiterung der römischen Macht auch sein persönliches Interesse im Auge hatte, so lag dies in den Zuständen seines Vaterlandes, die ihm die Stärkung seines politischen Einflusses zur Pflicht machten.

Ein achtjähriger Feldzug, mit der Kühnheit und That-kraft eines unüberwindlichen Feldherrn geleitet, vollendete die

Eroberung Galliens (50 v. Chr.). Die Legionen, die Cäsar führte, waren später seine Stütze, als er, dem innern Verfall des römischen Staates begegnend, die höchste Macht in Rom anstrebte.

Das Land von den Pyrenäen zur Nordsee, vom atlantischen Ocean zum Rhein wurde, wie früher schon zum größten Theile die pyrenäische Halbinsel, als Provinz in das römische Reich einbezogen, und man gewöhnte die keltischen Bewohner mit denselben Mitteln, wie ihre Stammesbrüder in Oberitalien, an die römische Herrschaft. Aber am linken Rheinufer von den Schweizerbergen bis zu den Niederungen des heutigen Holland, erhoben sich römische Burgen zur Sicherung der Grenze. Wenn erzählt wird, daß Cäsar während des gallischen Krieges einmal mit seinen Legionen die britische Küste betrat und zweimal Brücken über den Rhein schlug, um ins deutsche Land zu dringen, so lag darin nicht die Absicht einer weitern Eroberung, sondern nur ein kluges Mittel, das Eroberte zu sichern. Die Nachbarn der Gallier in West und Ost sollten von Ehrfurcht und Scheu vor der römischen Macht erfüllt werden.

In den übrigen Provinzen, die Cäsar verwaltete, wurde die Grenznachbarschaft mit den Kelten sowohl während des gallischen Krieges als nach demselben ungefährdet erhalten. Wenigstens erfolgte kein bedenklicher Zusammenstoß. Als damals die Boier von den Sueben aus ihren Sitzen gedrängt wurden und ein Theil derselben mit den Helvetern nach Gallien abzog, warf sich ein anderer Theil auf die Taurisker und belagerte deren Hauptveste Noreia. Cäsar fand sich veranlaßt, dem Fürsten der Taurisker Vocio Hilfstruppen zu senden.

Ob Cäsar, wie einige annehmen, in diesem Theile der Alpen an Heereszügen persönlich betheiligt war, läßt sich nicht ermitteln. Ganz gewiß aber drangen (54 v. Chr.) auf seinen

Befehl, da Raubzüge der Grenzvölker genug dazu Anlaß gaben, Heeresabtheilungen ins Gebirge und verschafften dem römischen Namen Achtung. Auf diesen Zügen, die zugleich der Erforschung eines unbekannten Landes galten, mag der Name des Feldherrn, der sie anordnete und der den Legionen theuer war, zur Bezeichnung merkwürdiger Oertlichkeiten gebraucht worden sein, so wie jetzt noch Entdecker einen der Wissenschaft erschlossenen Ort mit dem Namen eines merkwürdigen Mannes bezeichnen. Julium Carnicum (das heutige Ponteba) wurde gegründet, und die römische Colonie in Pola änderte später den Namen ihres Ortes in Pietas Julia um. Friaul, der Name des Landes am Tagliamento, wird von Forum Julii hergeleitet, dem zu Ehren Cäsar's genannten Grenzmarkte der Römer (jetzt Zuglio). Die kühn geführte Straße von Friaul nach Kärnten über Tarvis, der Name des Gailthales in Kärnthen (vallis Julia) deutet auf denselben Mann hin, und den Gebirgsgürtel zwischen dem Isonzo, der Save und dem Adriameere hat man bis in die neueste Zeit unter dem Namen der julischen Alpen begriffen, was nur auf Julius Cäsar bezogen werden kann.

Als nach dem gallischen Kriege der Bürgerkrieg um die Herrschaft in Rom ausbrach, gewann Cäsar die oberitalischen Kelten für seine Partei, indem er ihnen die gleichen Rechte mit den übrigen Bewohnern Italiens erwirkte. Der Tauriskerfürst Vocio, dankbar für die gegen die Boier empfangene Hilfe, sandte ihm dreihundert Reiter zum Beistand, während die illyrischen Küstenvölker mit Ausnahme der Inseln zu seinem Gegner Pompejus hielten, und als dieser besiegt war, nur theilweise zum Gehorsam zurückgeführt wurden.

9.

Das Reich der Daker — Boerebistas — Cäsar's Tod.

Größere Besorgniß erregte dem römischen Machthaber ein Grenzvolk an der untern Donau, welches sich um diese Zeit durch thatkräftige Herrscher und glückliche Unternehmungen rasch zu staatlicher Bedeutung aufschwang.

Zu derselben Zeit, wo die suebischen Markomannen sich inner des böhmischen Ringwaldes festsetzten, hatten im Osten der mittlern Donau die Daker eine für die Römer gefährliche Stellung genommen. Das mit Schätzen der Natur reich gesegnete Ländergebiet, welches auf einer Seite die Theiß mit der Donau bis zu ihren Mündungen, auf der andern der Dnjestr umgürtet, war zur Zeit der größten Ausbreitung ihr Wohnsitz, so daß die heutigen Länder Ungarn am linken Theißufer, das Temeser Banat mit der Banatgrenze, die Walachei und Moldau, ein Theil von Ostgalizien mit der Bukowina den Umkreis bildeten, aus dessen Mitte gleich einer Königsburg das thälerdurchfurchte wald- und erzreiche Karpatenhochland Siebenbürgen emporsteigt.

Dieses insbesondere tritt frühzeitig, und zwar das erste unter den Ländern Oesterreichs, in den Kreis geschichtlicher Erkenntniß. Schon der griechische Geschichtschreiber Herodot (484—404 v. Chr.) nennt unter den Völkern, die westlich von den Scythen wohnen, die goldtragenden Agathyrsen am Flusse Maris (Marosch) und berichtet, wie sie den vor dem Perserkönig Darius fliehenden Scythen die Aufnahme in ihr Land verweigerten (513 v. Chr).

Im vierten Jahrhunderte v. Chr. ist Siebenbürgeu von den
Dakern — die Griechen nannten sie Geten — besetzt, die,
dem Volksstamme der Thraker angehörig, sich aus der Tiefebene
zwischen der Donau und dem Hämus, dem heutigen Bulgarien,
allmälig in das karpatische Hochland zogen, wo der Kern des
Volkes bleibende Sitze nahm.

Ob sie bei der Besitznahme dort schon Kelten vorfanden,
oder ob dieses rüstige Wandervolk bei seinem Vordringen später
den Mitbesitz von den Dakern erzwang und mit ihnen zu einem
Volke verschmolz, läßt sich aus dem Dunkel jener Zeiten nicht
ermitteln. Als sicher dürfen wir annehmen, daß, so wie in den
Ostalpen überhaupt, auch im Hochlande der Karpaten keltische
Cultur herrschend geworden sei. Dies bezeugen die häufigen und
eigenthümlichen Funde von Gold-, Silber- nnd Broncegegen-
ständen in Siebenbürgen, namentlich die sogenannten „Kelte",
die durchweg nur in von Kelten bewohnten Ländern vorkommen,
und die zahlreichen Hügelgräber mit ihren Aschenurnen und
Todtenbeigaben, die in der neuesten Zeit aufmerksam durchforscht
werden. Aus diesen Funden und den wenn auch spärlich auf
uns gekommenen Nachrichten läßt sich das Volk der Daker
als ackerbauend, götterverehrend, Metalle bearbeitend, kriegerisch
und wohlhabend bezeichnen. Sein religiöser Glaube hatte sich
bereits zu einem, wenn auch rohen Begriffe von der Unsterblichkeit
der Seele entwickelt. Seine Todten verbrannte es und richtete
über der in einer Urne verwahrten Asche einen Hügel auf. Solcher Gräber sind viele bis auf den heutigen Tag erhalten; auf
dem Höhenzuge, der den Altfluß und den Harbach scheidet, liegen
allein nahe an 500 in geordneter Reihe nebeneinander.

In eigenthümlicher Weise mit dem religiösen Glauben
der Daker verbunden war die Form ihrer Herrschaft. In
uralter Zeit soll ein Daker, Zamolxis, der Götter Wege

und Wunder auf weiten Reisen erkundet, die Lehren der ägyptischen Priester und die Geheimnisse der griechischen Pythagoräer
ergründet, und nach seiner Rückkehr in die Heimat als Einsiedler
in einer Höhle des „heiligen Berges" gelebt haben, wo er, nur
dem König und dessen Dienern zugänglich, für jedes wichtige
Unternehmen weisen Rath ertheilte. Dem Volke galt er anfangs
als Priester des höchsten Gottes, zuletzt selber als Nationalgott,
dessen Gebote vor allem zur Mäßigkeit und Tapferkeit verpflich-
teten. Aus diesem Verhältnisse des Königs zu Zamolxis war in
der Folge der Zeit eine bleibende Einrichtung im Staate geworden, so daß neben dem Könige immer ein Priester gleichsam an
Gottes Statt regierte, und was der König befahl, als Fügung
Gottes galt. Diese Regierungsweise übte einen mächtigen Einfluß
auf die Cultur des Volkes. Die Daker, früher träg und dem
Sinnengenuß ergeben, entwickelten sich in kurzer Folge zu einem
der Entbehrung trotzenden, kriegerischen Volke und wahrten
mit Kraft ihren Besitz gegen die Nachbarvölker; namentlich scheinen sie den südlichen Theil über der Donau lange Zeit mit
Nachdruck vertheidiget zu haben.

Von Alexander dem Großen wird erzählt, daß er
sie im Jahre 335 v. Chr. G. vom rechten Donauufer verdrängt
und diesen Theil Dakiens zum thrakischen Reiche geschlagen
habe, das nach seinem Tode auf Lysimachos überging.
Allein ob dieser die Eroberung seines Vorgängers festhielt,
ist ungewiß; der Krieg, den Lysimachos mit den Dakern
führte, fiel zu seinem Nachtheile aus. In das Gebirge gelockt,
mußte er sich mit seinem Heere ergeben. Es wird dabei die Groß-
muth gerühmt, mit der die Sieger den gefangenen König ohne
Lösegeld freigaben. Aber das Lösegeld, welches er für sein Heer
zahlen mußte, war so beträchtlich, daß es nachher zum guten
Theile den dakischen Schatz bildete.

Als im letzten Jahrhunderte vor Christo die Römer an der untern Donau Fuß faßten, lenkte Dakien ihre Aufmerksamkeit auf sich, nicht nur durch die verheerenden Raubzüge, die sich dessen Bewohner in die benachbarten Gebiete erlaubten, sondern auch durch die feste staatliche Einheit, die ihnen eine kräftige Regierung gegeben hatte und die dem römischen Nachbar ein ernstes Bedenken einflößte. Damals herrschte über sie König Boerebistas und neben ihm der Priester Dekäneos, beide mit gleichem Eifer für die Machtstellung des Reiches wirkend. Boerebistas gebot über 200.000 wohlgerüstete Krieger und ergriff nicht nur jeden Anlaß zum Kriege, sondern suchte ihn auch. Ein Streit der Skordisker mit den am rechten Donauufer, wahrscheinlich im Gebiete der Raab und des Neusiedler See's wohnenden Boiern bewog ihn, jenen zu einem Schlage gegen diese die Hand zu bieten.

Trotz des Beistandes, den ihnen die Taurisker leisteten — ihr Fürst Kritasir führte das Heer — erlitten die Boier eine vollständige Niederlage (48 v. Chr.) und mußten ihre Heimat räumen, die lange nachher noch die Boierwüste (deserta Boiorum) hieß. Es ist zweifelhaft, ob die mit den Dakern verbundenen Skordisker ihren Theil des Siegeslohnes erhielten; sie werden in der Geschichte nicht mehr genannt.

Boerebistas fühlte sich nach dem Siege über die Boier stark genug, seine Waffen aufs römische Gebiet zu tragen. Er sandte Schaaren über die Donau, die in Thrakien, Makedonien und Illyrien verwüstend hausten, und forderte so die Römer selbst zum Kampfe heraus, und zwar zu einer Zeit, wo, wie er wußte, der Bürgerkrieg ihnen eine kräftige Gegenwehr nicht zuließ.

Als jedoch Cäsar's Gegner Pompejus besiegt war, wurde die Unterjochung Dakiens die nächste Aufgabe des Siegers. Aus den großartigen Rüstungen, die er zu diesem Feldzuge traf,

läßt sich die Bedeutung abnehmen, die Cäsar der Machtstellung des Boerebistas und seiner Daker beilegte. Allein ehe
sich die beiden gewaltigen Gegner im Kampfe messen sollten,
wurde Boerebistas in einem Aufruhr ermordet (45 v. Chr.)
und die gefürchtete Macht zerfiel in kleine Herrschaften. Unter
diesen Umständen unterblieb der Angriff.

Ein Jahr später (44 v. Chr.) fiel Julius Cäsar unter
den Dolchen von Verschwörern, die dem Vaterlande einen Dienst
zu erweisen hofften, indem sie den nach Alleinherrschaft Strebenden aus dem Wege räumten. Sie hofften vergebens; denn die
Zeit war eine andere geworden, ungefügig für die alten Formen
des Staates. Der Sturm nach Cäsar's Tode endete mit dem
Sturze der Verfassung. Es zeigte sich, daß die Republik den
Verhältnissen des römischen Staates nicht mehr entsprach. Das
kleine Ländergebiet, für welches sie gebildet war, hatte sich zu
einem ungeheuern Reiche erweitert; die einfachen Sitten, deren
sie bedurfte, die opferfreudige Bürgertugend, durch welche sie
gestützt wurde, waren im Getriebe der Leidenschaften, die der
Parteikampf nährt, abhanden gekommen. Der allgemeine Verfall
der Sitten, die maßlose Begehrlichkeit der Emporstrebenden, der
unersättliche Durst nach Wohlleben drohten dem Staate Verderben,
wenn nicht eine starke Hand eingriff und mit unbeugsamer Thatkraft die Willkür der Einzelnen unter das Joch des Gesetzes
zwang. Von solchen Gedanken war Cäsar erfüllt, als er in Rom
der Erste zu sein strebte. Sie waren die Triebfeder seiner
Thaten und Einrichtungen, durch die er in der Geschichte glänzt.
Mit seinem Tode wurde nur die Laufbahn des großen Mannes,
der zunächst diese Gedanken durchführen konnte, nicht die Durch-
führung selbst gehemmt. Der große Cäsar hatte einen großen
Nachfolger, der nicht blos seine Glücksgüter erbte, sondern auch
die weltumspannenden Ideen des Dahingeschiedenen in sich auf-

nahm, einen Nachfolger, der zugleich Muth besaß und Macht errang, sie auszukämpfen und durchzuführen.

10.

Kaiser Augustus.

Cäsar's Tod wurde der Anlaß zu neuen Bürgerkriegen, von denen der römische Staat lange Jahre hindurch von einem Ende zum andern erschüttert ward; zugleich rief der Sturz des gewaltigen Völkerbezwingers unter den Barbarenstämmen, die unter seinem Machtgebote gezittert hatten, gefährliche Bewegungen hervor. Namentlich die wilden Bewohner Dalmatiens und des illyrischen Gebietes ersahen die Gelegenheit zu neuen Aufständen. Den großen Cäsar hatten die Küstenvölker als denjenigen betrachtet, der sie mit eiserner Faust im Joche hielt. Jetzt hofften sie unter dem Eindrucke, den sein Tod auf die römischen Besatzungen machte, und in den Wirren, welche dieses Ereigniß im römischen Staatswesen nach sich zog, ihre alte Unabhängigkeit zu erringen. Das ganze Volk an der Küste erhob sich zum Kampfe. Die römischen Besatzungen wurden theils vernichtet, theils zum Rückzug in das besser gedeckte Makedonien gedrängt und Rom war nicht im Stande der Empörung Einhalt zu thun.

Doch dauerte dieser Zustand nicht lange; er wurde, merkwürdig genug, durch einen Mann beendet, der den letzten Schliff seiner geistigen und militärischen Bildung in Illyrien erhalten hatte. Gaius Octavius, des gemordeten Cäsar Großneffe, widmete sich zu Apollonia (dem heutigen Pollina an der Küste Albaniens) der Kriegskunst und den Wissenschaften, als er den Tod seines väterlichen Freundes erfuhr. Nach Rom zurückgekehrt und im Besitze der Erbschaft des Oheims, der ihn im Testamente an Kindesstatt angenommen, schwang er sich in kurzer Zeit zu einer bedeutenden Stellung im Staate empor, die er klug und mit weiser Mäßigung benützte. Dem Volke schmeichelnd, wurde er von diesem gehoben; und so wie er den Namen seines Adoptivvaters angenommen hatte — er nannte sich fortan Cäsar Octavianus —, so hoffte man von ihm, daß er auch den Ruhm Cäsar's bewahren werde.

Im Jahre 38 vor Christo finden wir Octavian — er war damals 24 Jahre alt — in voller Thätigkeit, die empörten illyrischen Küstenvölker zum Gehorsam zurückzuführen.

Die Japyden hatten mit den nachbarlichen Alpenvölkern gemeine Sache gemacht, Aquileja und Tergeste (Triest) geplündert, die römischen Niederlassungen verheert. Octavian wandte sich zuerst gegen diese, indem er mit seinen Legionen in das Innere des Landes drang und die zurückweichenden Japyden bis in ihre Hauptveste Metulum verfolgte. Sie fiel 34 vor Christo nach verzweifeltem Widerstande, wobei der junge Feldherr durch persönlichen Muth den Ausschlag gab. Die Japyden beugten sich unter das römische Joch.

Ein gleiches Los traf die ihnen östlich wohnenden Segestaner, eine pannonische Völkerschaft, die den Römern keinen unmittelbaren Anlaß zu feindseliger Begegnung gab. Octavian sorgte für die Zukunft vor. Mit dem Kriegszuge sollte nicht nur das alte Gebiet bewahrt, sondern auch neues gewonnen werden; und die Lage des fruchtbaren Landes an zwei schiffbaren Flüssen (Kulpa und Save) war dem staatsmännischen Feldherrn zu lockend, um nicht die Gelegenheit zu einer leichten Beute zu benützen. Der Gedanke, das Römerreich bis an die Donau auszubreiten, mag Octavian schon vorgeschwebt haben, als er in das Land der Segestaner einfiel, und da sie sich wehrten, schonungslos als

Eroberer verfuhr. Theuer verkaufte das kühne und tapfere Volk seine Freiheit. Erst nach dreißigtägiger Belagerung wurde ihre Veste Segestica, die Hauptstadt der frühern Skordisker (auch Siscia, das heutige Sziffek) gebrochen, die nicht nur durch ihrer Männer Tapferkeit, sondern auch durch die Lage am Einfluß der Kulpa in die Save gut geschirmt war. Sie erhielt eine römische Besatzung und wurde mit Aquileja durch eine Militärstraße verbunden. Später war sie der bedeutendste Waffenplatz der Römer, der Standort ihrer Kriegsflotte auf der Save, und als Octavian Kaiser geworden war, der Mittelpunct seiner Unternehmungen gegen Pannonien und Illyrien.

Nachdem die Japyden und Segestaner unterjocht waren, wandte sich Octavian gegen die Dalmater. Diese hatten sich, während der Bürgerkrieg die römische Hauptmacht theilte, durch Aufnahme von Nachbarstämmen in ihren Verband so verstärkt, daß die Zahl ihrer Ortschaften von zwanzig auf achtzig gestiegen war; sie hatten die römischen Besatzungen aus deren Standlagern vertrieben und die liburnische Stadt Promona (sie lag am Berge Promina bei Knin im Kreise Zara) besetzt. Jetzt aber schlug die Stunde der Vergeltung; denn Octavian gebot über siegreiche Legionen, die er gegen die trotzigen Dalmater führte. Promona ward ihnen nebst andern Orten entrissen nnd auch sie erkannten die römische Herrschaft an, stellten Geiseln, lieferten die Feldzeichen aus, die sie den Römern abgenommen hatten, und verstanden sich zur Zahlung des seit Cäsar rückständigen Tributes, 33 Jahre vor Christi Geburt.

Zwei Jahre später besiegte Octavian seinen letzten politischen Gegner Marcus Antonius in der Seeschlacht bei Actium (31 v. Chr.). Kein Nebenbuhler stand seiner Alleinherrschaft mehr im Wege. Im Jahre 29 vor Christo vereinigte er alle höchsten Würden des römischen Staates in seiner Person.

Wenn auch unter dem Scheine republicanischer Formen, die er weise beibehielt, gebot sein Wille unbeschränkt in dem gewaltigen Reiche, das, über drei Erdtheile ausgedehnt, im Westen an den atlantischen Ocean, im Süden an die Wüsten Afrika's, im Osten an die Mündung des syrischen Doppelstromes reichte. Zu dem Namen Cäsar, den er sich, wie früher erwähnt wurde, zu Ehren seines väterlichen Freundes beigelegt hatte, fügte der Senat den Namen Augustus (der Ehrwürdige, Erlauchte), den Ruhm seiner Staatsweisheit bezeichnend. Rom war eine Monarchie geworden und Augustus ihr erster Kaiser. —

Nach den politischen Stürmen, die der römischen Herrschaft eine neue Form gaben, trat wieder der Gedanke in den Vordergrund, die Nordgrenze des Reiches durch besondere Veranstaltungen gegen die Barbaren zu sichern. Augustus wollte seinem Reiche den lang entbehrten Frieden dauernd zuwenden. Dies war aber nicht möglich, so lange die Alpenvölker unabhängig und der Verlockung ausgesetzt waren, mit den gefürchteten Germanen, die jenseits der Alpen immer mehr Boden faßten, gemeinsam gegen Rom zu streben.

Die Vorbereitungen zur Unterjochung waren längst getroffen. Mit dem Besitz von Segestica hatte der kluge Augustus einen festen Punct, von dem aus das Land zwischen der Save, Donau und den Ostalpen — man nannte es Pannonien — allgemach und unmerklich wehrlos gemacht wurde. So darf es uns nicht wundern, daß die Besitznahme desselben um das Jahr 15 vor Christo ohne sonderlichen Widerstand der Bewohner vor sich ging, wiewohl diese als trotzig und kriegerisch geschildert werden.

Furchtbar dagegen wehrten sich die Gebirgsvölker im Norden Italiens gegen das römische Joch, die Rhäter im heutigen Tyrol und in Graubündten, und die Vindeliker am

Nordsaume der Alpen zwischen Lech und Inn. Mit dem Muthe der Verzweiflung kämpfte Mann und Weib für den heimischen Boden, für die Freiheit, die dem Bergbewohner doppelt theuer ist. Zwei gewaltige Kriegsheere unter des Kaisers Stiefsöhnen Dru sus und Tiberius wurden gegen sie aufgeboten. Drusus rückte mit seinen Legionen von Italien durch die Klausen der Etsch, brachte den Rhätern bei Tridentum eine Niederlage bei, schlug bei Bauzanum (Bozen) eine Brücke über die Eisak (pons Drusi) und drang über den Brenner. Tiberius kam von Gallien her über den Rhein gezogen, setzte von Helve tien mit einer Flotte über den Bodensee und erschien unvermu thet mitten im feindlichen Lande, wo sich die beiden Heere vereinig ten. Mörderisch waren die Schlachten, in denen vereinzelt Stamm für Stamm der römischen Kriegskunst erlag; unter den Namen auf Tiber's Siegestafel finden wir die norischen Ambisonter, nach denen der heutige Pinzgau genannt wurde. Im Jahre 14 vor Christo war das Schicksal dieser Gegenden entschieden. Die tapfern Alpenvölker hatten sich verblutet und die Gebiete, in denen sie bisher frei und unabhängig gewaltet, wechselten ihren Herrn. Das Land zwischen der Donau, dem Lech und Inn wurde unter dem Namen Vindelicien, das Gebirgsland selbst mit den Hochthälern des Rhein, des Inn und der Etsch unter dem Namen Rhätien zum römischen Reiche geschlagen, die streitbare Mannschaft ausgehoben und theils unter die römischen Legionen vertheilt, theils in andere Länder verpflanzt. Ein großer Theil der Bevölkerung mußte die Gebirge verlassen und sich in die Thalebenen hinabziehen, das Land zu bebauen.

So blieben nur mehr die norischen Taurisker übrig, deren wir in ihren Beziehungen zu den Römern schon mehrmal gedacht haben. In ihrer örtlichen Lage zwischen dem eroberten Pannonien und Rhätien scheinen sie gar nicht den Versuch gemacht zu haben, die römische Herrschaft abzuwehren. Wenigstens hören wir nichts von Eroberungstruppen, die gegen sie ausgesendet, und von Siegen, die über sie erkämpft worden wären. Wohl tritt aber ihr Land (zwischen dem Inn, der Donau und den Ausläufern der Ostalpen) zu gleicher Zeit mit Rhätien in die Reihe der römischen Provinzen und heißt fortan Noricum.

Die Aufgabe, die Kaiser Augustus sich gestellt hatte, war vollendet. Wie der Rhein im Westen, so bildete die Donau im Norden die Grenze des römischen Reiches. Eine Fülle von Vertheidigungsmitteln, die dem ausgebildetsten Militärstaat zu Gebote stand, konnte am Ufer beider Ströme aufgestellt werden, den Feind drüben in Schrecken zu setzen, den Unterthan hüben in Zucht zu halten. Augustus gab sich nun der Sorge hin, die friedliche Entwicklung der Völker des Reiches zu fördern. Seine tiefe Einsicht in die Verhältnisse wie seine milde Weisheit beriefen ihn dazu. Ob aber die Mittel, über die er zu verfügen hatte, seine Mühe lohnten, das blieb der Folgezeit anheim gestellt.

Die römische Welt stand zu Augustus Zeit am Wendepuncte nicht nur ihrer Verfassung, sondern auch ihrer geistigen Macht. Unter Augustus Regierung feierte die lateinische Literatur ihr goldenes Zeitalter, und es ist nur ein Beweis mehr für die nachhaltige Kraft, womit sich das Römerthum in den neu erworbenen Gebietstheilen einheimisch zu machen wußte, wenn wir wahrnehmen, daß ein großer Antheil an jenem geistigen Leben, das auf Jahrtausende hinaus die empfänglichen Geister aller gebildeten Nationen anregen und zur Bewunderung hinreißen sollte, dem cisalpinischen Gallien zufiel, jenen lachenden Gefilden, welche die Römer den rauhen Keltenstämmen abgerungen hatten. Im Jahre 70 vor Christi Geburt erblickte Virgilius zu Au-

des, einem Dorfe bei Mantua — „Mantua me genuit“ —
das Licht der Welt; zu Cremona genoß er seinen ersten Unterricht, den er, nachdem er 55 v. Chr. die männliche Toga em-
pfangen, zu Mediolanum fortsetzte. Von da erst kam er nach
Neapel und Rom, vergaß aber nie die Gefilde seiner Heimat,
deren ländliche Stille ihn zur Nachahmung der Hirtengesänge
Theokrit's einlud. Virgil's Aeltern lebten in bescheidenen Verhältnissen, sein Vater war lange Zeit Gutsaufseher eines
begüterten Römers. Daß aber auch Zweige der vornehmsten
Familien Roms sich in diesen Gebieten bereits seßhaft gemacht hatten, dafür zeugt die Abstammung des Dichters Catullus und des Biographen Nepos, von denen der eine dem
valerischen, der andere dem cornelischen Geschlechte entsprossen
war. Catullus und Cornelius Nepos unterhielten eine innige
Freundschaft; sie waren Landsleute im engsten Sinne des Wortes. Catullus im Jahre 76 vor Christi Geburt zu Verona,
Cornelius Nepos, beiläufig zur selben Zeit, in der Nähe von
Verona, wahrscheinlich in Hostilia, geboren. Die Familie des
Catullus besaß ein Landgut am Gardasee. Auch Titus Livius,
Roms gefeiertster Geschichtschreiber, ein und zwanzig Jahre
jünger als Virgilius, war Sprößling einer angesehenen Familie,
die sich zu Patavium (Padua) angesiedelt hatte. Es verdient
bemerkt zu werden, daß allen diesen Schriftstellern, am Fuße
der Alpen geboren, aus deren Schluchten und Engpässen die
Schaaren wilder Gebirgsvölker wiederholt hervorbrachen und
den Frieden der reizenden Landschaft störten, die unter
römischem Gewerbsfleiß und Kunstsinn aufblühte, ein gewisser
weicher, bald milder, bald wehmüthiger Zug eigenthüm-
lich ist. Von Catullus, dem Sänger süßer Liebeslieder
von seiner Lesbia, braucht das nicht erst gesagt zu werden.
Auch sein Freund Nepos, der hingebende Bewunderer

fremder Größe, scheint eine nachgiebige liebenswürdige Natur gewesen zu sein. Virgil's harmloser kindlicher Sinn, der niemand etwas zu Leide zu thun im Stande, jedem gern zu helfen bereit war, that dem Charakter seines berühmtesten Werkes, der Aeneide, vielfach Eintrag. Und an Livius rühmt Quinctilian: „Die Gemüthsbewegungen, vornehmlich die sanfteren, hat, um das wenigste zu sagen, kein Geschichtschreiber ansprechender geschildert."

Alle diese Schriftsteller, mit Ausnahme des Catullus, der schon mit dreißig Jahren starb, verherrlichten das Augustische Zeitalter, das troß all seines Ruhmes und Glanzes den Keim jenes Siechthums nicht verhüllen konnte, woran die heidnische Welt langsam, aber unaufhaltbar zur Neige ging. Um dieselbe Zeit aber, in seinen Anfängen ungekannt und unbeachtet, ging im Morgenlande ein großes Licht auf, bestimmt, dereinst den ganzen Erdkreis zu erleuchten und den unberathenen Völkern andere Bahnen zu zeigen, als die römische Weisheit jener Tage ihnen vorzeichnen konnte. Die „Fülle der Zeiten" war gekommen und bald sollte sich das Wort erfüllen: „Siehe, das Alte ist vergangen, alles ist neu geworden".

III.

Der Kampf um die römische Donaugrenze.

11.

Römer und Germanen.

Die Bewachung und Sicherung der neuen Grenzen, die sich das Römerreich, den ungeheuren Ländergürtel rings um das mittelländische Meer umspannend und beherrschend, längs des Rheins und längs der Donau gezogen hatte, gab seinen bewährtesten Legionen auf Jahrhunderte hinaus zu schaffen; und als es endlich glauben konnte, dieselben dauernd befestigt zu haben, da traten gewaltige Ereignisse ein, die ganz unbekannte Völkermassen auf den Schauplatz führten, und eine völlige Umstaltung unseres Erdtheiles im Gefolge hatten. Wir haben es vor der Hand nur mit der ersten Reihe dieser Ereignisse zu thun.

Der Schauplatz der Kämpfe, welche die Römer nun zu bestehen hatten, waren zu einem großen Theile die Länder des heutigen Oesterreich, sowohl die den Römern unterworfenen, als die von ihnen nicht eroberten. Die meisten und mächtigsten der Stämme, mit denen das Weltreich sich jetzt messen mußte, gehörten der germanischen Völkerfamilie an, mit deren hervortretendsten Eigenheiten wir uns daher etwas näher bekannt machen müssen.

a. Charakter und Sitten der Germanen.

Der germanische Volksstamm breitete sich zu Anfang der christlichen Zeitrechnung im Süden und Westen noch über das linke Rheinufer, im Osten bis an die Weichsel, im Norden an die Nordsee und über die Ostsee hinüber aus. Von diesem Gebiete nannten die Römer den am linken Rheinufer liegenden Theil, der ihnen schon unterworfen war, Klein · Germanien, das übrige Groß · Germanien; das rauhe Waldgebirge, das sich von West nach Ost mitten durch ihre Landschaften zog und jetzt Theile des deutschen Mittelgebirges in sich schließt, begriffen sie unter dem Namen „hercynischer Wald."

Der Name Germanen — in der Folge hießen sie Deut-sche — wurde dem ganzen Volksstamm beigelegt; die einzelnen Völker unterschied man durch besondere Namen, die theils von der Lage der Wohnsitze, theils von andern Merkmalen herge-nommen waren.

Der Kriegsmuth der Germanen war gefürchtet; ihrer Sitten und Einrichtungen gedachte selbst der stolze Römer mit Achtung, und hielt sie seinem entarteten Mitbürger als Spiegel vor. Insbesondere sind es neben der Tapferkeit die Liebe zur Freiheit und zum Vaterlande, die Gottesfurcht, Keuschheit und Achtung gegen das Weib, die Gastlichkeit und Treue, was der römische Geschichtschreiber Tacitus den Germanen nachrühmt, bedeutungsvoll hinzufügend, daß „bei ihnen gute Sitten mehr vermögen, als anderswo gute Gesetze".

Krieg war den Germanen die liebste Beschäftigung, Feig-heit galt als die größte Schande, der Tod in der Schlacht als das höchste Glück. Ersatz für den Krieg fanden sie in der Jagd,

die in den dichten Wäldern, wo der Bär, das Elenn, der Ur oder
Wisent zu verfolgen waren, die Kraft des Mannes übte. Die friedlichen Geschäfte überließen sie den Weibern und Knechten.

Nahrung und Kleidung waren einfach. Fleisch und Milch
gehörten zur gewöhnlichen Speise; aus Gerste oder Hafer berei-
tetes Bier war ihr Lieblingsgetränk. Der Wein wurde ihnen
durch die römischen Händler bekannt, zuerst am Rhein, später
an der Donau; und es ist nicht zu zweifeln, daß die den Römern
bekannte Trinklust der Barbaren häufig benützt worden sei, um
von ihnen Vortheile zu erringen. Trinken und spielen war des
Germanen Leidenschaft, und die Rast nach einem Kampfe oder
nach einer Jagd wurde damit verbracht. Beim Trinkgelage, wo
Sänger den Ruhm gefallener Helden priesen, besprach man die
wichtigsten Dinge; aber beschlossen wurden sie erst, wenn die
Trinker geschlafen hatten. Darum sagt Tacitus: „Die Germanen rathschlagen, wenn sie sich nicht verstellen, und fassen
den Beschluß, wenn sie sich nicht irren können." Unter den
Spielen stand das mit Knochen (Würfeln) oben an. Es wurde
so leidenschaftlich getrieben, daß mancher auf den letzten Wurf
die Freiheit seiner Person setzte und hingab.

Der Frauen Schmuck war ihr langes wallendes Haar, und
das von ihnen gewebte Linnengewand mit dem Gürtel. Auch
ihren Kindern und Gatten verfertigten sie die Gewänder. Die
Männer trugen das Haar in Büscheln auf dem Scheitel gebunden (bei den Sueben), oder ließen es gescheitelt auf die Schultern
fallen (bei den Sachsen). Ursprünglich kleideten sie sich in Thierfelle; von den Kelten und später von den Römern lernten sie
den Gebrauch farbiger Stoffe und stählerner Rüstungen. Gute
und schöne Waffen schätzten sie über alles.

Was die Sinne eines Naturvolkes fesseln konnte, brachten
die Römer auf die Marktplätze an der Grenze, besonders Wein,

Schmuck, gewebte Zeuge, und verhandelten sie gegen Rohstoffe, die das Land lieferte, und gegen Sklaven. Germanische Sklaven waren in Rom wegen ihrer Körperschönheit, Stärke und Ausdauer bei der Arbeit sehr geschätzt. Der Verkehr mit römischen Händlern stachelte die Geldgier, und Einzelne wie ganze Abtheilungen des Volkes nahmen um des Goldes und Silbers willen Kriegsdienste bei den Römern.

b. Standesverhältnisse.

Der innere Zustand der germanischen Völker war nicht durch bestimmte Gesetze, sondern durch altes Herkommen geregelt. Dieses unterschied Freie und Nichtfreie. Wer einen festen unverlierbaren Besitz (Allod) hatte und wehrhaft erklärt war, gehörte zu den Freien im vollen Sinne des Wortes. Diesen zunächst stand jener, der wohl ein Allod besaß, aber noch nicht wehrhaft erklärt war; dann jener, der zwar schon wehrhaft war, aber kein Allod besaß, sondern daheim bei einem allodbesitzenden Verwandten in untergeordneten Verhältnissen lebte — denn der Erbe war verpflichtet, seine Geschwister zu ernähren —; endlich jener, der freiwillig in das Gefolge eines Allodbesitzers trat und ihm diente. In diesem Verhältnisse konnte er von jenem ein Gut geliehen bekommen, welches darum Lehensgut (Feod, feudum) hieß. Er mußte aber dafür eine bestimmte Abgabe und seinem Lehensherrn besondere Dienste, in der Regel Beistand im Kriege leisten. Solcher „Höriger" hatte mancher Allodbesitzer mehrere. Sie waren seine Dienstmannen, seine „Leute" (Vasallen).

Der Nichtfreie hatte kein eigenes Recht. Er hing von dem Willen des Freien ab, unter dessen Schutz er stand, und durfte vor Gericht nicht für sich sprechen. Auch unter den Nichtfreien gab es Abstufungen. Die tiefste war die der leibeigenen Knechte, wozu in der Regel nur Kriegsgefangene gemacht wurden. Man betrachtete sie nicht als Personen, sondern als Sachen, und sie gehörten sammt ihren Kindern, gleich einer Sache, zum Allod oder zum Feod, wo sie Haus- und Felddienste verrichteten. Der Name Sklave für diese Knechte ist wahrscheinlich eins mit Slave, weil bei dem Einbruch der Germanen in Mitteleuropa Slaven ihre ersten Kriegsgefangenen waren.

Der Hausvater hatte, insofern er ein Allod besaß, den Bann über seine Familie, d. h. Gattin, Kinder und Geschwister standen unter seinem Schutze, mußten ihm gehorchen und wurden von ihm vor Gericht vertreten.

Alle zu einer Familie gehörigen Verwandten bildeten zusammen eine Sippschaft oder Magschaft; die männlichen nannte man Schwertmagen, weil sie das Schwert, die weiblichen Spillmagen, weil sie die Spille (Spindel) führten. Wer durch Heirat ein unabhängiges Fortkommen fand oder in fremde Dienste trat, wurde aus dem Bann des Hausvaters entlassen, also bürgerlich frei; darum heißt heiraten auch freien.

c. Verfassung und Gerichtswesen.

Benachbarte, auf ihren Alloden vereinigte Familien, bildeten zusammen eine Gemeinde oder Mark, welcher Name später auf Grenzländer ausgedehnt wurde. Die Markgenossen nutzten, was nicht Einzelbesitz in ihrer Markung war, z. B. Wald und Weide als Gemeingut, Allmend. Das Bedürfniß des gegenseitigen Schutzes vereinigte mehrere Marken zu einem Gau, der gewöhnlich nach seiner Lage genannt wurde, wie Donaugau, Traungau, Bielachgau, Nordgau, Sundgau oder Südgau u. s. w. Jeder Gau erhielt einen freigewählten Richter, Graven, sowie mehrere Gaue, die sich zu einem Kriegsbunde vereinigten, einen freigewählten Heerführer, Herzog, für die Dauer des Krieges. Im Gau sprach der Graf das Recht; ihm zur Seite standen die Schöffen, die das Urtheil zu schöpfen hatten.

Angelegenheiten, die nicht einzelne Personen sondern das Ganze betrafen, kamen vor die Volksversammlung. Diese bestand aus den freien Männern. Sie wurde an einem geweihten Orte unter freiem Himmel, gewöhnlich bei Nacht zur Zeit des Neumonds abgehalten, und es wurde dabei mündlich verhandelt, (gedingt, daher Dingstätte). Reichten gewöhnliche Beweise, um eine Sache ins Klare zu stellen, nicht aus, so entschied der Eid, der sehr feierlich war, indem alle Zeugen für den Angeklagten die Hände auf ein Heiligthum legten und dieser mit oben darauf gelegter Hand den Schwur aussprach. In schwierigen Fällen entschied das Gottesurtheil (Ordal), das bei freien Männern in einem Zweikampf zu Roß oder zu Fuß, bei Unfreien und Weibern in der Feuer- und Wasserprobe bestand, indem der Angeklagte mit bloßen Füßen über eine glühende Pflugschar schreiten oder ein glühendes Eisen in der bloßen Hand tragen oder mit nacktem Arm einen Stein aus einem Kessel mit siedendem Wasser herausholen mußte. Leibes- und Kerkerstrafe kam nicht vor, Todesstrafe nur bei Verletzung der Ehre, namentlich wegen Landesverrath, Feigheit im Kriege, Ehebruch und Diebstahl. Sie wurde von Priestern im Namen Gottes vollzogen.

Der Gaugraf wie der Herzog wurden aus den Edelingen gewählt, d. i. aus solchen Allodbesitzern, die neben hervorragenden persönlichen Eigenschaften durch die Größe des Besitzes oder durch einen bedeutenden Anhang kleinerer Besitzer mächtig waren. Aus solchen Edelingen bildete sich in der Folge der Adel.

Unumschränkte Gewalt in der Hand einer Person bestand bei den Germanen nicht, und eben so wenig in der ersten Zeit die königliche Würde, wiewohl in den römischen Nachrichten über den cimbrischen und gallischen Krieg von Königen gesprochen wird. Es waren dies eben die gewählten Heerfürsten. Später bei den Eroberungszügen, zu denen sich mehrere Völkerschaften vereinigten, setzte man über die Herzöge der einzelnen Heeresabtheilungen einen König mit der Obergewalt im Kriege, wobei auserlesene Kriegsthaten und ein zahlreiches Gefolge den Ausschlag gaben. Die Erblichkeit der Herrscherwürde läßt sich aber in unserem Zeitraume nicht nachweisen.

d. Götterglaube und Gottesdienst.

Merkwürdig sind die religiösen Ansichten der Germanen, die uns aus jener Zeit überliefert werden. Sie zeigen bei aller Rohheit der Vorstellungen die Tiefe der Gedanken und die Innigkeit des Gefühls, die dem Deutschen im Laufe der Zeiten unter allen Verhältnissen eigen blieb.

Der Gottesdienst war vorwiegend geistiger Natur, da er sich nicht wie bei andern heidnischen Völkern an selbstgemachte Bilder knüpfte und diese in Wände einschloß. In den Nachrichten ist ebenso wenig von Götzenbildern, die man zur Verehrung ausstellte, als von einem Hause die Rede, wo die Götter verehrt wurden. Die Germanen scheinen, wenn auch nicht erkannt, doch gefühlt zu haben, daß die Gottheit Geist sei, der alle Welt erfüllt und durchdringt. Die dichten Wälder mit ihrem heimlich stillen Dunkel waren ihre Tempel. Dort, wo die riesigen Eichen ein mächtiges Kuppeldach wölbten, brachten sie ihre Opfer dar. Später hat die deutsche Baukunst, die man nach einem Zweige des Volkes die gothische nennt, die aufstrebenden Stämme mit den Laubkronen in ihren Kirchen nachgebildet.

Unter den Schlachtopfern waren Pferde die vornehmsten, da der Germane das Pferd besonders hoch hielt. Jedem Gotte war ein eigenes Thier geweiht, das geopfert wurde. Auch Menschenopfer kamen vor, gefangene Feinde und schwere Missethäter. Dabei enthüllten Priester die Rathschlüsse der Gottheit, insbesondere weißagende Frauen, wie denn die Achtung vor dem Weibe ein Grundzug germanischen Wesens war.

Als die oberste Gottheit galt Wuotan (Wodan, Odin), die schaffende, allmächtige, allwissende Kraft, von welcher alles Gedeihen ausgeht, zunächst der Sieg im Kampfe, was bei einem kriegsmuthigen Volke das erwünschteste ist. Wuotan trägt einen wunderbaren Speer, den er den Helden zum Siege leiht. Die Feinde, über welche der Speer hinfliegt, erliegen, die Helden aber, die im Kampfe fallen, nimmt Wuotan in seine Himmelsburg (Walhalla) auf, wo sie Tag für Tag ihren Kampf fortkämpfen und dann beim Trinkgelage sich am Sang der Skalden letzen.

Wuotan's Gattin und Schwester ist die Göttermutter Frea oder Fria (auch Hulda, Berchta genannt), die Göttin der Ehen und der bedrängten Mütter, die Beschützerin der Hirten und Heerden, die Ordnerin des Hauses, die den Wohlstand nährt nnd den Frieden herbeiführt. Milde und Freundlichkeit verbreitet sie auf der Erde; in Brunnen und Seen badet sie, und ist dort in der Mittagsstunde oft als schöne weiße Frau zu sehen. Den Fleiß der Mädchen lohnt sie, die Trägheit und Unordnung straft sie. Den Flachs und das Spinnen hält sie vor allem hoch. Fleißigen Dirnen schenkt sie Spindeln und spinnt ihnen Nachts die Spule voll; faulen Spinnerinnen zündet sie den Rocken an. Wenn sie ihr Bett macht, fallen die Federn zur Erde; das sind Schneeflocken. Doch fährt sie auch zuweilen mit Wuotan nachts durch die Lüfte, wobei das wilde Heer grauenhaft lärmt und tobt.

Wodan's Söhne waren Tiu oder Ziu, den man sich einhändig dachte, der Gott des Krieges und Kriegsruhmes — ihm war der Dienstag (Diustag, Ziustag) geweiht — und Thunar oder Donar, der Gott des Donners, der auf Berggipfeln wohnt, auf einem mit Böcken bespannten Wagen durch die Wolken fährt und mit dem Blitze seinen Streithammer gegen die Erde schleudert. Ihm ist der Donnerstag geheiligt.

Unter den weiblichen Gottheiten steht die Erdenmutter Hertha mit ihren Kindern Fro und Freia den Sterblichen am nächsten. Hertha bezeichnete wahrscheinlich die allernährende Kraft der Erde. Ihr Dienst ist in geheimnißvolles Dunkel gehüllt. Auf der Insel Rügen im deutschen Meere war ihr Heiligthum, ein dunkler Hain und in der Mitte ein schwarzer See. Nur einmal des Jahres betrat eines Sterblichen Fuß diesen Ort. Da stieg die Göttin aus dem See und ein Priester führte sie auf einem Wagen, der von Kühen gezogen und mit Gewändern dicht umhüllt war, unter den anwohnenden Völkern umher. Während dieser Zeit ruhten die Waffen und Friede und Fröhlichkeit war überall. Wenn sich dann die Göttin am Glück der Sterblichen gesättigt hatte, kehrte sie in den heiligen Hain zurück und stieg wieder in den schwarzen See hinab.

Ihr Sohn Fro (Frawo) ist der freundliche Sonnengott, die Sommersonne, der Gott des Friedens und der Fruchtbarkeit, der gleich seiner Mutter auf Umzügen im Lande Segen spendet und festliche Tage bereitet. Zur Zeit der Sonnenwende werden ihm Feuer angezündet und Eber geopfert. Das Rind und das Schwein sind ihm geweiht.

Seine Schwester Freia ist die Göttin des Mondes und der Liebe. Verlobte rufen sie in Liedern an. Die Milchstraße ist ihr Halsschmuck und ihr Wagen wird von Katzen gezogen. Himmlische Frauen bilden ihr Gefolge: Die beginnende Liebe, die beglückte Liebe, die bewährte Liebe, die Schamhaftigkeit, die Unschuld. Unser Freitag bewahrt ihren Namen.

Hela oder Hellia heißt die Göttin, welche die abgeschiedenen Seelen empfängt und unerbittlich in ihrer Wohnung zurückhält. In dem Worte Hölle haben wir diesen Begriff nur wenig verändert beibehalten.

Mit dem Götterglauben der Germanen ist der Glaube an Riesen und Zwerge verknüpft. Während die Götter geistige Gewalten sind, bedeuten diese die in ihrer Wirkung wahrnehmbaren Naturkräfte. Durch die Riesen insbesondere wird Erde, Feuer, Wasser, Luft verkörpert. Sie stehen im ewigen Kampf mit der himmlischen Gewalt und bewirken durch ihren Widerstand Frost, Eis, Schnee, Flamme, Glut, Asche, Welle, Flut, Sturm. Auch die Nacht mit ihren Kindern gehört zu den Riesen. Der Kampf mit ihnen ist die Aufgabe Thunar's, des Donnergottes, der auch über die Kraft der Sonne gebietet. In ihrer Heimat sitzen die Nornen, welche die Vergangenheit, Gegenwart und Zukunft darstellen und die Geschicke der Menschen lenken.

Die Zwerge verkörpern die im Schooße der Erde wirkenden Naturkräfte. Sie wohnen in Höhlen und Klüften, bewachen die edlen Metalle und verlocken den Menschen in ihr unterirdisches Reich, um ihn zu belohnen oder zu bestrafen. Sie heißen auch Schwarzelfen, zum Unterschied von den Lichtelfen oder weißen Elfen, die in der Heimat des Lichtes wohnen, den Menschen wohlwollen und Kindern und Armen hilfreich beistehen. Man dachte sich Luft, Wald, Wiese, Fluß und See von solchen Wesen belebt und rief sie um ihren Schutz an.

Das waren im wesentlichen die religiösen Begriffe der germanischen Völker. Auf diesem Boden wurde während des Zeitraums, den wir zu schildern haben, die Lehre des Heils gesäet und trug ihre ersten Früchte. Der tobende Kriegslärm während des Völkergedränges, vielleicht auch die leidenschaftliche Abneigung der Germanen, von dem unterjochenden Römer irgend etwas, wenn es auch gut war, sich aufdringen zu lassen, hat sie nicht zur vollen Reise gebracht. Als aber in der Folge die Boten des Christenthums in Mitte der einzelnen Volksstämme thätig waren und deren Sitte und Brauch zum Ausgangspuncte ihrer Belehrungen machten, da zeigte es sich, wie empfänglich das germanische Heidenthum für die Annahme des wahren Gottes- glaubens war.

12.

Marbod und das Markomannenreich.

Das Quellgebiet der Elbe, das heutige Böhmen, bildet ein rings von Höhenzügen umschlossenes Stufenland, das sich gegen die Mitte hin allmälig senkt und im Nordwest die in der Elbe vereinigten Wässer durch einen Spalt der Gebirge abfließen läßt. Die Höhen rings sind zum größten Theil noch heute mit dichtem Gehölz besetzt; in alter Zeit waren diese Waldungen zusammen- hängend und nach allen Seiten weit ausgedehnt. Die alten Nachrichten bezeichnen sie als den äußersten Theil des großen hercynischen Waldes, wiewohl Abschnitte derselben auch damals schon unter besonderen Namen vorkommen. So bedeu- tete Gabretawald den heutigen Böhmerwald, Sudeta- wald das böhmische Erzgebirge, Asciburgis-Gebirge das Iser- und Riesengebirge, Lunawald den Höhenzug zwi- schen Böhmen und Mähren. Diese Wälder mit ihren schwer zugänglichen Schluchten, mit ihren Felsmauern und wilden Gehegen bildeten einen natürlichen Grenzwall um das Land und erleichterten die Vertheidigung gegen den Feind. Noch im späten Mittelalter war die Führung eines Kriegsheeres über den böh- mischen Ringwald ein schweres Unternehmen, das viel Blut

koſtete und ſelten gelang. Die deutſchen Kaiſer haben das erfahren; und als Rudolf von Habsburg das Reichsheer gegen
den Böhmenkönig Otakar führte, vermied er den Einbruch in
Böhmen und ſuchte den Feind lieber in der offenen Landſchaft
des Donauthales.

Dem Quellenlande der Elbe liegt das der March, das heu-
tige M ä h r e n, im Oſten an, in ähnlicher Weiſe von bewaldeten
Berghöhen umrandet, aber mit ſeinen Wäſſern der Senkung des
Bodens nach Süden folgend.

In dieſen Landſchaften nennt die Geſchichte der vorchriſt-
lichen Zeit mit Beſtimmtheit die keltiſchen B o i e r, von denen
Böhmen (Bojohemum — Boierheimat) den Namen hat. Wir
lernten ſie als ein tapferes Volk kennen, als ſie die auf ihrem
Wanderzuge herandringenden Kimbrer aufhielten und von ihrem
Lande abwehrten. Wir haben ihrer weiten Ausbreitung am
rechten Donauufer gedacht, und wie ſie dort mit den Tauriskern
im Bunde, die ihnen wahrſcheinlich dienſtbar waren, von dem
Dakerkönig Boerebiſtas bis zur Vernichtung geſchlagen wurden,
ſo daß ſie das verheerte Land, die Boierwüſte, verließen. Wir
fanden endlich einen Theil des Volkes heimatlos auf der Wanderung mit den Helvetern, und haben die Umſtände berichtet,
unter denen es nach ſeiner Niederlage durch Cäſar im alten
Keltenlande wieder angeſiedelt wurde.

Zu derſelben Zeit, als Cäſar in Gallien gegen ſuebiſche
Völker kämpfte, wurden die Boier im Elbe- und Marchlande
von Völkern deſſelben Stammes aus ihren Wohnſitzen, wenigſtens
von der Herrſchaft über dieſe Länder, verdrängt. Die neuen
Herren waren die ſuebiſchen M a r k o m a n n e n, die früher am
Main und Neckar wohnten, und die mit ihnen verbündeten
Q u a d e n. Erſtere beſetzten Böhmen, die andern Mähren bis
an die kleinen Karpaten.

Die nähern Umstände der Besitznahme sind nicht sicher-gestellt. Wahrscheinlich erfolgte sie nach gewaltigen Kämpfen mit den Boiern; eben so wahrscheinlich verblieb ein großer Theil der boischen Bevölkerung abhängig von den Siegern, da der alte Landesname auch unter den Markomannen fortbestand. Unzweifelhaft aber ist die Bewegung der suebischen Germanen, die Cäsar damals in Gallien bekämpfte, keine vereinzelte, sondern über ganz Mitteleuropa verbreitet gewesen; denn wir sehen die keltischen Völker vom Rhein bis an die March davon zu gleicher Zeit bedroht. Als im Jahre 14 v. Chr. G. die Legionen des Augustus gegen Rhätien zogen, begann an der Elbe und March die Bildung eines **suebischen Reiches unter markomanni-scher Hoheit.** Sie geschah unter Umständen, die darauf schließen lassen, daß römische Politik im Spiele war. Man wollte sich im Norden der Donau eines Bundesgenossen versichern, der die Gefahr des Einbruchs, so lange die Donaugrenze nicht hinreichend befestigt und geschützt war, auf dieser Seite abhielt. Marbod — Marobodus, soviel als „berühmter Gebieter" —, ein marko-mannischer Fürstensohn, übernahm die Herrschaft über die Mar-komannen und Quaden. Jung, mit Vorzügen des Geistes reich ausgestattet und voll strebenden Ehrgeizes, gewann er in kurzer Zeit das Vertrauen seiner Völker; und damit Ansehen und Macht, so daß er wagen durfte, durchgreifende Veränderungen in ihrem innern Zustande vorzunehmen. Ob er oder sein Vor-gänger in der Führerschaft die Markomannen in die Wohnsitze der Boier geführt habe, läßt sich nicht erweisen. Gewiß aber ist, daß er ihnen eine neue Bahn der Macht und des Ruhmes er-öffnete.

Die letzten Jahre vor dem Antritte seiner Herrschaft hatte Marbod in Rom zugebracht und war von Kaiser Augustus mit besonderem Wohlwollen behandelt worden. Dort hatte er den

Glanz der Herrschaft, die Einrichtung des Kriegswesens, die Künste der Civilisation kennen gelernt und diese Eindrücke treu bewahrt, um sie in der Heimat nutzbar zu machen. Ob im Sinne der Römer, die sich an ihm einen gefügigen Nachbarn heranbilden wollten, mußte die Zukunft erweisen. Ein gleichzeitiger Geschichtschreiber äußert sein Bedenken, indem er ihn als „einen Mann von gewaltiger Stärke, trotzigem Geiste, der mehr der Nation als der Bildung nach Barbar sei", bezeichnet.

Als er nun die Führerschaft seines Volkes antrat, begann er sich nach römischer Sitte einzurichten. Die alte Stadt der Boier, Buiaemum, wählte er zu seinem Sitze. Sie war klein und unansehnlich. Er berief römische Künstler und Werkleute, die sie erweiterten und mit Prachtbauten zierten. Auf der ragenden Höhe über ihr wurde die feste Burg gebaut, um die Schätze des Reiches, und wenn es noth that, wohl auch den Fürsten zu bergen. Burg und Stadt hießen fortan nach dem neuen Gründer Marobudum, und letztere sowie auch andere Städte, die Marbod gegründet, wurden durch römische Kaufleute bald dem Weltverkehr eröffnet, volkreich und blühend. Es ist kaum zu zweifeln, daß man damals die erste gebahnte Straße über den böhmischen Grenzwald geführt hat, um die Verbindung mit der Donau zu gewinnen, sowie schon lange vor Marbod's Zeit sicher der Handelsweg durch Mähren nach der Ostsee bestand.

Die größte Sorgfalt aber verwendete der Markomannenfürst auf die Gründung einer Kriegsmacht, die jeden Augenblick im Stande war, sein Reich zu vertheidigen. Auch hier hatte er die Römer zum Vorbild. Die altgermanische Einrichtung, wornach dem Herzog, wenn es galt in den Kampf zu ziehen, die Edelinge mit ihren Mannen folgten, schien ihm nicht geeignet, die Ordnung im Kampfe und die übereinstimmenden Bewegungen herzustellen, wodurch man, wie er bei den Römern sah, im entscheidenden Augenblick oft mehr wirkt, als durch den Muth der einzelnen. Die streitbare Mannschaft sollte nicht erst, wenn der Kampf bevorstand, gesammelt werden, sondern fortwährend bereit stehen, durch tägliche Uebung in den Waffen vorbereitet und zur Bewegung in geordneten Haufen geschickt sein. In dieser Weise regelte Marbod das Kriegswesen in seinen Ländern. Es spricht für die Thatkraft seines Charakters, daß er das Vorurtheil seiner Landsleute gegen die Neuerung in kurzer Zeit überwand; übrigens mögen ihm auch dabei altgediente römische Krieger beigestanden haben, die er nicht ohne Wissen des Kaisers an sich zog.

Während die deutschen Stämme im Rheinlande für ihre Unabhängigkeit kämpften und einer nach dem andern der römischen Uebermacht erlag, blieb Marbod ruhig und, wie es schien, ohne Theilnahme für die bedrängten Stammgenossen, hielt gute Freundschaft mit den Römern und befestigte die neue Ordnung in seinem Reich. So gingen fünfzehn Jahre hin.

Im Jahre 4 nach Christi Geburt gebot Marbod schon über eine Streitmacht von 70.000 Mann Fußvolk und 4000 Reitern. Germanische Sitte verleugnend hatte er sich mit einer Leibwache umgeben, einen glänzenden Hofstaat eingerichtet und dem germanischen Volksgeiste widerstrebend den Königstitel angenommen. Dabei ließ er den Druck seiner Macht auf seine stammverwandten Nachbarn im Norden, Westen und Osten ganz in derselben Weise wirken, wie es die Römer mit den Barbaren thaten, die sie unter dem Scheine des Schutzes dienstbar machten. Allerdings trug der Ruf seiner Herrschaft und vielleicht auch die Hoffnung dazu bei, daß es sich um ein Unternehmen gegen den gemeinschaftlichen Feind, die Römer, handle. Genug, die Nachbarvölker schlossen sich allgemach an Marbod an. Die Ligier an der obern Oder, die Silinger im Norden des Riesengebirges, die Hermunduren und hinter ihnen die Langobarden an

6*

der mittleren Elbe, die Semnonen an der Lausitzer Neiße und
Spree, die Burgunder an der mittlern Oder und Warthe,
die Gothen an der untern Weichsel, traten mit ihm in ein
Bundesverhältniß, das der Abhängigkeit gleich kam, und Rom
sah den gelehrigen Zögling plötzlich von einer Macht unterstützt,
über deren Anwendung es sich durch keine Freundschaftsbezeu-
gungen konnte beruhigen lassen.

13.

Marbod's Macht wird Rom gefährlich.

Von der Elbe bis zur Weichsel, von der Donau bis zur
Ostsee gebot Marbod; wir begegnen hier zum erstenmale einer
Verbrüderung deutscher Stämme zu Schutz und Trutz. Daß sie
gegen die römische Herrschaft gerichtet war, liegt außer Zweifel.
Wir werden sehen, welche Kraft von Rom aufgeboten wurde,
um sie unschädlich zu machen. Aber auch diese hätte nicht
ausgereicht, wenn das Gefühl der Einigkeit unter den deutschen Stämmen lebendiger gewesen wäre, und wenn Marbod sich ein edleres Ziel gesteckt hätte, als die Befriedigung
seines Ehrgeizes. Der Faden unserer Erzählung knüpft sich
hier an Ereignisse, die während dieser Zeit im Nordwesten
Deutschlands vorfielen.

Des Kaisers Augustus Stiefsohn Drusus war nach Eroberung Rhätiens an den Rhein abgegangen, um dort neue Eroberungen auf deutschem Boden vorzubereiten; sein Bruder Tiberius, minder thatendurstig, übernahm das Kriegsregiment in
den Donauprovinzen und hielt dort die schwierigen Pannonier
und Dalmater im Zaum. Die Bewohner Noricums scheinen sich
williger gefügt zu haben. Bald, durchzogen von Italien und

Illyrien aus römische Heerstraßen diese Länder; längs der Donaugrenze wurden Vesten gebaut und Standlager errichtet, worunter als die ersten und wichtigsten Laureacum am Anisus (Lorch an der Enns) und Carnuntum in der Nähe von Petronell in Niederösterreich zu nennen sind, während jenseits der Donau Marbod still über seinen Plänen sann. Aber am Rhein hatten die Legionen im Kampfe mit den rauhen Völkern und dem nicht minder rauhen Klima strenge Arbeit.

In drei Feldzügen versuchte Drusus sein Glück; doch wiewohl ihm deutsche Stämme zur Unterdrückung ihrer Brüder halfen, mit geringem Erfolg.

Im Bunde mit den Batavern (im heutigen Holland) und Friesen (an der Elbemündung) drang er bei seinem ersten Kriegszuge (12 v. Chr.) mit einer Flotte durch die Nordsee in die Ems, um die Stämme zu bändigen, die am Ufer dieses Flusses wohnten. Ehe ihm dies gelang, mahnte die rauhe Jahreszeit zur Heimkehr.

Ein Jahr später (11 v. Chr.) führten ihn die zum Bunde bewogenen Katten (im heutigen Hessenlande) gegen den Stamm der Cherusker, der, mächtig und freiheitliebend, das Hügelland der mittleren Weser, zumeist am rechten Ufer, inne hatte. Drusus erreichte die Weser, mußte aber auch hier dem Froste des Winters weichen, und wäre auf dem Heimwege, wo ihn plötzlich Cherusker, Sigambrer und Sueben umzingelten, mit seinen Legionen vernichtet worden, wenn den Deutschen nicht Uneinigkeit den sicheren Sieg entrissen hätte. Eine feste Burg Aliso, die Drusus auf dem Boden des Feindes aufführen ließ und mit Besatzung belegte, sollte die Besitznahme des Landes bezeichnen, das aber in Wahrheit nicht erobert war.

Der dritte Zug geschah nach längerer Rast, die Drusus weislich zur Ausführung von Festungsbauten an der Rheinlinie benützte. Mehr als fünfzig Castelle entstanden an beiden Ufern des Stromes. Moguntiacum (Mainz), dem Einflusse des Main gegenüber, wählte er zum Ausgange für seine weitern Züge. Am rechten Mainufer brang er im Jahre 9 v. Chr. zum drittenmale ins deutsche Land, traf am obern Main mit Sueben zusammen, kämpfte im Thüringerwalde gegen Cherusker und gelangte nach großem Ungemach bis zur Elbe, die er aber, durch die Todesmahnung einer deutschen Seherin gewarnt, nicht überschritt. Auf dem Rückzuge brachte ein Sturz vom Pferde ihm den Tod. Groß und allgemein war in Rom die Trauer um den geliebten Helden. Der Kaiser selbst hielt ihm die Leichenrede und der Senat erkannte ihm und seinen Nachkommen den Beinamen Germanicus zu.

Tiberius setzte die Unternehmungen erfolgreicher fort, da er mit der Waffengewalt Schlauheit und Arglist zu verbinden wußte. Mit Häuptern deutscher Stämme wurde unterhandelt; als sie sich arglos zum Bundesrathe einfanden, nahm sie Tiberius fest und ließ sie in gallische Städte abführen. Sie gaben sich den Tod. Aber ihre Völker waren der Führer beraubt und wagten nichts gegen die Römer. Ohne Schwertstreich zog Tiberius durch die deutschen Gaue, und nach seiner Heimkehr verkündete er in Rom: zwischen Rhein und Elbe gäbe es nur mehr römisch Land.

Doch die deutschen Völker waren nur geschreckt, nicht unterworfen. Nur den übermächtigen wohlgeschulten Kriegsschaaren wichen sie. Hatten diese das Land verlassen, so betrachteten sie sich wieder als frei wie ehedem und setzten der Forderung des Gehorsams, die dem Eroberungszuge nachfolgte, den alten Troß entgegen.

Im Jahre 4 nach Christi Geburt erschien Tiberius mit Kriegsgeräth und frischen Truppen zum zweitenmale am Rhein.

Ein Theil seines Heeres rückte auf den bekannten Wegen vor, einen andern ließ er auf einer Flotte durch die Nordsee in die Elbe einlaufen und stromaufwärts rudern; er sollte sich mit dem Landheere vereinigen. Durch zwei Winter blieben die Truppen im Lande und verbreiteten schonungslos die Schrecken des Krieges, wo List und Versprechungen nicht zum Ziele führten (4 bis 6 n. Chr.). Diesmal konnte Tiberius sich in Wahrheit eines Erfolges rühmen. Die kleineren Stämme, ohnmächtig in ihrer Vereinzelung, wichen der Gewalt und unterwarfen sich; gegen die größern mußten die Besiegten in den Kampf gehen, während die Legionen helfend nachrückten. Und wenn sie endlich vom Kampfe abließen und sich zur Bundesfreundschaft, wie es die Römer nannten, anboten, wurde über sie wie über Sclaven verfügt. Von den Sigambrern, die lange hartnäckig widerstanden, ließ Tiberius 40.000 in neue Wohnsitze an den Niederrhein abführen, wo sie später als salische Franken nicht zum Heile Roms wieder auf den Schauplatz treten. Selbst die Cherusker, das zahlreichste und streitbarste Volk jener Lande, verzweifelten an der Möglichkeit des Widerstandes und boten sich zum Bunde an. Nur gegen einen Stamm, die suebischen Langobarden an der mittlern Elbe, war List und Gewalt fruchtlos. Tiberius fürchtete, von den schlauen Barbaren hingehalten, der Strenge des Winters zu verfallen. Er kehrte, ohne sie besiegt zu haben, nach Rom zurück.

Die Noth der Deutschen zwischen Rhein und Elbe, deren Freiheit jetzt ernstlich bedroht war, mag uns den Schlüssel geben, warum die zwischen Elbe und Weichsel, und darunter namentlich die Langobarden, sich zu jener Zeit enger an Marbod schlossen und zur Ausbreitung seiner Macht mithalfen. Auf Marbod richteten sich die Blicke der bedrängten Germanen; von ihm hofften sie den ersten wirksamen Stoß, um die römische Macht zu erschüttern und die eigene Freiheit dauernd zu begründen. Die Gefahr von dieser Seite mochte aber niemand besser erkannt haben, als Tiberius selbst, der die Deutschen während seines letzten Feldzuges beobachtet, ihre Wünsche vernommen, ihren Troß gesehen hatte.

Kaum nach Rom zurückgekehrt, entwickelte er dem Senate die verderblichen Pläne Marbod's: wie seit Pyrrhus und Antiochus kein Feind für die ewige Stadt gefährlicher gewesen sei. Er stellte dies so eindringlich und überzeugend dar, daß sofort der Reichskrieg gegen Marbod beschlossen und ihm die Führung des Heeres übergeben wurde (6 n. Chr.). Auf der pannonischen Heerstraße zogen zwölf Legionen, nahe an 100.000 Mann der auserlesensten Truppen, gegen die Donau; zugleich gingen Eilboten an den Statthalter der Rheinlande ab, daß er mit allen verfügbaren Truppen dem Feinde in den Rücken falle. So umfassend und mit solcher Eile wurde gerüstet, als ob man mit jedem Tage gefürchtet hätte, die Markomannen vor den Thoren Roms zu sehen. Marbod aber erwartete den Sturm, der über ihn losbrechen sollte, mit dem kalten Muthe eines entschlossenen Mannes.

Dem Quadenlande gegenüber, am rechten Donauufer, lag das befestigte Standlager Carnuntum. Dort sollten sich die Truppen sammeln und den Angriff beginnen. Nach den schwankenden Nachrichten ist ungewiß, ob das Heer des Tiberius noch in diesem Lager oder schon über die Donau geführt war, als plötzlich die Nachricht eintraf, die Völker Pannoniens und Dalmatiens befänden sich im vollen Aufruhr, die römischen Bewohner der Städte seien niedergemacht, die schwachen Besatzungen dem Ueberfalle bloßgestellt. „Nun mußte", wie der römische Geschichtschreiber Vellejus Paterculus sagt, „das ruhmvolle dem nothwendigen weichen; denn es schien gewagt, die römischen Heere tiefer in das feindliche Land zu führen, während Italien den nahen Aufständischen offen lag*. So brachten denn Eilboten des Kaisers nach Carnuntum den Befehl, dem Kriege wider die Markomannen um jeden Preis ein Ende zu machen, da man des Heeres dringend in der Provinz bedürfe. Tiberius fügte sich dem Gebote und trug dem Marbod einen Frieden an, der für diesen nicht anders als vortheilhaft sein konnte.

Ob Marbod bei dem pannonischen Aufstande, der ihm so sehr zu Statten kam, die Hand im Spiele hatte, ist nicht klar ermittelt. Die Festigkeit, womit er während dieser Zeit den Frieden hielt, spricht dagegen, wenn man den verlockenden Vortheil erwägt, den ihm eine Ueberrumpelung der Reichsgrenze gebracht hätte, während die Provinz im Aufstande war und die römischen Truppen nach allen Seiten hin vertheilt werden mußten, und wenn man weiter in Betracht zieht, daß der pannonische Aufstand erst nach drei Jahren und nach dem Aufgebote eines doppelt so starken Heeres, als Tiberius gegen Marbod geführt, bewältigt werden konnte.

Wahrscheinlicher hat Marbod an der schlimmen Wendung für die Römer keinen Theil gehabt, wohl aber aus der Gunst des Zufalls Nutzen gezogen. Schon regte sich bei einzelnen der ihm verbündeten Stämme der Unwille über den Druck seiner Herrschaft, die den alten ehrwürdigen Volksbrauch niederhielt und von mancher Gewaltsamkeit begleitet war; und im westlichen Deutschland, wo ihn mancher Ruf vergeblich mochte gemahnt haben gegen die Römer loszuschlagen, mehrten sich die Stimmen seiner Gegner. Man nannte ihn einen Abtrünnigen, einen Knecht der Römer, der sein Volk und Vaterland verläugne. Das wußte Marbod, und es ist nicht zu zweifeln, daß er auch über die Vorfälle des letzten Feldzuges im Lande der Sigambrer und Cherusker wohl unterrichtet war. Bei ihm überwog die Liebe zur

Herrschaft jede andere Rücksicht. Er war nicht der Römer Freund, aber die Klugheit sagte ihm, daß nur das beste Einvernehmen mit diesen ihn des Schutzes versichern könne, den er zur Wahrung der eigenen Herrschaft brauchte. Darum nahm er den Frieden von Tiberius an, und that während des pannonischen Aufstandes nichts, was ihm den Verdacht eines Treubruchs zuziehen konnte.

14.

Empörung der illyrischen Provinzen.

Die wilden Völkerschaften Illyriens, so oft von den Römern bezwungen und so oft gegen sie wieder im Kriege, trugen mit finsterem Groll das Joch, das ihnen Augustus nach ihrer letzten Bezwingung auferlegt hatte. Kaum war daher Valerius Messalina, Statthalter von Dalmatien und Pannonien, mit dem größten Theile seiner Truppen aus dem Lande gezogen, um das Heer des Tiberius gegen die Germanen zu verstärken, als sich eine unruhige Gährung unter allen illyrischen Stämmen bemerkbar machte, die nur eines äußern Anstoßes bedurfte, um in hellen Aufstand auszubrechen. Messalina hatte den im Lande zurückgebliebenen römischen Besatzungen den Befehl hinterlassen, neue Mannschaft auszuheben; darüber kam es zu den ersten Gewaltthätigkeiten (6 n. Chr.). Bato, aus dem dalmatischen Stamme der Desidiaten, stellte sich an die Spitze der Seinigen und schlug eine römische Abtheilung, welche die Truppenaushebung zu besorgen hatte, aus dem Felde. Das war auch für die übrigen Völkerschaften ein Zeichen zur Empörung, die grausam und blutig gegen alles, was römisch war, wüthete. Die Breuker, ein pannonischer Stamm, der an der Save im heutigen Bosnien seine Wohnsitze hatte, stellten einen andern Bato an ihre Spitze und machten mit den Dalmatern gemeinsame Sache. Bald war das ganze Land zwischen dem östlichen Gestade des adriatischen Meeres, dem Hämusgebirge und der untern Donau dem furchtbarsten Aufstande verfallen. An 200.000 streitbare Männer standen unter den Waffen, dazu 9000 Reiter. Ein Theil derselben sollte zum Schutze in Lande bleiben, ein anderer war bestimmt auf Italien loszugehen, während ein dritter verheerende Einfälle in Makedonien machte, das mit Feuer und Schwert verwüstet wurde.

Was den Römern die Sache so gefährlich machte, war nicht blos die oft erprobte Tapferkeit, der Ungestüm und die kriegerische Wuth dieser Völker, sondern vorzüglich der Umstand, daß dieselben römisches Wesen sich angeeignet, römische Kriegskunst und Kampfesweise kennen gelernt hatten und darum ihren Feinden mit gleichen Waffen gegenüberstanden. Darum war auch der Schrecken, den die unerwartete Botschaft hervorrief, ungeheuer; Rom, ganz Italien zitterte. „Wird dem Uebel nicht schneller Einhalt gethan", sagte Kaiser Augustus im Senate, „so kann der Feind binnen zehn Tagen vor Rom stehen". In Eile wurden die umfassendsten Kriegsvorbereitungen getroffen, Mannschaft ausgehoben, Kriegssteuern vorgeschrieben, dem Tiberius, wie wir schon wissen, die ungesäumte Einstellung der Feindseligkeiten gegen Marbod anbefohlen. Die rheinischen und kleinasiatischen Legionen, die nach Carnuntum zu ziehen bestimmt waren, erhielten die Weisung in das illyrische Gebiet. Die Statthalter der benachbarten Provinzen mußten, was sie von Truppen und Hilfsvölkern zur Verfügung hatten, sammeln und den Aufständischen entgegenstellen. Unter den Völkerschaften, die sich in den Bund gegen Rom nicht hatten hineinziehen lassen, waren die bedeutendsten die Thraker, deren König Rhömetalces den Römern ausgibige Hilfe leistete.

Inzwischen hatten die beiden Bato den Krieg bereits in größerem Maßstabe begonnen. Der Desidiate Bato belagerte Salona, der Breuker Bato umzingelte Sirmium, um die dortige römische Besatzung zur Uebergabe zu zwingen. Gegen den letzteren stellte sich der Statthalter von Mösien, Cäcina Severus, schlug die Pannonier und befreite die Stadt von ihren Bedrängern. Auch die Unternehmung gegen Salona glückte den Aufständischen nicht. Der dalmatische Bato wurde durch einen Stein gefährlich verwundet und mußte der Heilung wegen das Heer verlassen, das aber darum nicht müßig blieb. Die ganze römische Küste bis nach Apollonia hinab ward der Verwüstung preisgegeben; ein römisches Heer, das sich den Dalmatern entgegenstellte, wurde von diesen hart bedrängt, bis es zuletzt doch die Oberhand behielt.

Tiberius, der inzwischen mit Marbod Frieden gemacht hatte, sandte den Messalina mit einem Theile seines Heeres in die aufständischen Provinzen voraus. Wiewohl von seiner Wunde noch nicht genesen, stellte sich Bato an die Spitze der Seinigen und lieferte den Römern eine Schlacht, die zu deren Nachtheile ausfiel; unglücklicherweise ließ sich aber der Siegesstolze bald darauf in einen Hinterhalt locken, wo er eine empfindliche Niederlage erlitt. Nun vereinigte er seine Kräfte mit jenen des pannonischen Namensbruders und beide wandten, während Tiberius und Messalina ihre Truppen zu Siscia sammelten und sich zu weitern Unternehmungen vorbereiteten, ihre Waffen wieder nach Osten, wo sie mit wechselndem Erfolge stritten. Von König Rhömetalces in einem Treffen geschlagen, brachten sie später dem Severus eine Niederlage bei. Als dieser in seine von den Dakern und Sarmaten bedrohte Provinz abgehen mußte, fielen die beiden Bato in das Gebiet der römischen Bundesgenossen ein und zogen viele zu ihrer Sache herüber, biß ein neuer Verlust, den sie bei einem Einfalle in Makedonien durch Rhömetalces und dessen Bruder erlitten, sie zwang, vom Angriffskriege zur Vertheidigung überzugehen. Auch als Tiberius nach langem Zögern endlich wider sie heranzog, ließen sie sich in keine Schlacht ein. Sie führten, um ihre Feinde zu ermüden, den kleinen Krieg, wandten sich bald hierhin, bald dorthin. Der Oertlichkeiten kundig, leicht bewaffnet und beweglich, vollführten sie ihre Bewegungen mit einer Schnelligkeit, welcher die an den regelmäßigen ernsten Krieg gewöhnten Legionen des Tiberius nicht zu folgen vermochten. Die Aufständischen verwüsteten weit und breit die Gegend und plünderten die römischen Pflanzstädte aus, so daß Tiberius, da das Jahr weit vorgerückt war, ernstlich daran denken mußte, sich in Siscia für den Winter einzurichten.

Seine bisherigen Erfolge hatten die Erwartungen, womit ihn Augustus gegen die Pannonier und Dalmater gesandt hatte, nicht erfüllt. Der Kaiser schrieb es seiner Saumseligkeit zu, daß dem Aufstande nicht ein rasches Ende gemacht worden sei, und betraute für das folgende Jahr (7 n. Chr.) den Germanicus, Sohn des Drusus, mit der Bezwingung der Illyrer. Dieser brachte ansehnliche Verstärkungen mit sich. Augustus hatte alles aufgeboten, dem gefährlichen Feinde wirksam entgegenzutreten. Die römischen Bürger mußten ihm, je nach ihrem Vermögen, einen Theil ihrer Sclaven stellen, die er dann als frei erklärte, um mit ihnen die gelichteten Reihen seiner Legionen zu ergänzen. Zugleich legte er den Bürgern eine außerordentliche Steuer auf und führte Ersparungen im Staatshaushalte ein, um die Kosten der illyrischen Unternehmung zu decken. Die römische Macht, welche den Barbaren gegenüber stand, betrug fünfzehn Legionen und eine gleiche Anzahl von Bundestruppen, zusammen ungefähr 200.000 Mann. Niemals seit den Zeiten der Bürgerkriege stand ein so großes römisches Heer auf dem Kriegsschauplatze vereinigt. Dennoch vermochte Germanicus gegen die freiheitsliebenden kriegerischen Völkerstämme nicht mehr auszurichten als sein Vorgänger im Oberbefehle. In manchen Treffen geschlagen, in andern wieder Sieger, hatten die Römer im Feldzuge des Jahres 7 im Ganzen ebenso wenig erreicht als in jenem des Jahres 6; sie verwüsteten das feindliche, die Aufständischen das römische Land und Ströme von Blut flossen auf beiden Seiten, ohne daß von der einen oder von der anderen etwas entscheidendes erreicht worden wäre.

Da brach, im dritten Jahre des verheerenden Krieges (8 n. Chr.) Hungersnoth in den aufständischen Provinzen aus; eine furchtbare Seuche gesellte sich dazu und ein Theil der Illyrer zeigte sich geneigt, ihren Gegnern Frieden und Unterwerfung anzubieten. Die Römer benützten diesen Umstand und es gelang ihnen, unter den Aufständischen selbst den Samen der Uneinigkeit zu säen. In dieser Kunst war namentlich Tiberius Meister, den der Kaiser jetzt wieder auf den Kriegsschauplatz sandte, damit er vereint mit Germanicus die illyrischen Provinzen zur Unterwerfung bringe. Der pannonische Bato wurde durch große Geschenke und noch größere Verheißungen auf die römische Seite gebracht, lieferte den Pinnes (Pinnetus), einen der tapfersten illyrischen Heerführer, den Römern aus und wurde dafür von diesen als König über die Breuker gesetzt, deren Führer er bis dahin gewesen war.

Auch der dalmatische Bato hatte sich, aber nicht durch Bestechungen, sondern durch das Unglück seines Landes bewogen, den Römern genähert. Es kam zur Unterhandlung zwischen ihm und Tiberius. Als ihn dieser fragte, was sein Volk zum Aufstande gebracht habe, antwortete Bato: „Ihr selbst, da ihr zu unsern Herden als Wächter keine Hunde oder

Hirten, sondern Wölfe schicktet.* Er meinte damit die römischen Statthalter und Unterbefehlshaber, die noch aus früheren
Zeiten gewohnt waren, die ihnen zur Verwaltung überge-
benen Provinzen als eine Quelle ihrer eigenen Bereicherung
anzusehen; sie übten die unerträglichsten Erpressungen, um nach
dem Aufhören der ihnen anvertrauten Gewalt als reiche Männer
nach Rom zurückzukehren. Zuletzt ging Bato in die ihm vom
Tiberius gestellten Bedingungen ein und machte Frieden mit
ihm. Als er aber von dem Verrathe des Breuker Bato hörte,
griff er von neuem zu den Waffen, schlug seinen abgefallenen
Bundesgenossen in einer Schlacht auf das Haupt und ließ ihn,
der sich vergeblich in ein festes Schloß geworfen hatte und
von den Seinen ausgeliefert wurde, zur Strafe des Treubruches
hinrichten.

Nun erhoben sich die Breuker und die übrigen illyrischen
Völkerschaften von neuem gegen die Römer. Allein sie hatten
ihre geschicktesten Führer verloren; der Desidiate Bato war
allein noch übrig, doch auch dieser konnte nicht überall sein und
handeln. Die Breuker wurden bald von den Römern besiegt,
viele der andern Stämme unterwarfen sich gutwillig, Bato
mußte die Hoffnung auf Pannonien aufgeben und sich auf die
Vertheidigung seines Dalmatiens beschränken. In diesem von
Bergrücken durchzogenen, von tiefen Thälern und Schluchten
durchfurchten Land stand ihm eine große Anzahl kleiner, aber
durch Natur und Kunst wohlbefestigter Plätze zu Gebote,
wie man deren noch heutzutage in den wildromantischen
Thälern von Bosnien, Serbien u. a. antrifft. Auf ein so
kleines Gebiet, auf eine so geringe Anzahl von Vertheidigern
Bato nach der Wiederunterwerfung von ganz Pannonien beschränkt war, die Römer mit ihrer ungeheuern Heeresmacht hatten noch lange zu thun, ehe sie des Aufstandes völlig

Herr wurden. Sie bekamen manche feste Plätze theils durch
List, theils durch Waffen in ihre Gewalt, verloren aber bei
andern viele Leute, wie überhaupt der ganze ins vierte Jahr dauernde Krieg an gegenseitigem Verderben, an Tod und Verwüstung
nicht bald seines Gleichen hatte. Als die Römer Retimus
(Rhätinum) belagerten, legten die Dalmater in den Wall und
die äußersten Häuser der Stadt Brandstoffe, jedoch so, daß
das Feuer erst eine Weile fortglomm, ehe es in helle Flammen ausbrach; darauf wichen ihre Posten von den Thoren
und Brustwehren zurück; die ganze Besatzung zog sich in die
höher gelegene Burg. Die Römer ersahen das nicht sobald, als
sie in die vom Feinde verlassene Stadt drangen und theils Anstalten trafen die feste Burg zu erstürmen, theils sich in der
Stadt ans plündern machten. Da schlagen plötzlich rings um sie
im Kreise herum gewaltige Feuermassen gegen Himmel empor,
so daß sie wie von einem Feuermeer umgeben sind, während die
Dalmater aus der Burg Wurfgeschosse und Steine auf sie her-
abschleudern. So geht der größte Theil der Römer elend zu
Grunde, die einen durch die feindlichen Waffen, die andern durch
die Flammen; nur wenige retten sich, indem sie die Leiber
ihrer bereits umgekommenen Genossen haufenweise in das Feuer
.werfen und auf denselben wie auf einer Brücke durch das
Flammenmeer den Ausweg ins Freie gewinnen. Das Feuer ist
nicht mehr zu bändigen und ruht nicht eher, bis auch die Burg
niedergebrannt ist, deren Besatzung sich noch zeitig genug in
die unterirdischen Gänge und Gewölbe gerettet hat.

Tiberius theilte jetzt sein Heer in drei Theile, einen
dem Marcus Lepidus, den andern dem Silvanus Plautius
übergebend, während er selbst mit Germanicus den dritten
unmittelbar gegen Bato führte, der sich zuletzt nach Andecrium (das heutige Clissa) bei Salona warf, ein festes

Schloß auf einem schwer zugänglichen Felsen gelegen und von tiefen Schluchten umgeben, durch welche reißende Waldströme herabschäumten. Tiberius wollte des Platzes um jeden Preis Herr werden und schonte Leben und Glieder der Seinigen nicht. Als die Dalmater am ärgsten bedrängt waren und die Römer bereits die meisten umliegenden Höhen besetzt hatten, wußten jene eine über der Veste gelegene Kuppe zu gewinnen, schleuderten Steine, wälzten Felsblöcke auf ihre Angreifer herab, ließen große mit Steinen beladene Wagen oder damit angefüllte Kisten gegen sie los, und brachten so Tod und Verderben in die Reihen der Römer. Doch immer neue Schaaren ließ Tiberius nachrücken und zugleich von einer Abtheilung die Anhöhe umgehen, so daß zuletzt die Dalmater, die den Rückweg in ihre Veste versperrt sahen, in die Wälder flüchteten und sich da zerstreuten. Tiberius aber ließ die Wälder von nachgesandten Abtheilungen durchstreifen, welche die meisten Flüchtlinge auf- spürten und wie wilde Thiere erlegten.

Wie groß der Widerwille dieses Volkes, unter das römische Joch zurückzukehren, und die Sehnsucht nach seiner alten Unab- hängigkeit war, davon legte die Todesverachtung der Weiber von Arduba Zeugniß ab. Die Stadt war von Germanicus belagert. Als nun unter den Belagerten Zwiespalt ausbrach, in- dem die Eingebornen sich unterwerfen, die fremden Vertheidiger aber sich bis zum äußersten wehren wollten, schlugen sich die Wei- ber auf die Seite der letzteren, und als diese in dem darüber aus- gebrochenen Kampfe unterlagen, ergriffen die Mütter ihre Kinder und stürzten sich mit ihnen theils in die Flammen, theils in den reißenden Fluß, um der Schmach der Knechtschaft zu entgehen.

Jetzt war kein Widerstand mehr im Lande. Bato sandte seinen Sohn Skenas an Tiberius und bot ihm unter der Be- dingung der Straflosigkeit seine und der Seinigen Unterwerfung

an, die angenommen wurde. Die Kraft des Landes war gebrochen,
aber auch die Römer hatten schwere Opfer bringen müssen. In
den Ebenen Pannoniens wie in den Bergen Dalmatiens deckte das
Grab hunderttausende von Leichen, welche die Auflehnung gegen
die römische Zwingherrschaft gewagt hatten, und wieder hunderttausende, die sie niederschlagen halfen. „Ein solches Ende", sagt
der Geschichtschreiber Dio Cassius, „nahm dieser Krieg, der
die Römer viel Leute und noch mehr Geld kostete. Viele Legionen wurden für denselben in Sold genommen und die Beute
war sehr gering". Dennoch war die Freude in Rom ungeheuer
groß. Dem Tiberius wurde vom Kaiser der Imperatortitel für
den glücklich beendeten Krieg ertheilt und die Ehre des feierlichen Triumphes zuerkannt; auch wurde ihm gestattet, in den
gebändigten Provinzen Siegeszeichen errichten zu lassen. Germanicus, Messalina, Lepidus und andere Heerführer erhielten
triumphalische Auszeichnungen und andere Ehren. Die wirkliche
Feier des Triumphes fand jedoch erst drei Jahre später,
12 nach Chr., mit einer Pracht und Großartigkeit statt, von
der die Zeitgenossen nicht genug zu erzählen wissen. Die gefangenen Oberhäupter der Dalmater und Pannonier folgten dem
Siegeswagen des Tiberius in Ketten. An tausend Tafeln wurden
die Bürger Roms mit einem Friedensmahle bewirthet. Tiberius
erbaute der Göttin der Eintracht (Concordia) in Rom einen
Tempel, und einen zweiten, in seinem und seines verstorbenen
Bruders Namen, den Dioskuren Castor und Pollux.

Durch die große Anzahl von Truppen aus allen Theilen
des Reiches, die im pannonischen Kriege verwendet worden
waren, hatte sich die Theilnahme an den Erfolgen desselben bis
in die entferntesten Provinzen verbreitet. Zeugniß davon gibt
ein noch heute im k. k. Antikencabinete aufbewahrter großer,
wundervoll geschnittener Onyx, die Triumphesfeier des Tiberius

sinnbildlich darstellend, der seinen Ursprung höchst wahrscheinlich aus dem Morgenlande herleitet.

Dem Dalmaterfürsten Bato, dessen Unterwerfung Tiberius gegen das Versprechen der Gnade angenommen hatte, wurde die feste Stadt Ravenna zum Aufenthalte angewiesen.

15.

Marbod und Armin. — Marbod's Sturz.

Der Grund, warum Tiberius seinen pannonischen Triumph so lange Zeit verschieben mußte, hing mit andern Ereignissen zusammen. Denn kaum glaubte sich Rom, nach Beendigung des vierjährigen wilden und verheerenden pannonischen Krieges, der Siegesfreude hingeben zu können, als eine neue Schreckensbotschaft den allgemeinen Jubel unterbrach. In dem eroberten Lande zwischen Rhein und Weser hatten sich unversehens die Deutschen erhoben und den besten Theil der römischen Streitmacht vernichtet. Nahe an 50.000 Mann Kerntruppen waren in die morigen Wälder verlockt, dort von deutschen Stämmen, die sich zu einem Freiheitsbunde zusammengethan, überfallen und theils erschlagen, theils gefangen und den Göttern geschlachtet oder als Knechte vertheilt worden. Der Statthalter der Rheinlande Quinctilius Varus hatte sich der Schmach der Niederlage durch den Tod entzogen.

Der Schrecken dieser Nachricht glich jenem, den vor 120 Jahren die Kimbrer über Rom gebracht hatten; aber er traf zunächst weniger die Masse der Bevölkerung, als die Umgebung des Thrones und den Kaiser selbst, der die Gefahr der deutschen Kriege nie verkannt und sie nur um des Hausfriedens willen zugelaffen hatte. Die Schwäche des Alters malte mit grelleren Farben. Im geängfteten Geifte fah er die vereinigten Deutfchen fchon über den Rhein ftürmen, die Alpen überfchreiten und Rom bedrohen; er fah das mühevolle Werk feines Lebens, die römifche Herrfchaft zertrümmert, fich felbft an der Reige feiner Tage der Schmach preisgegeben. Seine nächften Anordnungen bezeugen diefe rathlofe Angft. Alle Deutfchen, die in der kaiferlichen Leibwache dienten, wurden fchnell von Rom entfernt, Tag und Nacht Wachen ausgeftellt, um einen Aufruhr zu verhüten, alle Waffenfähigen zum Kriegsdienfte gepreßt, während der Kaifer in feierlichen Aufzügen zu den Göttertempeln wallte, Opfer und Spiele gelobend, wenn der Staat gerettet würde. Als aber die furchtbare Schlacht gefchlagen war und Marbod, der von Armin den Kopf des Varus als eine Mahnung an feine verfäumte Pflicht erhalten hatte, die furchtbare Trophäe mit Beileidsbezeugungen dem Kaifer überfandte, da brach der Schmerz des Auguftus vollends in lautes Wehklagen aus; er zerriß fein Kleid und rannte den Kopf an die Wand mit dem Jammerrufe: „Varus, Varus, gib mir meine Legionen wieder!"

Nicht mindere Furcht, als der Kaifer offen zeigte, erfüllte im Stillen feinen Adoptivfohn Tiberius, der nun an den Rhein mußte, die Folgen des Unglücks abzuwenden. Er hätte die Sendung von fich gewiefen, wenn nicht die Hoffnung des Thrones auf dem Spiele geftanden wäre. Am Rhein begnügte er fich, die Grenze, die niemand bedrohte, zu fchützen. Im erften Jahre wagte er gar nicht, in den beiden folgenden nur mit großer Vorficht einen Zug ins deutfche Land und kehrte zum Aerger der rachedurftigen Legionen bald wieder heim. Aber eine Erfahrung, die er fein Lebelang fefthielt, brachte er nach Rom zurück: nicht Waffengewalt fei das rechte Mittel gegen die Deutfchen, fondern daß man ihre Zwietracht nähre.

Im Jahre 14 nach Christi Geburt starb Augustus und warnte sterbend vor der Erweiterung des Reiches. Sein Nachfolger Tiberius hätte dieser Mahnung nicht bedurft, aber die Verhältnisse geboten anders. Der neue Kaiser war kein Feldherr und somit nicht der Liebling des Heeres; die Legionen ließen sich ihn nur widerstrebend gefallen. Als seine Erhebung auf den Kaiserthron in den Provinzen bekannt wurde, sah man schon Vorspiele jener soldatischen Zügellosigkeit, durch welche später die Kaiser ein- und abgesetzt wurden. Im Rheinlande dankte Tiberius seine Anerkennung nur dem entschlossenen Muthe seines edlen Neffen Germanicus, der, wie früher sein Vater Drusus, der Abgott der Krieger war. Als diese auf die Nachricht von des alten Kaisers Tode stürmisch ihn zum Cäsar begehrten, trat er ihnen männlich entgegen, versichernd, er strebe nicht nach der Herrschaft, nur nach der Ehre, gleich seinem Vater mit ihnen für Kaiser und Reich zu kämpfen. Damit war der Sturm beschworen, aber auch die Nothwendigkeit gesetzt, die Eroberungszüge nach Deutschland wieder aufzunehmen. Die Legionen brannten vor Begierde, die an Varus verübte Schmach zu rächen.

Die Feldzüge des Germanicus (14—16) liegen außer dem Bereich unserer Schilderung. Sie wahrten den römischen Kriegsruhm, wenn es Ruhm ist, unentschiedene Schlachten zu schlagen, nach jeder Schlacht den Feind ungeschwächt und kampfmuthig vor sich zu haben und am Ende das Land zu räumen, das der Zweck der Eroberung war. Einen traurigen Lohn nahm der Feldherr aus dem Lande der Barbaren mit. In den Wäldern an der Quelle der Lippe fand er die Wahlstatt, wo vor sechs Jahren die Legionen des Varus erlegen waren, und die vom Wetter gebleichten Gebeine der erschlagenen Krieger. Er ließ sie sammeln und ehrte sie durch feierliche Bestattung. Seit dem Jahre 16 sah kein Römer mehr das Weserland. Der Grenzhut am

Rhein stand die Entschlossenheit der Germanen gegenüber, bei jeder Gefahr für die Freiheit sich zusammenzuthun und gemeinsam unter geregelter Bundesleitung dem Feinde zu begegnen.

Das große Verdienst, dies bewirkt zu haben, gebührt dem Cherusker Armin, den selbst der römische Schriftsteller nicht ansteht, den „Befreier von Deutschland" zu nennen.

Wie Marbod von edlem Geschlechte und hochbegabt, hatte Armin römisches Wesen wie jener aus eigener Anschauung gelernt und das Gelernte fruchtbar in die Heimat getragen. Aber so wie beide verschiedenen durch weite Strecken getrennten Stämmen angehörten, so waren sie verschieden an Sinnesart, in Anschauung der Verhältnisse, im Ziele des Strebens. Armin, glühend in der Liebe zum Vaterlande wie im Haß gegen die Unterdrücker, schritt kühn und stürmisch zu Rath und That; Marbod berechnete die Umstände und handelte nach dem Vortheil, den sie brachten; denn er liebte nur die Herrschaft und haßte nur den, der sie bedrohte. Er war über den Sturm der Leidenschaft schon hinaus, als der junge Armin seine Laufbahn antrat. Beide standen einander gegenüber wie der schwärmende Jüngling dem berechnenden Manne. Das war beider Verhängniß.

Der Umschwung in den Geschicken der Deutschen zwischen Rhein und Weser, der dem Kaiser Augustus die letzten Lebenstage trübte, war einzig Armin's Werk. Er wußte in den heimischen Stämmen das Gefühl der Vereinigung zu wecken, und führte den furchtbaren Schlag gegen die Legionen des Varus. Ueber den Leichen der verhaßten Römer mag der junge Freiheitsbund bekräftigt worden sein. Aber Armin kannte die Künste der Römer und den schwankenden Sinn seiner Landsleute. Nur von der gleichzeitigen Erhebung aller deutschen Völker gegen Rom hoffte er das Gelingen. Mit dem Bunde der Cherusker im Westen, den er führte, mußte der Bund der Sueben im Osten unter Marbod's Führung einmüthig vorgehen. Das mochte der Inhalt jener Botschaft gewesen sein, die Armin gleich nach dem Siege mit dem abgeschlagenen Kopfe des Varus an Marbod sandte. Die dringende Aufforderung ward aber, wie schon erwähnt, auf das verletzendste erwidert und das Haupt des Feldherrn dem Kaiser überschickt.

So sah sich Armin in dem Widerstande gegen Germanicus auf sich allein gewiesen. Mit dem Muthe einer Begeisterung, die alles für einen Zweck opfert, kämpfte er nicht nur gegen römische Legionen, sondern auch gegen die schwankende Treue der Bundesgenossen, gegen Verrath und Abfall in seiner nächsten Verwandtschaft. Sein ausdauernder Heldenmuth trug den Sieg davon. Als der Feind aus dem unbezwungenen Lande zog, begriffen die Deutschen den Werth der Bestrebungen Armin's und erkannten ihn freudig als Bundeshaupt.

Im Jahre 16 ward Germanicus vom Kaiser abberufen und sein Nachfolger am Rhein beauftragt, sich gegen die Deutschen einzig auf die Wahrung der Grenze zu beschränken. Armin wußte, daß diese Unthätigkeit nichts weniger als Frieden bedeute. Er kannte die Sinnesart des Tiberius, unter dem er in Pannonien als römischer Bundeskrieger gedient und dessen Grundsatz, die Barbaren durch Uneinigkeit zu schwächen, er anwenden gesehen hatte. Das mahnte ihn zu unausgesetzter Thätigkeit, den Bundeseifer unter seinen Landsleuten wach zu halten. Auf der andern Seite erwog er, wie schwer es sei, kampflustige und an Krieg gewöhnte Stämme zu beobachtender Ruhe zu vermögen, da der Feind jede Herausforderung mied und ein Angriff auf des Feindes befestigte Linie tollkühn gewesen wäre. Sein eigenes Ansehen und sein Einfluß als Bundeshaupt konnte nur im Kriege steigen, die Glut der Begeisterung für seine Ideen nur im Kriege angefacht werden.

Armin bedurfte, während die Römer Frieden hielten, eines Gegners, der mit dem Schwerte zu bekämpfen war, und dieser bot sich in Marbod. Politische Gefahr und persönlicher Haß begegneten sich hier, wiewol die erstere allein genug wog. Oder war es nicht klar, daß Marbod nur seine Herrschaft, nicht die Freiheit seiner Völker anstrebte? daß er trotz mehrfacher Mahnung dem Befreiungswerke fremd blieb, aber dem Erbfeinde sich im Augenblicke, wo er ihn hätte empfindlich treffen können, zur Bundesfreundschaft hingab? daß er seine Völker von deutscher Sitte abwendig gemacht und die ihm verbündeten in gewaltsamer Abhängigkeit halte?

Diese und ähnliche Anklagen, die Armin zu erheben berechtigt war, lenkten den Grimm der Bundeshäupter auf den Markomannenfürsten, und es bedurfte wenig, diesen Grimm zur offenen Feindseligkeit zu steigern. Dem Cheruskerbunde galt Marbod als ein Geächteter, an welchem das Strafgericht zu vollziehen war. Wir können annehmen, daß auch von römischer Seite geschürt wurde. Und so vollzog sich im Frühlinge des Jahres 17 n. Chr. das erste weltgeschichtliche Beispiel jener Uneinigkeit, die bei dem Deutschen seither zum Erbübel geworden ist. Deutsche standen gegen Deutsche im Felde; zwei mächtige Bundesheere, von den Besten ihrer Zeit geführt, zogen gegen einander in den Kampf; und Tiberius konnte mit innerer Befriedigung zusehen, wie römische Kriegskunst von den Barbaren geübt und zu ihrer gegenseitigen Vernichtung benützt wurde.

Die Nachrichten über den Ausgang des Bruderkrieges — wir besitzen nur römische — sind bezeichnend für die Zustände der Völker und der Zeit. Der Bund der Cherusker ward durch die suebischen Langobarden und Semnonen verstärkt,

die von Marbod abfielen. Dagegen trat der Cherusker Ingiomar mit zahlreichem Heergefolge auf Marbod's Seite, da er
es demüthigend fand, unter der Führung seines Neffen Armin
zu kämpfen. Die Stelle, wo die Heere an einander geriethen, ist
ungewiß. Die Umstände deuten auf die Nähe der Elbe und jene
Felder im heutigen Sachsen, auf denen später oft Schlachtenblut
floß. Jedenfalls traf Marbod das Heer seines Gegners außer
dem Waldringe des Markomannenlandes.

Vor der Schlacht befeuerte Armin die Seinigen durch die
Erinnerung an ihre Thaten, und wies auf Marbod, den Landes-
verräther und Trabanten des Kaisers, der um der deutschen
Freiheit willen vernichtet werden müße wie Quinctilius Varus.
Marbod dagegen pries den neuen Bundesgenossen Ingiomar
als den wahren Helden der Cherusker, der alle Thaten, auf welche
sie pochen, vollführt habe, während Armin, ein kecker Abenteurer,
sich lügnerisch den Ruhm beimesse.

Die Tapferkeit auf beiden Seiten glich der Erbitterung,
mit welcher man kämpfte, vom Morgen bis zum Abend und,
wie der Römer Tacitus sagt, „nicht in ungeregeltem Anlauf,
sondern mit wohlgeübter Kunst des Krieges". Der Kampf blieb
unentschieden, da von beiden Heeren der rechte Flügel geschlagen
war. Indem aber Marbod sich nach der Schlacht auf die Höhen
zurückzog und einem zweiten Angriffe auswich, gab er sich besiegt.
Da gingen schaarenweise seine Verbündeten zu Armin über, und
dem Markomannen mit seinen Getreuen blieb nichts übrig, als
innerhalb seiner heimatlichen Berge Schutz zu suchen.

Jetzt war der Augenblick für den bedrängten König da,
den Beistand Roms als Lohn seiner Verdienste in Anspruch zu
nehmen. Der Friedensschluß vom Jahre 6 gab ihm ein gewisses
Anrecht dazu. Des Kaisers Antwort war bittrer als die Schmach
der Niederlage: „Da Marbod den Römern nicht gegen die Che-

rusker beigestanden, so habe auch er kein Recht, den gleichen Beistand von ihnen zu fordern*. Zugleich sandte Tiberius mit dem Scheine der Willfährigkeit seinen Sohn Drusus ab, um zwischen den deutschen Heerführern Frieden zu vermitteln.

Marbod's Schicksal war nun entschieden. Selbst auf die Treue der Markomannen und Quaden, die er noch im Zügel hielt, konnte er nicht mehr bauen, da die Machtstütze ihm von allen Seiten geraubt war. Ein unternehmender Gothe, Katuald, den er einst wahrscheinlich wegen Auflehnung aus dem Lande getrieben hatte, benützte seine Lage und fiel mit einer Schaar Unzufriedener ins Land. Vornehme Markomannen schlossen sich an und die Empörung gegen die alte Herrschaft wuchs mit jedem Tage. Endlich fiel die Hauptstadt und die königliche Burg, die den Schatz der Sueben barg, in die Hand Katuald's und Marbod mußte fliehen (19). Ein Nachen trug den Verzagenden über die Donau auf römisches Gebiet, das er in den Tagen seiner Macht so rücksichtsvoll geschont hatte. Da ihm das Recht zur Hilfe abgesprochen war, so rief er nun die römische Groß- muth an. Sie wurde geübt, wie ein Tiberius sie üben konnte. Marbod erhielt römisches Gnadenbrot und, wie der Kaiser sich ausdrückte, „einen sichern und ehrenvollen Zufluchtsort* in Ravenna, wo er an der Erinnerung seines Ruhmes siechend noch achtzehn Jahre lebte.

16.

Waffenruhe zwischen Römern und Germanen.

Mit dem Sturze Marbod's war vorläufig die Gefahr beseitigt, die Rom in der Vereinigung der suebischen Völker an der Donaugrenze erblickte. Der Gothe Katuald hatte für den letzten Theil der Aufgabe als Werkzeug gedient; als sie vollbracht war, wurde er abgethan. Nach kaum zweijähriger Herrschaft sehen wir ihn im Jahre 21 n. Chr. von dem Fürsten der Hermunduren Vibillius in derselben Weise, wie früher Marbod von ihm, bedrängt. Er muß zu den Römern flüchten und wird von diesen wie Marbod an einen sichern Ort in Ruhe gesetzt.

Vibillius herrscht nun als römischer Bundesfreund, wie es scheint, über die Markomannen in Böhmen. Katualb's und Marbod's Gefolge wird zwischen der March und der Waag unter dem Quadenfürsten Vannius angesiedelt, auf dessen Ergebenheit Tiberius rechnen kann. Er läßt sogar zu, daß Vannius sein Gebiet bis an den Granfluß erweitert, da er dort ein Gegengewicht gegen die Jazygen braucht. Dieses beutelustige Volk war nämlich, nachdem die Herrschaft des Voerebistas über die dakischen Nachbarländer mit dessen Tode geendet hatte, von der untern Donau allmälig in die obern Gegenden von Ungarn gerückt und hatte sich dort die ackerbauenden Sarmaten, wahrscheinlich Slaven, dienstbar gemacht.

Aus derselben Zeit (21 n. Chr.) berichten die römischen Jahrbücher des Tacitus den traurigen Ausgang Armin's. „Da er nach der Herrschaft strebte, habe er den Freiheitssinn seiner Landsleute wider sich gehabt und sei, nachdem mit wechselndem Glück im Waffenkampfe gestritten ward, durch die Arglist seiner Anverwandten umgekommen." Die Führer sterben, die Völker bleiben. Armin so wie Marbod haben, jeder in seiner Art, unstreitig auf die Cultur der germanischen Völker und auf die Entwicklung ihres Nationalgefühls mächtig eingewirkt; jener bei den niederdeutschen, dieser bei den oberdeutschen Stämmen; beide auf verschiedenen Wegen mit verschiedenen Mitteln; und was sie wirkten, ist in dem blutigen Streite, dem einer wie der andere erlag, nicht untergegangen. Seit ihren Tagen zeigt sich der Drang nach Vereinigung unter den Deutschen immer lebhafter, das Ziel des gemeinsamen Strebens immer deutlicher. Man sieht, wie die Einzelkräfte sich immer schneller und fester an einander fügen, bis jene Macht geschaffen ist, die den römischen Bollwerken trotzt und den Legionen, die hinter diesen Bollwerken stets schlagfertig gehalten werden mußten, die Macht entwindet.

Im Jahre 39 n. Chr. endete die Regierung des Kaisers Tiberius. Wie schmachvoll und grausam er in Rom und von der Insel Capreä (Capri) aus geschaltet, die Provinzen hatten von seiner Herrschaft nichts zu leiden. Klagen über Erpressungen der römischen Beamten, ein hergebrachtes Uebel der römischen Verwaltung, blieben nicht ungehört, sondern zogen strenge Bestrafung der Schuldigen nach sich. Statthalter, die ihre Pflicht thaten und den Provinzialen keinen Anlaß zu Beschwerden gaben, beließ Tiberius auf ihren Posten, die er nicht als bloße Bereicherungsmittel geld- und herrschgieriger römischer Patricier ansah. Man muß so gerecht sein dies anzuerkennen, da das Urtheil über diesen ersten der römischen Kaisertyrannen sonst wenig Lob enthält. Als die Nachricht von seinem Tode nach Rom kam, athmete die Stadt zum erstenmale nach mehr als zwanzigjährigem Bangen und Schrecken frei auf, und auch in den Provinzen zündete man Freudenfeuer an, brachte den Göttern Dankopfer dar, legte weiße Gewänder an, feierte Spiele und Feste. Hätte man voraussehen können, was die Folgezeit bringen werde, so würde man das Gegentheil von alledem gethan haben. Denn war Tiberius ein Bösewicht, so besaß er doch ausgezeichneten Verstand und in der Verwaltung seines unermeßlichen Reiches hatte, wie erwähnt, so manches seine gute Seite. Des Tiberius Nachfolger aber, Caligula (von 37—41) und Claudius (von 41—54 n. Chr. G.) waren Bösewichte und Schwachköpfe zugleich, und der erstere noch obendrein ein maßloser Verschwender.

Der Staatsschatz, den der alte Tiberius, mit den öffentlichen Geldern vorsichtig haushaltend, während dreiundzwanzig Jahren gefüllt hatte, wurde von dem jugendlichen Unmenschen Caligula binnen weniger als vier Jahren vertollt und vergeudet, und die Provinzen bekamen dies durch erhöhte Auflagen und Steuerbedrückungen zu fühlen. Wenn bei einer so heillosen Mißregierung, wie sie damals in der Hauptstadt des Weltreichs an der Tagesordnung war, die Donaugrenze unangefochten blieb, so dankte Rom dies nur der dazumal noch ungebrochenen Mannszucht seiner auswärtigen Legionen und dem inneren Unfrieden, der unter den germanischen Völkern jenseits der Donau herrschte und aus welchem die römischen Statthalter in Noricum und Pannonien, den Parteihader herrschsüchtiger Führer benützend, zu ihrer eigenen Sicherheit Vortheil zu ziehen wußten.

Ob der Quade Vannius auch über die Markomannen geherrscht habe oder ob diese den innerhalb ihres Ringwaldes angesessenen Hermunduren dienstbar waren, ist, wie wir oben bemerkten, nicht ermittelt. Aber nach dreißigjähriger Herrschaft wurde er von demselben Hermunduren Vibillius, der den Katuald entthront hatte, gestürzt (51 n. Chr.). Es geschah mit Hilfe der nachbarlichen Ligier (an der obern Oder) zu Gunsten der Schwestersöhne des Vannius, Vangio und Sido. Auch bei dieser Veränderung spielte römischer Einfluß mit und man sah die alte Scene wieder aufführen: der flüchtige Vannius erhielt einen Ruheplatz im römischen Reiche. Von Vangio ist nichts näheres bekannt. Ob die Brüder gemeinschaftlich oder in getheilten Bezirken gewaltet haben, wird nicht berichtet. Sido herrschte noch im Jahre 70 über die Quaden und hielt treu zu Rom. Nach seinem Abgange ließen sich — wie Tacitus sagt — Markomannen und Quaden „fremde Fürsten gefallen", so wie eben Rom sie zu geben beliebte, von dessen Bestimmung dies abhing. Näheres ist aus dieser Zeit nicht viel zu berichten. Denn die spärlichen Quellen, die uns zu Gebote stehen, sind größtentheils römisch und befassen sich wenig mit den Zuständen und Ereignissen fremder Länder, wenn nicht Rom selbst davon berührt wurde. Insbesondere wissen sie von den Völkern jenseits der Donau wenig zu erzählen, da jedermann durch das, was zu Rom in unmittelbarer Nähe vorging, in Aufregung erhalten wurde.

Nach des blödsinnigen Tyrannen Claudius Ermordung (54 n. Chr. G.) folgte Nero, der in den fünf ersten Jahren gut und in den drei folgenden leidlich regierte, bis er sich im neunten zu dem tollsten Wütherich entpuppte, dem je die göttliche Vorsehung zur Strafe der Menschen die Macht, über sie zu herrschen, in die Hände gegeben. Sechs lange Jahre hindurch ertrug Rom die blutigen und brandstifterischen Launen dieses Scheusals, bis 68 n. Chr. G. das Strafgericht über ihn hereinbrach und er, keinen Ausweg zur Rettung sehend, sich das Schwert in die Kehle stieß. Der folgende Kaiser Galba wurde schon am 15. Jänner 69 erschlagen; dessen Nachfolger Otho, von dem Heere seines Nebenbuhlers Vitellius bei Bedriacum unweit Cremona besiegt, stürzte sich am 16. April desselben Jahres in sein eigenes Schwert. Aber schon im October darauf erlitten die Truppen des Vitellius auf demselben Schlachtfelde von jenen eine entscheidende Niederlage, die den in Palästina gegen die Hauptstadt der Juden kämpfenden Flavius Vespasianus als Kaiser anerkannten; zugleich brach in Rom ein Aufstand gegen Vitellius aus und der Tempel des Jupiter auf dem Capitolium ging zu derselben Zeit in Rauch auf, wo der Tempel Salomonis zu Jerusalem in Trümmer sank. Vespasian wurde im ganzen Reiche als Kaiser anerkannt, nach dessen zehnjähriger verständiger und gerechter Regierung (69—79 n. Chr.) sein Sohn Titus, der Gütige, folgte. Der beste und mildeste aller römischen Kaiser blieb nur zwei Jahre auf dem Thron (79—81), vielleicht zum Glücke für sein Andenken; hatte sich doch selbst der Wütherich Nero in den ersten fünf Jahren so gut gehalten, daß später der treffliche Trajan diese Zeit seiner Regierung (quinquennium Neronis) ausdrücklich rühmt. Auf Titus folgte dessen Bruder Domitia- nus, ein kalter, verschlagener, berechnender Bösewicht, der dem Reiche zunächst durch seine Feigheit schadete.

Unter Domitian's Herrschaft wurde die Ruhe an der Donaugrenze, die seit dem unterbrochenen Feldzuge des Tibe- rius gegen Marbod durch einen Zeitraum von beinahe achtzig Jahren nicht erschüttert worden war, von neuem gewaltsam gestört. Doch waren es diesmal nicht Germanen, die in erster Reihe gegen Rom im Felde standen, sondern das Volk der Daker im heutigen Siebenbürgen, das wir seit den Zeiten des kühnen Boerebistas aus den Augen verloren.

17.

Das dakische Reich des Decebalus.

Es scheint, daß die Stämme, aus denen das dakische Reich unter Boerebistas zusammengesetzt war, der durch diesen gewal- tigen König gegründeten Einheit widerstrebten; denn wir finden nach ihm das Gebiet unter vier Herrscher getheilt, die Kriegs- macht, mit welcher er den Römern Trotz geboten, zersplittert und von innern Fehden in Anspruch genommen, zu denen wohl von Zeit zu Zeit die gewohnten Raubzüge ins römische Gebiet hinzukamen.

Augustus und seine nächsten Nachfolger betrachteten Dakien als ein unruhiges Nachbarland wie die übrigen, das zwar unausgesetzte Vorsicht an der Grenze und manchmal eine ernste Züchtigung seiner Raublust erheischte, aber dessen innere Verhältnisse zu keiner größern Besorgniß Anlaß gaben.

Zudem war mittlerweile das dakische Ländergebiet, sowie im Süden durch das Vorrücken der Römer an die untere Donau, auch im Osten und Westen beträchtlich eingeengt worden. Dort zwischen dem Sereth und Pruth bis an die Donaumündungen hatten sich die Bastarner festgesetzt; man hielt sie für das erste germanische Volk, das an der Ostseite der Karpaten Sitze fand. Hier zwischen Donau und Theiß und auch jenseits der Theiß waren die Jazygen vorgedrungen, einen Boden behauptend, der dem beweglichen Reitervolke sehr entsprach.

Vielleicht führten gerade die innern Kämpfe zwischen den dakischen Stämmen und die Gefahr, ihr Land zur Beute der Nachbarn werden zu sehen, bald wieder zu dem Gedanken der Einigung und nährten den Wunsch nach der alten Herrlichkeit, die das dakische Reich unter Boerebistas hatte. In den letzten Jahren des ersten christlichen Jahrhunderts sehen wir die einzelnen Völker wieder zu einem staatlichen Ganzen geeint, rüstig und herausfordernd unter der Führung eines Königs, der seinem Vorgänger Boerebistas, wenn wir den Berichten seiner Feinde nachgehen, in jeder Beziehung die Wage hielt.

Zur Zeit des Kaisers Domitian herrschte nämlich über Dakien Decebalus, ein Mann von hoher Begabung und kriegerischem Geiste. Sein ursprünglicher Name war Dorpaneos, und er war früher Feldherr des Dakerkönigs Duras. Als solcher führte er glückliche Unternehmungen gegen die Jazygen aus, die er über die Theiß zurücktrieb, unternahm kühne Einbrüche ins römische Gebiet und begründete dadurch sein Ansehen so sehr, daß ihm der Namen Decebalus (Dekebalos), d. i. der Daker Schutz, gegeben wurde. Dieser Kriegsruhm soll ihm den Weg

zum Throne gebahnt haben, indem König Duras ihm, wie man
erzählt, freiwillig die Herrschaft überließ, „weil er Meister
im Kriege und in der Kriegslist war, den Sieg wohl zu nutzen,
die Niederlage zu verdecken wußte". Es spricht für seinen Ruf
bei den Nachbarvölkern, daß die Quaden und Markomannen den
Römern Beistand verweigerten, als man sie gegen ihn aufrief.
Domitian, hierüber aufgebracht, ließ ihre Gesandten tödten und
drohte, er werde, nachdem er die Daker bezwungen, ihre Länder
mit einem Strafzuge heimsuchen. Zu den Plänen dieses kriegs-
gewandten und scharfblickenden Dakerfürsten fügte es sich aber gut,
daß der Kaiser, welcher diese Drohungen ausstieß, nur ein auf
Kriegsruhm eitler aber ganz unfähiger Mann war.

Wie früher Marbod hatte Decebalus römische Einrichtungen in sein Land verpflanzt und die Cultur des Feindes zur
Kräftigung seiner Macht gegen den Feind benützt. Dakisches
Gold lockte aus den römischen Städten Werkleute, Baukünstler
und Soldaten in Menge über die Grenze, und mit diesen ging
er daran, die reichen Schätze des Landes zu erschließen, Festungen zu bauen, Kriegsmaschinen aufzuführen. Es war eine solche
Rührigkeit in diesen Anstalten und eine solche Zuversicht in seinem Vorgehen, daß die Absicht am Tage lag, er wolle die miß-
lichen Verhältnisse des römischen Reiches zu seinem Vortheile
nutzen.

Er reizte die Römer zum Kriege. Aber es dauerte lange,
ehe der feige und träge Kaiser sich bewegen ließ einen ernsten
Schritt zu thun. Und als er endlich (86 n. Chr.) ins Feld
rückte, geschah es für seine Person nur, um den Schein zu
wahren. An der dakischen Grenze überließ Domitian die
Truppen ihren Führern und zog in eine Stadt in Mösien, um
dort nach gewohnter Weise der Behaglichkeit zu pflegen. Kampfmuth war am wenigsten seine Sache; aber den Ruhm, den

Andere erkämpften, nahm er gern für sich. Das theilnahmslose Benehmen des Kaisers mag nicht ohne Wirkung auf die Truppen geblieben sein, die nach Dakien zogen; und da er in seiner Eitelkeit den Führern nicht freie Hand ließ, so fehlte ihnen die sichere Leitung, die der kriegsgewandte Gegner und das von der Natur geschützte Land erfordert hätten. Sie wurden von Decebalus durch Scheinangriffe ermüdet und durch verstellte Flucht immer tiefer in die Berge gelockt, bis sie dort, aufgelöst und ohne Rückhalt, den Beschwerden oder dem Schwerte erlagen.

Ins vierte Jahr schon dauerte der Krieg, zwei Römerheere hatte er verschlungen, und der dakische König stand noch immer ungeschwächt und trotzend da. Mittlerweile waren, aufgeregt durch den an ihren Gesandten von den Römern begangenen Frevel, die Quaden und Markomannen in Pannonien eingefallen und schlugen ein römisches Heer. Domitian, von zwei Seiten bedroht, hatte nicht die Kraft, der Gefahr zu begegnen. Ohne zu fühlen, welcher Schimpf für den römischen Namen darin läge, bot er den Dakern den Frieden an. Ja noch mehr! Er erkaufte diesen Frieden um ein hohes Jahrgeld und gegen die Zusicherung, dem Decebalus fortan geschickte Werkmeister zu liefern, die ihm Festungen und Kriegsmaschinen bauten. Auf ähnliche Weise wurden die Quaden und Markomannen beschwichtigt. Und damit seine Legionen über diesen Schimpf in Rom nicht Klage führten, beförderte er die Officiere zu höhern Stellen und theilte Geld unter die Soldaten aus. So weit war es mit der Ehre eines Kaisers gekommen!

Wie zum öffentlichen Hohne berichtete Domitian an den Senat, nicht nur die Daker, sondern auch die andern Barbaren seien überwunden, und fügte einen falschen Brief des Decebalus bei, worin ihn dieser seinen „Ueberwinder" nennt. Auf dem Zuge nach Rom ließ er sich aller Orten prunkvoll als Sieger begrüßen; in Rom feierte er einen glänzenden Triumph, wobei man erkaufte Sclaven als gefangene Daker vorführte. Das Volk aber ließ sich durch das Gaukelspiel nicht täuschen, sondern nannte die Festlichkeiten, die Domitian zu Ehren des dakischen Sieges gab, eine Leichenfeier für die gefallenen Römer.

Zum erstenmal zahlte Rom Tribut an Barbaren. Der bessere Theil der Römer konnte diese Schmach nicht verwinden. Domitian's unmittelbarer Nachfolger Nerva (96 — 98 n. Chr.) war edleren Sinnes, aber ein schwacher, lebensmüder Greis, der in der kurzen Zeit seiner Herrschaft kaum das ärgste zu beseitigen vermochte, was Domitian über Rom gebracht. Dennoch mahnte er seinen Adoptivsohn Trajan, der ihm auf dem Throne zu folgen bestimmt war, dringend, der Rache an den dakischen Feinden zu gedenken; und Trajan's erste That, als er im Jahre 98 n. Chr. G. die Herrschaft antrat, war die Rüstung zum Kriege gegen Dakien.

Ein gleichzeitiger Gewährsmann schildert dabei im Gegensatz zu Domitian die Sinnesart des neuen Kaisers: „Nachdem Trajan einige Zeit in Rom verweilt hatte, zog er gegen die Daker, indem er ernstlich erwog, was sie sich alles zu Schuld kommen ließen und wie sie mit den Geldern, die man ihnen schimpflicher Weise jährlich zahlte, ihre Streitkraft vermehrten und den Römern Trotz boten. Als Decebalus von seinem Anzuge hörte, gerieth er in Furcht. Er fühlte, daß er früher nicht die Römer, sondern den Domitian besiegt hatte, daß er es jetzt aber mit den Römern und dem Kaiser Trajan zu thun bekomme. Dieser war durch Gerechtigkeitsliebe, Tapferkeit und Einfachheit der Sitten ausgezeichnet. In voller Manneskraft, trug er die Beschwerden des Krieges gleich andern. Eben so kräftig war sein Geist, so daß er sich weder durch Jugendfeuer hinreißen ließ, noch später durch die Schwäche des Alters gedrückt wurde. Den

8*

Neid kannte er nicht und keinem entzog er den Lohn des Ruhmes, sondern er ehrte und hob jedes Verdienst; so brauchte er keinen zu fürchten, keinen mit Haß zu verfolgen. Verläumbern traute er nicht und die Leidenschaft zügelte er an sich selbst. An fremdem Gute vergriff er sich eben so wenig, als er Unschuldige hinrichten ließ*. Diesem Manne war nun in die Hand gegeben, die römische Ehre wieder herzustellen.

18.

Sturz des Decebalus — Dakien wird eine römische Provinz.

Mit fünf Legionen illyrischer Truppen, verstärkt durch batavische Reiter, numidische Bogenschützen und deutsches Fußvolk begann Trajan im Frühjahr 101 den Krieg, indem er, an zwei Stellen über die Donau setzend, bis an das feste Lager des Feindes vordrang.

Dort am Rande des Gebirges waren die dakischen Bundesgenossen aufgestellt, im Andenken an den frühern Krieg voll Siegeshoffnung. Sie sandten dem Kaiser höhnend einen Erdschwamm, worauf in lateinischer Sprache geschrieben stand, er möge guten Rath annehmen, abziehen und Frieden halten. Trajan zerhieb den Schwamm und lieferte die Schlacht, die mörderisch war, da der Feind mit allen Mitteln römischer Kriegskunst focht. Sie fiel zum Vortheile der Römer aus; der Feind wich in die Berge zurück.

Nun begann der gefährlichere Theil des Krieges, wo enge Schluchten die Ausbreitung des Heeres hinderten und auf dem unbekannten Gebirgsboden überall ein Hinterhalt zu fürchten war. Von zwei Seiten drangen die römischen Legionen in das Bergland, der Kaiser mit seinem Heerestheile durch die Enge, die unter dem Namen des „eisernen Thores" von der Banatgrenze nach Siebenbürgen führt. Um jede einzelne Höhe mußte gekämpft werden; denn der Feind hatte sich der Vortheile des Gebirges wohl versichert. Langsam und vorsichtig, indem er den Weg hinter sich offen hielt und den geschlagenen Feind vor sich hertrieb, rückte der Kaiser bis zur Hauptstadt und Königsburg Zarmizegethusa (im Hatzégthale) vor, wo sein Unterfeldherr mit dem zweiten Heere zu ihm stieß. Dem dakischen Könige bangte vor der Schlacht; er bot den Frieden an, der nicht angenommen wurde. Trajan siegte und ließ sich auch nach dem Siege in keine Verhandlung ein. Die von Decebalus aufgeführten Bergschanzen mußten vorher gebrochen werden. Dort fand der Sieger Waffen in Masse, Gefangene aus der Zeit Domitian's und die damals verlornen Feldzeichen. Um nicht Alles zu verlieren, bat nun Decebalus um Frieden unter jeder Bedingung.

Trajan verlangte, die Daker sollen alle Waffen und Kriegsgeräthe mit den Werkleuten und römischen Ueberläufern ausliefern, die Festungen schleifen, auf das Eroberte verzichten und die Feinde der Römer auch als die ihrigen betrachten. Insbesondere dürfe in Zukunft kein römischer Soldat in dakischen Dienst genommen werden. Mit diesen Bedingungen war die Vernichtung der dakischen Macht und die Oberhoheit Roms ausgesprochen. Decebalus fügte sich dem Unabwendbaren. Er erschien vor Trajan, um fußfällig die Huldigung darzubringen, und fertigte Gesandte nach Rom ab, die vor dem versammelten Senat waffenlos und mit flehend erhobenen Händen um Gnade bitten mußten. Der Kaiser ließ in der dakischen Hauptstadt und in andern Plätzen Besatzung und kehrte nach Rom zurück (103),

ruhmvoller als Domitian und von des Volkes ungeheuchelter
Freude begrüßt, das ihn den "Bezwinger Dakiens" nannte.

Aber der Krieg mit Decebalus war damit nicht beendet.
Nur die Noth hatte dem König das Versprechen der Unterwerfung abgezwungen. Kaum war der Feind aus dem Lande, so
sann er auf neue Erhebung. Um der Aufsicht der Römer zu
entgehen, verlegte er den Sitz des Reiches auf eine jener unzu-
gänglichen Burgen, die wahrscheinlich dakische Häuptlinge in
früherer Zeit angelegt hatten. Mitten in der großartigen Berg-
welt der Muntscheler Alpen erregen die gewaltigen Burg-
trümmer an den Abhängen steiler Bergspitzen das Staunen des
Forschers. Auch Spuren von Schanzen, Wällen, Lagern sind
noch kenntlich. Unter dem mächtigen Godjar steht noch heute
die Ringmauer aus gehauenen Steinen, ohne Mörtel zusam-
mengefügt, klafterhoch, und liegen zerstreut die Ueberreste des
Tempels, Trümmer von Wasserleitungen und Bädern, Stücke
von Porphyrsäulen und umgestürzten Altären. Der Buchen-
wald ist riesig darüber gewachsen und hält die Zeichen alter
Cultur in einer fast undurchdringlichen Wildniß begraben.

Von dort aus lenkte Decebalus seine Anschläge zum Be-
freiungskampfe, zuerst heimlich, so lange sich die Römer täuschen
ließen, dann offen und mit jener rückhaltlosen Kühnheit, die, wo
alles zu verlieren ist, alles aufs Spiel setzt. Römische Ueber-
läufer wurden wieder angelockt und aufgenommen, Kriegsmaschinen gebaut, die Bewohner zu den Waffen gerufen. An die
Nachbarvölker erging die Aufforderung zum Bündnisse, und
Decebalus wußte die Gefahr zu schildern, die ihnen sein Untergang bringen würde. Selbst die fernen Parther soll er zum
Beistande aufgerufen haben, was bei dem feindlichen Verhältnisse,
in welchem sie damals zu den Römern standen, nicht unwahr-
scheinlich ist.

Mitten unter diesen Rüstungen traf den dakischen König sein Verhängniß. Seine Pläne blieben den Römern nicht verborgen, und Trajan kannte den Gegner zu gut, um ihm Zeit zur Vorbereitung zu lassen. Decebalus wurde für einen Feind des römischen Volkes erklärt und der Krieg begann aufs neue (104). Jetzt war es nicht mehr auf ein Bundesverhältniß mit Dakien, sondern auf dessen völlige Unterjochung abgesehen. Darnach leitete Trajan den Feldzug. Um das eroberte Land fester mit dem Reiche zu verbinden, führte der Kaiser eine steinerne Brücke über die Donau, die den Zeitgenossen als ein Wunder der Baukunst galt und deren wenige Trümmer noch heute das Staunen der Bauverständigen erregen. Vergeblich suchte Decebalus den Bau zu hindern. Eben so vergeblich waren später die listigen Anschläge, die man ihm zur Schuld legt, einmal gegen die Person des Kaisers, dem er gedungene Mörder ins Lager schickte, ein andermal gegen einen römischen Unterfeldherrn, den er unter dem Schein einer Unterhandlung festnahm, um günstige Bedingungen des Friedens zu erzwingen.

In zwei Heersäulen drangen, von Trajan geführt, die römischen Legionen in das dakische Gebirg; die eine diesmal den Alt hinauf über den Paß des rothen Thurms, die andere durch die Schluchten des Schyl über die Höhen des Vulcangebirges. Die erprobte Vorsicht des Kaisers leitete die Bewegungen und überwand die Schwierigkeiten, die der Feind entgegenstellte. Neue Wege wurden gebahnt, Brücken geschlagen, reißende Bergströme aus ihrem Bett geleitet, während die Truppen unaufhaltsam vorwärts drangen und die Daker, eine Verschanzung nach der andern preisgebend, von Wald zu Wald, von Berg zu Berg weichen mußten. Decebalus sah endlich seine Burg und das ganze Land in den Händen des Feindes. In Gefahr gefangen zu werden und den Triumph Trajan's in Ketten hinter dessen

Siegeswagen zu zieren, gab er sich selbst den Tod. Sein Kopf
wurde nach Rom geschickt. Das Andenken an den glücklich
beendeten Feldzug aber, der Rom eine neue Provinz, die erste
und einzige am linken Ufer der Donau einbrachte, wurde durch
ein riesiges Denkmal, die Trajanssäule, verherrlicht. Aus
Marmor, 128 Fuß hoch, trug sie oben das Stand-
bild des Kaisers, zu welchem im Innern der Säule eine 184
Stufen zählende Treppe hinaufführte; von außen laufen rings
Bilder in erhabener Arbeit (Reliefs) herum, Ereignisse und Vorfälle aus dem dakischen Kriege darstellend. Noch heute steht sie
da, ein vielbewundertes Kunstwerk und eine unerschöpfliche Quelle
des Studiums für den Geschichtsforscher, der daran die römischen
Kriegsgebräuche und die Trachten der von Trajan bezwungenen
Völkerschaften absieht, ein sprechendes Denkmal endlich für die
hohe Bedeutung, die der Römer der Unterwerfung des mächtigen Dakerreiches beilegte.

Trajan starb im August 117, der trefflichste, tapferste
und ruhmvollste Kaiser seit Augustus' Tagen; seine Asche wurde
in einer goldenen Urne unter dem Fußgestelle der Trajanssäule
beigesetzt. Und nach Jahrhunderten noch rief der römische Senat
den neu erwählten Kaisern in schmeichelnder Redensart zu: „Sei
glücklicher als Augustus und besser als Trajan!" — Felicior sis
Augusto, melior Trajano!

19.

Der markomannische Krieg.

Durch den Kriegsruhm und die Eroberungen Trajan's
wurde das römische Weltreich auf den Gipfelpunct seiner äußeren
Macht und Gebietsausdehnung gebracht; es blieb auch unter

ihm und dessen Nachfolgern Hadrian, Antoninus Pius und Marc Aurel auf dieser Höhe und im Besitz des inneren Friedens. Trajan war der erste römische Kaiser, der nicht in Rom und selbst nicht in Italien geboren war. Er kannte aus seinen frühesten Anschauungen den Zustand der von der Hauptstadt entfernten Provinzen und war, als er auf den kaiserlichen Thron gelangte, für deren Wohlfahrt eifrigst besorgt. Er regelte den Verkehr bis zu den entlegensten Theilen des Reiches und der Postenlauf wurde rascher und sicher; er baute großartige Brücken über die größten Ströme; er gab, nach dem Ausdrucke des jüngern Plinius, dem Lande ein sicheres Reisen, den Küsten ein sicheres Meer und dem Meere sichere Küsten, und verband so die verschiedensten Völker durch Handel und Wandel mit einander, so daß alle Erzeugnisse, wo immer sie entstanden sein mochten, gemeinschaftliches Gut aller Nationen zu sein schienen, und jedes Jahr ein Segensjahr war.

Trajan's Nachfolger Hadrian (von 117—138 n. Chr.) bereiste selbst alle Theile seines großen Reiches, um alles mit eigenen Augen zu sehen, den Zustand der verschiedenen Provinzen kennen zu lernen, Mißstände zu beseitigen, wo es Noth that einzugreifen und zweckmäßige Anordnungen zu treffen. Er strebte nicht nach Ausdehnung des Reiches durch neue Eroberungen; er sah vielmehr schon in den von Trajan gemachten eine Last und Gefahr für das Reich. Er würde Dakien, die einzige jenseits der Donau gelegene römische Provinz, wieder aufgegeben haben, wäre er nicht durch den Unwillen der Soldaten und durch die Rücksicht auf die vielen römischen Colonisten, die in jenem Lande bereits angesiedelt waren, daran gehindert worden.

Ein wahrer Friedenskaiser war Antoninus Pius, während dessen dreiundzwanzigjähriger Regierung (138—161

n. Chr.) sich das weite Reich ungetrübter Ruhe und Sicherheit im Innern und vollkommenen Friedens nach Außen erfreute. Er war für das Gedeihen aller Theile des Reiches bedacht; er entfernte schlechte Beamte aus den öffentlichen Aemtern, und vergalt Statthaltern, die für das Wohl der ihnen anvertrauten Länder redlich sorgten, durch Verleihung besonderer Ehrenstellen. Er erfreute sich eines solchen Ansehens und allgemeinen Vertrauens, daß selbst fremde Völker ihre Streitigkeiten abbrachen und die Schlichtung derselben dem Ausspruche des weisen Antoninus anheimgaben. Was Numa Pompilius unter den römischen Königen, das war Antoninus Pius unter den römischen Kaisern, nur daß er mit den beglaubigten Thatsachen seiner Geschichte mehr Interesse einflößt, als jener König aus der Sagenzeit.

Des Antoninus würdiger Nachfolger war Marcus Aurelius, der Philosoph auf dem Kaiserthrone (von 161—180 n. Chr.). Nicht ausschließlich die Römer, das ganze Menschengeschlecht umfaßte er mit seinem liebenden Herzen, wie er dies an einer Stelle seiner philosophischen Betrachtungen so schön ausdrückt: „Siehst du dich als einen Theil der menschlichen Gesellschaft an, nur insoweit du ein Bürger von Rom bist, so liebst du die Menschen noch nicht von Herzen, das Wohlthun macht dir noch nicht die volle Seelenfreude". „Das Volk genoß unter ihm", sagen die Geschichtsbücher, „einer eben so großen Freiheit als in den Zeiten der Republik. Er beobachtete in jeder Hinsicht eine außerordentliche Mäßigung, um die Menschen vom Bösen abzuschrecken, zum Guten zu ermuntern, sie reichlich zu belohnen und bei der Strenge der Gesetze mit Nachsicht zu behandeln. Dadurch bewirkte er, daß die Schlechten sich besserten, die Guten aber noch tugendhafter wurden".

Unter diesem trefflichen Kaiser brach jene große stürmische und verheerende Völkerbewegung an der Donau los, die unter

dem Namen des markomannischen Krieges bekannt
ist, entweder weil die Markomannen unter den übrigen
betheiligten Völkerschaften das bedeutendste oder weil sie
das den Römern nächste und bekannteste waren. Die Bewegung, die wie alles, was von Germanen auf Römer zielte,
unversehens und stürmisch kam, verbreitete sich von dem
Quellgebiete der Donau bis zum schwarzen Meere. Sie war
vornehmlich durch den Druck veranlaßt, den die an der untern
Weichsel und Oder wohnenden Stämme, von dem mächtigen
Volke der Slaven gedrängt, auf die südlichen Stämme aus-
übten. Uebervölkerung zwang zum Fortrücken, und dieses fand
endlich an den Castellen der Donau eine Schranke, die durchbrochen werden mußte.

Nächst der Donau werden von Westen nach Osten folgende
Völker angeführt, die, Bundesfreundschaft und Furcht vergessend,
im Jahre 165 mit einemmale über den Strom stürmen, die
römischen Werke umschwärmen, bewältigen, plündern: die Hermunduren, Langobarden, Narisker, Markomannen
und Quaden, alle dem suebischen Völkerbunde angehörig;
dann weiter östlich die Jazygen, Vandalen, Alanen,
Gothen, Bastarner. Auch slavische Stämme waren unter
der vordringenden Völkermasse. Viele verlangten mit den
Waffen in der Hand Aufnahme ins Reich und bleibenden
Wohnsitz.

Die Statthalter in der Provinz, unvorbereitet, konnten dem
Einbruche nicht wehren, und die Flut ergoß sich verheerend über
Rhätien, Noricum und Pannonien. Bald hatten die Völker-
schwärme sich inner dem Reiche so verstärkt, daß sie über die
Alpen drangen und Aquileja belagerten. Markomannen
werden dabei besonders genannt. Die Abwesenheit des Kaisers,
der in Asien Krieg führte, mehrte die Verwirrung. Als er end-

lich mit seinem Mitregenten Verus herbeikam, waren die heimischen Truppen zerstreut, und er konnte nur über die ermüdeten, die er aus Asien mitgebracht, verfügen.

Die Gegenwart des allverehrten Kaisers hob den Muth und seine Tapferkeit beseelte die Krieger. Die Markomannen wurden 167 n. Chr. von Aquileja zurückgetrieben und ohne Unterlaß bis über die Donau gejagt. Der Weg dahin war freilich mit Römerblut und harter Bedrückung der Provinzbewohner bezeichnet, wozu noch eine verheerende Seuche kam, welche die Truppen aus Asien ins Land geschleppt hatten. Als der Kaiser nach hartem Kampfe den Frieden erzwungen hatte, kehrte er nach Rom zurück, 169 n. Chr.

Aber der Friede dauerte nicht länger als die Jahreszeit, die den Krieg erschwert. Im folgenden Jahre, 170 n. Chr., brach an der ganzen Donaulinie der Sturm mit verstärkter Gewalt los. Raub und Verwüstung begleiteten die Eindringlinge; und wo nichts zu rauben war, schleppten sie die Bewohner fort. Vom Rhein her drang eine Schaar sogar bis nach Italien und wurde nur mit großer Anstrengung aufgehalten.

In Rom war wieder ein Augenblick gekommen, wo das Heil des Staates wie zu Marius' und Cäsar's Zeit auf einem einzigen Kopfe stand. Die Besatzungen in der Provinz, von Barbaren bedrängt und von der Verbindung mit Italien abgeschnitten; das Heer durch vertheilte Stellungen, durch Verluste im Kampf und durch die Pest geschwächt; der Staatsschatz leer. Wieder war es der Kaiser, der die allgemeine Muthlosigkeit durch seinen edlen Opfermuth bezwang. Was er an reichen Gewändern, Kostbarkeiten und Kunstschätzen besaß, ließ er zum Besten des Vaterlandes öffentlich versteigern, und ordnete die allgemeine Bewaffnung an. An der Spitze seiner Legionen drängte er die Feinde, hier wieder Markomannen und Quaden, von Aquileja an die Donau zurück und über den Strom hinüber, der jetzt ausgiebig geschützt wurde. Marc Aurel blieb selbst an der Reichsgrenze und schlug in Carnuntum seinen Waffenplatz auf, wo er durch vier Jahre seine Zeit zwischen Kriegslärm und philosophischen Betrachtungen theilte. Ein „Buch über sich selbst" ist uns als eine Frucht seines damaligen Lagerlebens aufbewahrt.

Von Carnuntum wurde der Feind unausgesetzt im Auge behalten und jeder Versuch eines Einbruches abgewehrt. Marc Aurel scheute keine Last des Krieges. Als während des Winters eine Schaar Markomannen und Jazygen einen Ueberfall versuchten, griff sie der Kaiser auf der gefrornen Donau an und schlug sie in die Flucht. Von Zeit zu Zeit unternahm er Streifzüge ins Quadenland und führte dort Castelle auf, die mit Truppen besetzt wurden. Bei einem solchen Zuge wurde der Kaiser mit seinem Heere, wie uns heidnische und christliche Schriftsteller erzählen, wunderbar vom Untergange gerettet. Er stand nämlich während des heißen Sommers (174 n. Chr.), vom Feinde umschlossen, in einer wasserlosen Gegend und wagte nicht sich durchzuschlagen; denn die Hitze und der Durst hatten die Kraft der Leute gelähmt und sie waren nahe dem Verschmachten. Da brach plötzlich und unversehens ein heftiges Gewitter über ihnen los und reichlicher Regen erfrischte die zum Tode Erschöpften. Gestärkt griffen sie zu den Waffen und brachen sich nicht nur Bahn durch den Feind, sondern schlugen ihn auch. Es ist begreiflich, daß man dieses Ereigniß als Wunder betrachtete. Römische Berichte schrieben es dem Einflusse eines ägyptischen Zauberers, der im Heere war, einige dem Gebete des Kaisers, christliche Berichte aber dem Gebete der zwölften Legion zu, die aus Christen bestand und schon von früher her den Beinamen Blitzlegion (legio fulminatrix) hatte. Auf der Denksäule, die dem Kaiser

Marc Aurel wegen des Markomannenkrieges errichtet wurde, erkennt man noch die Abbildung des regnenden Gottes; und auf der Haide zu Lanzendorf bei Wien hat sich das Andenken des Wunders der „blitzenden Legion" durch ein altes Gemälde erhalten, das auf der Außenwand einer Capelle angebracht ist.

Im Jahre 175 kam eine Verständigung mit den Grenzvölkern zu Stande, die auf dauernde Ruhe hoffen ließ. Zahlreiche Schaaren, insbesondere Markomannen, wurden in das Reich aufgenommen und in verschiedenen Gegenden angesiedelt. Die Quaden wie die Markomannen mußten sich eine Besatzung von 20.000 Mann gefallen lassen, die sie zu verpflegen hatten. Eine Meile vom Ufer ins Land hinein durfte keine Ortschaft bestehen und der Verkehr mit den Bewohnern in Noricum und Pannonien wurde an bestimmte Orte und Tage gebunden. Diese harten Bedingungen lassen auf die erfolgte Bezwingung der Grenzvölker, aber auch auf die Gräuel schließen, von denen das römische Gebiet durch sie bedroht war. Marc Aurel feierte nach vierjähriger Abwesenheit in Rom den üblichen Triumph über die Besiegten.

Allein dem Leben des Kaisers war nicht die Ruhe beschieden, die seinem forschenden Geiste so wohl gethan hätte. Zwei Jahre nach dem Frieden (177) brachen die Markomannen und Quaden mit den östlichen Nachbarn wieder los und wütheten in der Provinz trotz der stark besetzten Donaufestungen in gewohnter Weise. Der Kaiser zog zum drittenmale gegen sie, kämpfte glücklich wie früher, erlebte aber das Ende des Krieges nicht. Er starb im Lager zu Vindobona am 17. März 180.

So knüpft sich das Andenken dieses als Mensch und Herrscher gleich ausgezeichneten Römers an die jetzige Hauptstadt von Oesterreich und ihre Umgebung, wo er die schwerste Zeit seines vielbewegten Lebens zubrachte und dasselbe beschloß. Seines geisti-

gen Strebens, wie es bei Männern auf dem Throne selten ist,
wurde oben erwähnt. In den „Selbstbekenntnissen" aus seiner
Feder spiegelt sich eine edle Gesinnung, die hoch über den flachen
Bestrebungen jener Zeit steht, aber freilich nicht vom Standpuncte
des Christenthums beurtheilt werden darf. Da Marc Aurel
das Christenthum nur oberflächlich und nach den Erscheinungen
kannte, die dem Kaiser durch Vermittlung der ihn umgebenden
Feinde der Gotteslehre zukamen, so darf uns seine Mißachtung nicht
wundern. In dem religiösen Theile seines Buches offenbart sich
das Ringen des Geistes nach Wahrheit; aber der Geist liegt noch
in den Fesseln des Heidenthums. Er nimmt bald einen Gott,
bald Götter an, läßt eine Vorsehung und wieder keine gelten.
Ebenso schwankend denkt er über das Leben nach dem Tode.
Wenn auch manche Ansicht sich dem Christenthume nähert, so
urtheilt er doch im Ganzen verächtlich über dasselbe und nennt es
eine Schwärmerei, die zum Selbstmord treibe. Man muß dabei,
wie gesagt, in Betracht ziehen, daß Marc Aurel das Christenthum nur aus den Berichten kannte, die er sich erstatten ließ,
und worin sich die von Vorurtheilen befangenen römischen
Beamten die gröbsten Entstellungen zu Schulden kommen ließen.
Den höheren Antrieb, der die Blutzeugen Christi bei den über
sie verhängten Verfolgungen freudig in den Tod gehen ließ,
konnte er nicht fassen.

Marc Aurel's Sohn und Nachfolger Commodus sollte
den markomannischen Krieg zu Ende führen. Commodus, unter den
Liebkosungen seines gegen ihn allzuschwachen Vaters und unter
den schmeichelnden Huldigungen einer kriechenden Umgebung auf-
gewachsen, war ein junger Mensch von neunzehn Jahren, der
mehr Lust zeigte, sich an den Freuden des Herrscherlebens zu
sättigen, als sich dessen Mühen und Sorgen aufzulasten. Darin
bestärkten ihn die Höflinge. „Wie lange noch", sagten sie, „willst

Du gefrornes und gegrabenes Wasser trinken, während Andere warme Quellen und kühlende Flüsse, liebliche Düfte und eine Luft genießen, wie sie nur das schöne Italien in Fülle hat?" Commodus schloß mit den Markomannen und deren Verbündeten einen für Rom wenig ehrenhaften Frieden, den er sogar, wie einige Geschichtschreiber erzählen, mit Geschenken an die feindlichen Barbaren erkaufte, und zog nach Rom, wo er binnen kurzem in die Fußstapfen, nicht seines eben so edlen als weisen Vaters, sondern in die eines Claudius, eines Caligula und Nero trat.

IV.

Einrichtungen und Bildungszustände unter der Römerherrschaft.

20.

Allgemeine Eintheilung und Regierung des Landes.

Nachdem die Donau zur Reichsgrenze bestimmt war, begann die Administration der eroberten Provinzen, um sie allmälig von ihren nationalen Anschauungen weg in die römische Weise des Denkens und Lebens hinein zu ziehen. Darin waren die Römer Meister.

In kurzer Zeit durchschnitten sichere Heerstraßen nach allen Richtungen das Gebiet, mit Militärstationen und Castellen an geeigneten Puncten. Man zog Massen von Colonisten aus dem Innern Italiens in die neuen Provinzen, und brachte sie mit den Eingebornen in die nächste Beziehung. Auf dem Markte, vor Gericht, im Verkehr mit den Soldaten der Garnison machte sich die römische Sprache geltend, die der Eingeborne, wenn ihm sein Vortheil lieb war, nicht unbeachtet lassen konnte. Alte Sitte und Brauch verblaßten unter den täglich sich vordrängenden römischen Gewohnheiten, und die heimische Religion, mit ihr vielleicht

9

manche schöne Seite des Gemüths und mancher preiswürdige
Grundsaß fürs Leben, ging ohne Gewinn eines Bessern verloren. Es darf uns nicht wundern, wenn unter solchen Verhältnissen die geistige Unterjochung der Provinzbewohner einen ziemlich raschen Verlauf nahm, und wenn am Schlusse unseres Zeit-
raumes, der zugleich das Ende der römischen Herrschaft bezeichnet,
also nach vierhundert Jahren, die Bewohner dieser Länder kaum
noch schwache Spuren ihres alten Culturzustandes zeigten.

Alles Land zwischen Italien und der Donau, vom Bodensee bis zum schwarzen Meere hatten die Römer mit dem Namen
Illyrien bezeichnet. Dieses große Gebiet ward aber unter römischer Herrschaft in mehrere Provinzen abgetheilt, die von Westen
nach Osten als Rhätien, Noricum und Pannonien aufeinander folgten. Das am rechten Ufer der untern Donau gelegene Mösien (jetzt Bulgarien) berührt uns hier weniger, da es
außer dem Bereiche der österreichischen Länder liegt.

Rhätien grenzte im Westen an den Rhein von seiner
Quelle bis zum Bodensee, im Norden an den Inn, der es von
Vindelicien schied; im Osten wurde es durch eine Linie, die
man sich etwa vom heutigen Kufstein (im Innthale Thyrols)
südwärts denken muß, von Noricum geschieden; im Süden reichte
es bis nahe an das oberitalische Tiefland. Rhätien umfaßte
demnach das heutige Graubündtnerland der Schweiz, Vorarl-
berg mit dem größten Theile von Tyrol (ausgenommen das
Pusterthal) und einen schmalen Streif des lombardisch-venetia-
nischen Königreiches. Zumeist Hochgebirgsland, war es von
kampfmuthigen Völkerschaften bewohnt, die in ihren heimischen
Thälern sich der Abhängigkeit von den Römern, wie wir
wissen, lange verzweifelt gewehrt haben. Der Volksstamm, zu
dem sie gehörten, läßt sich aus den spärlichen Nachrichten
nicht ermitteln; einige von ihnen waren, wie schon bemerkt,

tuskischer Herkunft: Merkwürdig sind unter andern die
Breuner oder Breonen, die in der letzten Zeit des römischen Reiches eine Art Grenzmiliz zur Bewachung der Alpenpässe bildeten. Sie erhielten sich als Nation fast bis ins neunte
Jahrhundert und gaben dem Brenner, Bern, der Bernina
und andern Hochgipfeln, Jochen und Ortschaften den Namen.
Brigantia (das heutige Bregenz am Bodensee), Veldidena
(heute Wilten an der Sihl bei Innsbruck), Tridentum (Trient
an der Etsch) sind Orte aus der Römerzeit; die ihren Ursprung
noch weiter hinaufleiten. Brigantia und Veldidena lagen
schon in Vindelicien. An der Stelle des heutigen Schlosses
Thyrol bei Meran stand zu jener Zeit ein Castell Teriolis.

Noricum erstreckte sich vom Inn bis zum Kahlengebirge,
und von der Donau bis zum Quellgebiete des Tagliamento und
der Save. Auch dieses Land war von mehreren Völkerschaften,
aber keltischen Stammes bewohnt, die zeitweise unter der
Herrschaft von Kriegshäuptlingen — die Römer nannten sie
Könige — vereinigt erscheinen. Die Namen der Hauptstämme,
Taurisker und Karner, bezeichnen im Keltischen Bergbewohner. Später nannte man alle gemeinsam Noriker.
Während der Römerherrschaft wurde die Provinz aus strate-
gischen Gründen in zwei Theile getheilt; den Streifen längs
der Donau bis an den Kamm der nördlichen Kalkalpen nannte
man Ufer-Noricum (Noricum ripense) und schlug ihn wegen
seiner Wichtigkeit für die Vertheidigung der Reichsgrenze zum
Militärcommando von Ober-Pannonien; der südliche Theil bildete unter dem Namen binnenländisches Noricum (Noricum mediterraneum) eine besondere Provinz. Noricum umfaßte
demnach das Pusterthal von Tyrol, ganz Salzburg, Oberösterreich bis an die Donau, Niederösterreich am rechten Donauufer bis
an den Kahlenberg (Mons Cetius), Kärnten, Steiermark und

9*

einen kleinen Theil von Krain. Laureacum (Lorch, am Einfluß der Enns in die Donau), Ovilia oder Ovilabis (Wels an der Traun), Juvavum (Salzburg), Lentia (Linz) waren im Ufer-Noricum; Noreia (bei Neumarkt in Steiermark), Virunum (am Zollfelde in Kärnten), Teurnia (am Lurnfelde in Kärnten), Celeia (Cilli in Steiermark) im binnenländischen Noricum merkwürdige Orte.

Pannonien, am rechten Donauufer, reichte vom Kahlengebirge bis zum Einfluß der Save, die beiläufig auch die Südgrenze bildete. Die Westgrenze gegen Noricum wird in den römischen Angaben durch das Cetische Gebirge bezeichnet, unter welchem das Kahlengebirge bei Wien, aber dieses nicht allein, zu verstehen ist. Sie bildete eine ziemlich gerade Linie, die in südlicher Richtung bis nach Cilli reichte und von dort westlich an der Bergscheide zwischen der Drau und Save fortlief. Die Pannonier gehörten zum illyrischen Volksstamme, der wegen seiner Wildheit bekannt war und gegenwärtig noch in den Albanesen (an der Ostküste des jonischen Meeres) fortlebt. Unter Kaiser Trajan (98—117) wurde das Land in das obere (nordwestliche) und untere (südöstliche) Pannonien getheilt. In Oberpannonien waren Vindobona (das heutige Wien), Carnuntum (zwischen Petronell und Hainburg), Scarabantia (Oedenburg), Sabaria (Steinamanger), Pätovio in (Pettau Steiermark), Siscia (Sissek am Einfluß der Kulpa in die Save), Aemona (Laibach), Nauportus (Ober-Laibach); in Unterpannonien Bregetio (Szöny bei Komorn), Aquincum (Alt-Ofen), Mursa (Essek in Slavonien), Taurunum (Semlin), endlich Sirmium (bei Mitrowitz an der Save) die merkwürdigsten Orte.

All diese Länder, die das „große Illyrien" bildeten, hatte Augustus gleich nach ihrer Besitznahme dem Senate zur

Verwaltung übergeben; nahm aber, als nachher gefährliche Aufstände zu unterdrücken waren, die Verfügung zurück und leitete
die Verwaltung selbst. Von da ab finden wir zeitweise einen
illyrischen Oberfeldherrn aufgestellt, dem die rhätischen, norischen und pannonischen Grenz-Commandanten untergeordnet
waren. Uebrigens stand jede dieser Provinzen unter einem
kaiserlichen Statthalter mit größerer oder geringerer Vollmacht
und verschiedenen Titeln, der die Militär- und zumeist auch
die Civilangelegenheiten besorgte. Er war unmittelbar vom
Kaiser abhängig, wurde von diesem nach Willkür ein- und abgesetzt und aus guten Gründen nie lange auf demselben Posten
gelassen. Der Sitz des Statthalters von Unter-Pannonien war zu
Sirmium; jener von Oberpannonien residirte entweder in Sabaria oder in Carnuntum; die Hauptstadt des binnenländischen
Noricums war Celeia, jene von Ufer-Noricum wahrscheinlich
Laureacum.

Unter Diocletian wurde zwischen dem obern und untern
Pannonien eine neue Provinz Valeria gebildet, deren Hauptstadt Aquincum war; zu Anfang des fünften Jahrhunderts kam
die Provinz Savia dazu, zwischen der Save und Drau.

Seit Diocletian und Constantin gab es in allen diesen
Provinzen nur Civilgouverneure, während das Kriegswesen
wieder in die Hand des illyrischen Obergenerals und seiner
Unterfeldherren gelegt wurde.

21.

Militärische Einrichtungen — Heerstraßen und Brücken — Flottenstationen — Befestigte Lager und Castelle.

Als Augustus den Grundsatz festgestellt hatte, daß Rhein und Donau die Grenze des Reiches sein sollen, ging man daran, diese Stromlinien nach römischer Weise zu befestigen, durch wohlgerüstete Flotten zu schützen und durch ein Netz von Heerstraßen sowohl unter sich als mit den Waffenplätzen der andern Provinzen und mit Italien zu verbinden.

Die militärische Wichtigkeit des Straßenbaues brachte es mit sich, daß derselbe von den Kaisern besonders gefördert wurde. Nach Augustus haben sich darum Vespasian (69—79), Trajan (98—117), Hadrian (117 — 138), Marcus Aurelius (161—180), insbesondere Septimius Severus (193 — 211) und Caracalla (211—217) verdient gemacht. Manche ernannten sich selbst zu „Oberleitern des Straßenwesens" oder bestellten dafür Männer von höchstem Range. Der Bau geschah auf Staatskosten; Arbeiter waren die Soldaten der Besatzung, die Einwohner der Provinz und die zu öffentlicher Arbeit verurtheilten Verbrecher. Man führte die Straße so viel als möglich in gerader Linie und ließ sich durch Bodenschwierigkeiten nicht beirren; Berge wurden durchstochen, Abgründe ausgefüllt oder mit einer kühnen Bogenspannung überbrückt. Als Unterbau diente eine zwei- bis dreifache Lage von Quadern oder festgefügtem Gestein; der Oberbau bestand aus aufgeschütteten Steintrümmern und Sand. Der Lauf der Straße war breit, die Oberfläche glatt und gegen die Ansammlung von Schnee und Regenwasser durch künstlich angelegte Gräben geschützt. In der Entfernung von je 1000 Doppelschritten zeigte ein Meilenstein den zurückgelegten Weg und an Puncten, die von Militärstationen entfernt waren, namentlich an Gebirgsübergängen, standen Herbergen von Stein gebaut für durchziehende Truppen und Reisende. Diese Kunstwerke im Straßenbau haben Jahrhunderte überdauert. Noch lange im Mittelalter pries man die „Hochstraßen", durch welchen Namen man die Römerstraßen von den Saumwegen jener Zeit unterschied; und heute noch lassen die Ueberbleibsel, die sich in unsern Ländern finden, auf eine Kunstfertigkeit im Straßenbau schließen, die seit der Römerzeit kaum wieder erreicht wurde.

Der wichtigsten Straßenzüge, so weit sie unsere Länder betreffen, wollen wir gedenken.

An der Mündung des Inn in die Donau, an ihrem rechten Ufer stand eine sehr alte Stadt der Boier, Boiodurum oder Boitro genannt. Ihr gegenüber am linken Donauufer legten die Römer ein festes Lager an, das von den batavischen Truppen, die darin lagen, den Namen Batavis, Patavium erhielt, der auch auf die alte Stadt am rechten Ufer (das heutige Passau) überging. Von dort aus führte in Verbindung mit Vindelicien eine Reichsstraße donauabwärts, über Joviacum (bei dem heutigen Dorfe Schlögen) und Ovilabis (Wels), wo sie sich nach Süden abzweigte, nach Laureacum (Lorch), einer schönen volkreichen Stadt; dann weiter nach der Colonie Arelate oder Arlape, nahe der Erlafmündung, wo später die „Herilungoburg" und noch später die Burg Bechelaren stand, im Nibelungenlied als Sitz des Markgrafen Rüdiger bezeichnet.] Der nächst wichtige Ort war Trigisanum oder Citium, im Nibelungenliede Zeifinmure, später und bis auf den heutigen Tag

Traismauer genannt. Dem Ufer der Donau folgend führte die Straße weiter über Vindomana oder Vindobona (Wien) nach Carnuntum (zwischen Petronell und Hainburg), einem der größten Waffenplätze jener Zeit. Hier zweigte wieder eine Straße nach Süden ab, während die am Ufer über Arrabo (Raab) nach Aquincum (Alt-Ofen) und von dort über Mursa (Esseg) nach Sirmium (Mitrowiß) führte. Sirmium war aber durch eine Straße über Siscia (Sissek) und Aemona (Laibach) mit Aquileja am adriatischen Meere verbunden, von wo aus sie längs der Westküste dieses Meeres in das Innere von Italien und längs der Ostküste durch Dalmatien führte.

Ein anderer Straßenzug ging von Passau den Inn aufwärts nach Veldidena (Wilten in Tyrol) und überstieg von dort in zwei Aesten die Alpen, gegen Süden über den Brenner durch das Eisak- und Etschthal nach Verona, gegen Südosten durch das Pusterthal über Aguntum (Innichen) und die karnischen Alpen nach Aquileja ziehend. Dort trafen auch jene beiden Straßenzüge zusammen, deren einer, wie oben bemerkt wurde, von Ovilabis, der andere von Carnuntum nach Süden abzweigte. Der erste führte über die Rottenmanner Tauern zunächst nach Noreia (bei Neumarkt in Steiermark) und von dort über Virunum (am Zollfelde in Kärnten), der andere über Scarabantia (Oedenburg), Sabaria (Steinamanger), Petovio (Pettau), Celeia (Cilli) und Aemona (Laibach) nach Aquileja.

Während die Straßen den schnellen Verkehr, die Herbeischaffung von Truppen, Proviant und Kriegsmaterial förderten, so daß die Befestigung der Reichsgrenze in kurzer Zeit bewerkstelligt und die Besaßung nach Bedarf verstärkt werden konnte, hatten die Flotten den Zweck, den Strom zu bewachen und feind-

liche Ueberfälle vom jenseitigen Ufer abzuwehren. Die Schiffe
waren Schnellruderer liburnischer Art und wahrscheinlich
auch von Matrosen aus dem dalmatischen Küstenstrich bedient.
An der Donau gab es im Ufernoricum drei, in Pannonien vier
Flottenstationen, gewöhnlich an der Mündung eines Nebenflusses
in die Donau (der Enns, der Erlaf, der Tuln u. s. w.).

Brücken über den Strom wurden nur zu augenblicklichem
Bedarf gebaut; es waren Schiffbrücken, die, wenn es nöthig war,
wieder abgebrochen wurden. Nur e i n e steinerne Brücke und zwar
von kunstvoller Art ist zu nennen, die Kaiser T r a j a n nach seinem
ersten Feldzuge gegen die Daker erbauen ließ. Sie stand südlich
von Alt-Orsova zwischen dem heutigen walachischen Dorfe Turn
Severin bei Černec und dem serbischen Fetislan, wo die Donau
3576 Wiener Fuß breit ist, einen reißenden Lauf und einen
lehmigen Grund hat. Trotz dieser Schwierigkeiten wurde der Bau
in wenig mehr als einem Jahre zu Ende geführt. Apollodor
aus Damaskus war der Baumeister. Die Brücke hatte 20 Pfeiler aus Quadern in Zwischenräumen von 170 Fuß, ohne die
Fundamente 150 Fuß hoch und 60 breit, über welche die Bogen
gespannt waren; an beiden Ufern Castelle zu ihrem Schutz.
Dieses Kunstwerk stand aber nur zwanzig Jahre. Es wurde
vom Nachfolger jenes Kaisers, der sie bauen ließ, zerstört, wie
man erzählt, aus Neid gegen den Baumeister Apollodor, da
Kaiser Hadrian sich selbst für einen großen Baukünstler hielt
und die Brücke seine andern Bauten in Schatten stellte. Man
trug die Bogen ab und ließ nur die Pfeiler stehen. Dio
Cassius, der noch die zwanzig Brückenpfeiler aus gehauenen
Steinen vollständig sah, erklärt voll Staunen und Bewunderung diese großartigen Ueberbleibsel für ein dauerndes Denkmal, daß dem Geiste und der Erfindung des Menschen nichts
unmöglich sei. Heute bezeichnen wenige Trümmer den Standort

der Brücke; und im Jahre 1859, als der Wasserstand der Donau sehr niedrig war, wurden in geringer Tiefe unter dem Wasserspiegel die Pfeiler sichtbar.

Die wichtigste Einrichtung der Römer, um die Provinzen im Gehorsam zu halten, waren die festen Lager und die Castelle. Bei Errichtung derselben zeigten sie einen Scharfsinn und eine Kunstfertigkeit, wie sie nur einer so kriegsgeübten und hochgebildeten Nation eigen sein kann. Schnell ersah man eine bequeme Höhe, welche die Umgebung beherrscht, und gestaltete sie durch einen geeigneten Bau zu einer festen Burg. An die Mehrzahl dieser Castelle haben sich später Städte angebaut. Längs der Donau waren die Befestigungen doppelter Art. Die einen dienten zur Sicherung des Stromufers und standen unmittelbar an diesem; die andern wurden weiter rückwärts im aufsteigenden Berglande angelegt, bildeten den Rückhalt der ersteren und zugleich Ausgangspuncte für die Besiedelung des Landes. Von jenen zu diesen und weiter ins Land wurden Straßen geführt.

Wo die breitere Thalsole eine Ausdehnung gestattete, baute man ein befestigtes Lager, unter dessen Schutz gewöhnlich eine Schiffbrücke nach dem jenseitigen Ufer führte. In seiner Nähe an hohen Puncten oder an Stellen, wo sich Straßen kreuzten, waren starke Thürme angebracht. In älterer Zeit hatte ein solches Lager die Form eines regelmäßigen Viereckes; später verhielt sich die Länge zur Breite wie 3 zu 2. Bei dem Lager von Carnuntum, dessen Ueberbleibsel noch auf die Form schließen lassen, betrug die Länge 200, die Breite 160 Klafter und die Fläche des Vierecks war ungefähr 15 Fuß über dem Boden erhöht. Es war von einer Mauer und außerhalb dieser von einem breiten gepflasterten Graben eingefaßt, im Innern von rechtwinkeligen Straßen durchkreuzt. In jeder Ecke erhob sich

ein Wachthurm, den man, so wie die einander gegenüber liegenden Thore, zur Vertheidigung einrichtete. Der innere Raum
war theilweise erhöht; auf der höhern Stelle stand das Quartier
des Feldherrn, seines Stabes und der Kerntruppen; im niedern
Raume die Kasernen für die verschiedenen Waffengattungen;
dazwischen Raum zur Waffenübung. Welcher Aufwand beim
Bau eines solchen Lagers gemacht wurde, ersieht man aus den
Resten des vorgenannten Lagers von Carnuntum. Dort fanden
sich Säulencapitäle von bedeutender Größe aus Sandstein mit
zierlichen Akanthusblättern und an den Ecken mit Schnecken ver-
sehen, große Platten von weißem Marmor, Stücke von schön
profilirten Kranzgesimsen, Säulensockel von Marmor u. dgl.

Die Ziegel, die bei solchen, wie überhaupt bei Römerbauten
verwendet wurden, zeichnen sich durch besondere Festigkeit aus.
Sie tragen meist den Stempel der Legion, die beim Bau
beschäftigt war, und sind somit wichtige Belege für die Vertheilung der Truppen an den verschiedenen Stationsplätzen.

Der Begriff einer römischen L e g i o n entspricht beiläufig dem,
was wir heute mit dem Ausdruck „Regiment" bezeichnen. Ihr
normaler Stand betrug 6000 Mann zu Fuß und 700 Reiter.
Dazu kam bei Kriegsbereitschaft eine gleiche Zahl Bundesgenossen
oder Hilfstruppen. An der Spitze stand ein Präfect mit Legaten
(Oberst und Stabsofficiere), ihnen zunächst die Tribunen (Haupt-
leute, Rittmeister). Die Reiterei zerfiel in Flügel und Schaaren
(Divisionen und Schwadronen); das Fußvolk in Cohorten, Ma-
nipel und Centurien (Bataillone, Compagnien, Züge). Die Legionen hatten — wie bei uns die Regimenter — fortlaufende
Numern, führten aber noch besondere Beinamen nach Göttern,
Kaisern, Ländern, Orten, merkwürdigen Vorfällen.

Da der Grenzdienst an der Donau wegen des rauhen Klimas
und der fortwährenden Kämpfe mit den Barbaren beschwerlich

war, so galt er für eine Schule der Abhärtung und Zucht; verweichlichte Legionen, sogar aus Asien und Afrika, wurden hin verlegt, um kriegstüchtig zu werden. Natürlich mußte die junge Mannschaft in den eroberten Provinzen Kriegsdienst leisten. Anfänglich steckte man sie in entfernte Truppenkörper, damit sie der Heimat entwöhnt werden. Später, wenn sie sattsam gedrillt und an den Dienst gewöhnt waren, gab man ihnen auch wohl Station im Heimatlande. Die Aushebung geschah jährlich von Stadt zu Stadt, von Gemeinde zu Gemeinde, von Haus zu Haus, und traf insbesondere die bäuerliche Bevölkerung. Doch wurden nur freie Leute ausgehoben; zu den Sclaven griff man in der Provinz nie, in Rom nur in der äußersten Noth. Schon in den ersten Jahren nach Christus werden Legionen genannt, die aus Pannonern, Norikern, Rhätern gebildet waren, und wir finden besondere Truppengattungen, die in Städten unserer Länder, z. B. in Comagenis (bei Tuln), Laureacum u. s. w. ihre Werbeplätze hatten.

Mit den Geschicken unserer Länder sind namentlich die X. und XIV. Legion, die in Vindobona, Carnuntum, Arrabo und Sabaria ihre Standorte hatten, dann die beiden hilfreichen Legionen (I. et II. adjutrix) von Wichtigkeit, deren erste in Bregetio (Szőny bei Komorn), die andere in Aquincum stand. Die XIV. Legion hatte sich im Kampfe gegen die Briten den Beinamen der Siegreichen (victrix) erworben.

Kelten und Illyrer gewöhnten sich bald an die strenge Kriegszucht. Die erstern galten als Mustersoldaten, nicht nur ihrer Verläßlichkeit, sondern auch des gefälligen Benehmens wegen. Den Pannonern blieb noch lange die Wildheit eigen, die ein altes Merkmal des Volkes war; und der pannonische Soldat wird noch in später Zeit als ungeberdig und verwegen bezeichnet. Die zweite Legion der Noriker, von Marcus

Aurelius errichtet, hieß „die getreue" und hatte das Wahrzeichen Roms, die säugende Wölfin, in ihrem Wappen; eine Cohorte führte den Namen „die unbesiegte Cohorte der Tauriser". Die Söhne des Alpenlandes wurden häufig unter die Prätorianer (kaiserliche Garde) gereiht, und von den Illyrern brachten es einige durch Muth und Thatkraft sogar dahin, daß sie Kaiser wurden, so Decius, Claudius II., Probus, Aurelian, Diocletian, Maximian, Valentinian und Valens u. a.

22.

Civilverwaltung — Steuern und Abgaben — Colonien und Municipien.

Unter Augustus war die Civilverwaltung der Provinzen wie die militärische unmittelbar in der Hand des Kaisers. Unter seinen Nachfolgern bis auf Constantin (323—377) vereinigte der kaiserliche Statthalter beide Verwaltungszweige in seiner Person. Constantin aber trennte sie. Er theilte das Reich in vier Theile (Präfecturen), an deren Spitze ein Präfect als Civilgouverneur stand. Dieser hatte im schriftlichen Verkehr die Titel: Hoheit, Excellenz, Eminenz, Magnificenz. Er war oberster Leiter des Beamtenkörpers der Provinz, höchste Instanz der Berufung, Oberaufseher der Posten, Straßen, Bergwerke, der öffentlichen Gebäude und Anstalten. Ihm lag die Sorge für die Verpflegung der Truppen und Aushebung der Mannschaft ob, eben so die Umlage der Steuern und Abgaben. Unter dem Präfecten standen die Vicepräfecten oder Vicare, deren jeder eine Abthei-

lung (Diöcese) seiner Präfectur zu verwalten hatte. Die illyrische Diöcese bestand aus Illyrien, den beiden Pannonien mit
Savia, den beiden Noricum und Dalmatien. Jede dieser Provinzen erhielt wieder einen Stellvertreter des Vicars mit ver-
schiedenem Rang und Titel für die Ausübung der Rechtspflege
und die Leitung der Kanzleien.

Neben dem Truppenaushebungs- und Verpflegswesen war
die Steuereinsammlung das wichtigste Geschäft der Behörden.
Es gab in der Provinz nur eine directe Steuer (tributum),
nämlich die Grundsteuer; aber dafür so viele indirecte Steuern
(vectigalia), daß die Steuerlast des Einzelnen sehr drückend
war. Hauptsammelcassen befanden sich zu Sabaria, Siscia und Salona. Bei der Grundsteuer geschah die Bemessung
und Vertheilung nach billigen Grundsätzen und fanden oft Er-
mäßigungen Statt. Aber die übrigen Abgaben und Gebühren, die
sich beinahe auf jede bürgerliche Verrichtung bezogen und in der
Höhe des Betrages nach Willkür wechselten, die Strenge der
Eintreibung und die Geldgier der römischen Beamten, die
neben dem Staatsnutzen den eigenen suchten, endlich noch
die Versorgung der im Lande garnisonirenden Truppen,
die selbstverständlich den Provinzialen oblag, brachten die
Steuerkraft der Provinzen bald herunter. Tausende warfen
Pflug und Hacke weg und flüchteten ins Barbarenland.
Wie erfinderisch die römischen Steuerbeamten waren, zeigt das
Wort des Plinius: „Selbst der Schatten gewisser Bäume
war besteuert".

Außer den Steuern flossen dem Staate noch bedeutende
Einkünfte aus den Marmorbrüchen, Gold-, Silber- und Eisengruben und Salinen unserer Länder zu, die er in Pacht gab.
Die Tuch- und Seidenindustrie wurde in kaiserlichen Fabriken
betrieben, wie natürlich auch die Waffenerzeugung. Nicht einmal

das Färben der Webstoffe war Privaten gestattet, und auf Vergehen gegen das Staatsmonopol stand die Todesstrafe. Dem Kaiser unmittelbar gehörten der Ertrag der Forste und der Jagd, der herrenlosen oder eingezogenen Güter, die Einkünfte des Cultus u. a.

Schon oben wurde bemerkt, daß die Romanisirung der eroberten Provinzen in dem Zuzug römischer Ansiedler und der Gründung römischer Colonien ein wirksames Mittel fand. Mit welcher Entschiedenheit dieses Mittel gebraucht wurde, zeigte sich gleich in den ersten Jahren nach der Eroberung. Wir erfahren z. B., daß 6000 gediente Soldaten (Veteranen) mit Weibern, Kindern und Dienstleuten einen Ort besetzen oder gründen und das umliegende Land zum erblichen Eigenthum erhalten. Das geschah mit besonderer Feierlichkeit. Wie ein Kriegsheer mit Fahnen und Feldzeichen wurde der Zug unter dem Schaugepränge der Provinzbewohner an den Ort der Niederlassung geführt. Dort brachte man Opfer dar, bezeichnete den Umkreis mit der Pflugschar und nahm davon in feierlicher Weise Besitz. Seit Alexander Severus (222 — 235) erhielten auch die dienenden Grenztruppen Land zu freiem Eigenthum, doch durften sie es nicht verkaufen. Endlich bildeten sich auch bürgerliche Colonien in den Grenzländern und wurden durch Gesetze geregelt. Die Glieder der Colonie waren römische Bürger von Haus aus, wenn auch in Abstufungen, und hatten als solche gewisse Rechte.

Im Range nach standen ihnen die Municipien, d. h. städtische Gemeinden, die ihre Verwaltung nach römischem Muster umgeändert und die kaiserliche Anerkennung erlangt hatten. Auch diesen wurde in der Folge von Fall zu Fall, unter Caracalla (211— 217) allen Provinzialen das römische Bürgerrecht verliehen.

Die Kaiser setzten eine Ehre darein, Colonien zu gründen oder Municipien zu Colonien zu erheben. Von den bereits genannten Orten in unseren Ländern waren Sirmium,

Aemona, Siscia, Mursa, Petovio, Aquincum, Sabaria, Carnuntum, Ovilabis, Laureacum römische Colonien, womit aber nicht gesagt ist, daß diese Orte erst durch die Römer gegründet worden seien. Der Municipien gab es natürlich bei weitem mehr und sie bewahrten auch mehr die nationalen Sitten, da sie in der innern Gebahrung weniger beeinflußt waren.

Außer den Geldangelegenheiten, über die ein kaiserlicher Besorger (Curator) gesetzt war, bewegte sich die Stadtgemeinde ziemlich frei. An ihrer Spitze stand ein Stadtrath, meist von hundert Mitgliedern, was einen Begriff von der Größe der Gemeinden gibt. Diese Würde war an ein gewisses Vermögen gebunden und theils erblich, theils durch Wahl erlangt. Aus dem Stadtrath wurde der die Verwaltung leitende Ausschuß, etwa aus zehn Mitgliedern, auf ein bis fünf Jahre gewählt, von denen zwei, die sogenannten Zweimänner (duumviri), den Vorsitz führten. Für die einzelnen Zweige der Verwaltung waren geeignete Männer bestimmt: so für den Rechtsschutz der Bürger und die Aufsicht über die Waisengelder; für die Aufsicht über Eßwaaren und Getränke, um Verfälschungen hintanzuhalten; über Gebäude, Straßen und die öffentliche Sicherheit; über Archive, Schulen und Feuerlösch-Anstalten. Aus den Einkünften der Gemeinde bestritt man die Kosten für öffentliche Gebäude, Bäder und Stadtmauern, für besoldete Philosophen, Sophisten, Redner, Sprachlehrer und Aerzte. Der Stadrath haftete für die Ausführung aller kaiserlichen Befehle und Verordnungen, für die Stellung der geforderten Recruten und für die Verpflegung des Militärs. Eine vornehmere Classe der Bewohner waren die Ritter. Dieser Titel wurde vom Kaiser ertheilt und selbst Kinder erhielten ihn.

Daß manche Stadt in den Provinzen groß und prächtig war, erhellt aus den Nachrichten, die wir über einzelne besißen, und theilweise auch aus den Ueberbleibseln, die uns die Forschung oder der günstige Zufall bietet. Sirmium war die Hauptstadt von Illyrien, Aquileja wird manchmal die zweite Stadt nach Rom genannt. Mit den Römerziegeln aus den Ruinen von Siscia, mit den Quadern und Marmorblöcken von Aquileja wurde noch vor kurzem ein einträglicher Handel getrieben.

Das vorzüglichste Gebäude in der Stadt war das Stadthaus. In größeren Städten, wie z. B. in Sirmium, stand eine Burg, wo der Kaiser abstieg. Um den großen Marktplaß, das Forum, gruppirten sich die Tempel, Paläste und gedeckten Säulengänge. Selten fehlte das Theater, und die Trümmer der Arena zu Verona und Pola zeigen die Großartigkeit dieser Gebäude. Bei den Ausgrabungen werden oft die schönsten Mosaikböden zu Tage gefördert.

Wegen der Rauhheit des Klimas in den Donauländern mußte man auf die Beheizung der Wohnungen bedacht sein, und wir finden auch die deutlichsten Spuren davon. Die Römer heizten mit erwärmter Luft, die in einer Kammer erhißt und durch Röhren in den Fußboden und die Wände der Wohnungen geleitet wurde.

Ein Gegenstand besonderer Sorgfalt waren die Bäder, die in keiner Stadt, in keinem Landhause der Vermöglichen fehlten. Der Römer badete täglich, auch mehrmal des Tages. Kaum war er in einem Orte angesiedelt, so wurde für eine Wasserleitung gesorgt und ein Bad errichtet. Dabei ließ man es an der einfachen Waschung nicht genügen. Durch sinnreiche Vorrichtungen wurde heißer Dunst auf den Körper geleitet und dieser dann durch kaltes Wasser abgekühlt. Ueberhaupt ließen es die Städte in der Provinz an Einrichtungen nicht fehlen, die dem feineren Geschmacke oder vielmehr der Genußsucht der damaligen Zeit entsprachen. Die Colonien, wo größtentheils Römer wohnten, gingen mit dem Beispiele voran, die Municipien folgten nach.

23.

Landwirthschaft — Viehzucht — Bergbau — Gewerbe und Handel.

Die Gründung der Colonien hatte zunächst eine bessere Cultur der eroberten Länder zum Zweck. Es fehlen uns zwar bestimmte Nachrichten, in welcher Ausdehnung die Römer für die Hebung des Ackerbaues und der Viehzucht in den Donauländern besorgt waren; allein daß darin während ihrer Herrschaft viel geschah, ist gewiß. In der ersten Zeit wird Pannonien als ein Land voll Wälder und Sümpfe geschildert und die Verwüstungen, die in der ersten Zeit nach der Eroberung der Aufstand der Bewohner gegen Roms Herrschaft nach sich zog, mögen dem Anbau wenig günstig gewesen sein. Im dritten Jahrhundert nach Christo aber wird schon seine Fruchtbarkeit an Getreide gerühmt. Noricum und noch mehr Rhätien waren als Gebirgsländer an sich weniger für den Feldbau als für die Viehzucht geeignet; auch neigte der keltische Stamm in seiner friedlichen Beschäftigung mehr zum Hirtenleben hin. „Es galt“, sagt Cicero, „als schimpflich für den freien Kelten, das Feld mit eigener Hand zu bearbeiten“. Selbst in der fruchtbaren Po-Ebene trieben die Kelten, so lange sie dort hausten, vorzugsweise Schweinzucht und trieben sich Tag und Nacht mit ihren Heerden in den alten Eichwäldern herum. Wenn die Römer nach Eroberung der Alpenländer auch dort schon große Strecken bebauten Landes vorfanden, so mochten sie vielleicht von den älteren Bewohnern herrühren, die mit den Kelten im Lande blieben. In späterer Zeit wird von Noricum berichtet, daß es mit seinem Getreide, namentlich mit Gerste und Hafer, den eigenen Bedarf zum größten Theile gedeckt habe.

Die römische Verwaltung förderte den Anbau von Amts-wegen und sorgte für einen regelmäßigen Absatz der geernteten Frucht. Oede Strecken wurden zur Beurbarung in Pacht gegeben, von Kaiser Pertinax (193 n. Chr.) sogar an jeden, der sie bearbeiten wollte, verschenkt. Dazu kam, daß die schwere Steuer-last den Landmann zwang, aus seinem Boden so viel als möglich herauszuschlagen, und daß der ungeheure Bedarf für die Ver-pflegung der Truppen dem Absatze des Getreides günstig war.

Ob der Weinbau in den Donauländern vor der Römer-zeit betrieben wurde, ist ungewiß; aber sicher fand er schon in der ersten Zeit der Eroberung Eingang und schnelle Verbreitung. Schon zu Zeiten des Kaisers Augustus wuchs in der innersten Bucht des adriatischen Meeres, am Flusse Timavus, der Puciner Wein (vinum Pucinum), der später der livianische genannt wurde, weil die Kaiserin Livia keinen andern Wein als diesen genoß und sogar sagte, sie verdanke es ihm, daß sie ihre Lebenstage zu einem so hohen Alter brachte. Ja, nach und nach muß der Weinbau in unsern südlicheren Gegenden eine über-mäßige Pflege gefunden haben, welche den Bau der andern Fruchtgattungen beeinträchtigte. Nur daraus ist es zu erklären, daß Kaiser Domitian (81—96) durch ein eigenes Gesetz die Hälfte der Rebenpflanzungen in allen Provinzen auszurotten gebietet. Kaiser Probus am Ende des dritten Jahrhunderts wird gewöhnlich als derjenige genannt, der den Weinbau in den Gegenden der mittleren Donau heimisch gemacht hat. Sicher ist, daß er Domitian's Verbot, in den Provinzen Wein zu bauen, aufhob (281 n. Chr.) und in seinem Heimatlande Pannonien Reben pflanzen ließ. An den sirmischen Hügeln bei Carlowitz mag seit jener Zeit der Weinbau bestehen.

Die Viehzucht war sowohl in Pannonien als in Noricum und Rhätien, wie es auch die Natur des Bodens mit sich bringt, stark betrieben. Von den Römern wurde sie weniger gefördert als vielmehr ausgenutzt. Gleich bei der Eroberung nahmen sie alle Triften in Anspruch und ließen sich Weidegelder zahlen. Später wurden mit Weidegründen Geschäfte gemacht und dieselben, wenn sie nicht für Geld abgingen, verschenkt. Der Alpenkäse war eine beliebte Würze römischer Gastmähler; die kaiserlichen Tuchfabriken verarbeiteten die Wolle norischer und pannonischer Schafe. Auf den Betrieb der Pferdezucht schon in früher Zeit deutet die Nachricht, daß der Tauriskerfürst Bocio dem Cäsar eine Schaar Reiter gestellt habe. Von großer Bedeutung war die Jagd in den ungeheuern Forsten jener Länder und der Fischfang in der Donau und deren Nebenflüssen, in den Berg- und Binnenseen. Pannonien lieferte Jagdhunde, die den britischen und spanischen gleichgeachtet wurden; die Karpfen der Donau waren ein Leckergericht an den Tafeln der Römer.

Aber weit höher im Werthe als Feldbau und Viehzucht, Jagd und Fischfang stand den eisen- und goldbedürftigen Römern der Bergsegen, der aus den eroberten Provinzen zu holen war. Das norische Eisen kennen wir schon als einen kostbaren Gegenstand des Handels mit den Barbaren, lange bevor die Alpenländer unter römischer Herrschaft standen. Seine Vorzüge hoben sich in der Folge, je mehr der bergmännische Betrieb, das Schmelzen und Stählen dieses Metalls verbessert wurden. Der Geograph Plinius (um 79 n. Chr.) meint, „das norische Eisen bringe seine Vortrefflichkeit schon aus dem Schoße der Erde mit", und ein Dichter des fünften Jahrhunderts stellt den norischen Stahl (chalybs Noricus) mit dem besten zusammen, was Rom vom Auslande bezog: mit den Pferden aus Epirus, dem Elfenbein aus Indien, dem Silber aus Sardinien, dem Honig aus Attika, dem Marmor aus Paros und den Schaufechtern (Gladiatoren) aus Thrakien. Der Mittelpunct der Eisenerzeugung des Alpenlandes war Noreia, die uralte Stadt der Tauriśker, und es ist mehr als wahrscheinlich, daß in den Bezirk der von den Römern bebauten Gruben auch der Erzberg bei Eisenerz gehörte, der noch heute im vollen Betrieb steht. Von den Goldgruben in den Tauriśkerbergen wurde schon früher gesprochen. Auch in der Gegend von Aquileja fand sich Gold und Silber. Die Bergwerke von Siebenbürgen zeigen noch heute unverkennbare Spuren des römischen Betriebes.

Großartig war die Ausbeute von Salz in den Alpenländern und der Betrieb der Salzwerke reicht weit in die keltische Zeit, ja vielleicht über dieselbe hinaus. In jenem Theile des Traungebiets, der das heutige Salzkammergut in sich faßt, hieß ein keltischer Volksstamm Halaunen, d. i. Bewohner der Salzgegend, und die Stammsylbe dieses Wortes Hal, die im keltischen Salz bedeutete, findet sich noch heutzutage in vielen Ortsnamen in den Alpen (Hall, Hallein, Hallstatt).

Das ganze Bergwesen war Staatssache und wurde vom Staate verwaltet. Für Illyrien bestand ein eigener „Metallgraf", der im Namen des Kaisers die Aufsicht über die Bergwerke und deren oberste Leitung hatte, die Verpachtung der Gruben besorgte und das Erträgniß in die kaiserliche Casse abführte.

Die Gewerbsthätigkeit scheint weder in Pannonien noch in Noricum gering gewesen zu sein; denn in beiden Ländern gab es viel volkreiche Städte, und diese konnten nur durch die Ausbreitung der Gewerbe zunehmen. Sie hätte sich aber noch mehr

entwickelt, wenn der Staat, anstatt selbst Industrie zu treiben,
für den Aufschwung der Privat-Industrie besorgt gewesen wäre.
Die Verarbeitung der Rohstoffe war bedeutend; aber die großen
Fabriken wurden vom Staate betrieben und durch Privilegien
gegen die Concurrenz geschützt. Der kleine Gewerbsmann konnte
nur in Erzeugnissen, die das nächste Bedürfniß hervorrief oder
die keiner künstlichen Zubereitung bedurften, seinen bürgerlichen
Gewinn suchen. Von den großen Tuchfabriken in Pannonien
und Dalmatien waren die meisten, von den Purpurfärbereien in
Seide und Wolle alle kaiserlich; ebenso die Waffenfabriken zu
Salona, Aquincum, Carnuntum, Laureacum und
die größte von allen zu Sirmium, wo auch die Schilde und
Belagerungsmaschinen gemacht wurden. Von den Eisenarbeitern
werden vornehmlich die Waffenschmiede genannt, die kunstvolle
Rüstungen verfertigten. Alle Eisenarbeiter waren in eine Ge-
nossenschaft vereinigt, die sich nach gewissen Satzungen und Bräu-
chen benahm. Sie hatten ihren Obervorsteher zu Aquileja,
dem Stapelplatz des römischen Eisenhandels, und als Patron
verehrten sie den keltischen Gott Belenus, was für das hohe
Alter dieser Einrichtung spricht.

Ueber den Handel in unsern Ländern in der römischen
Zeit sind die Nachrichten sehr schwankend. Aquileja war, wie
gesagt, der Mittelpunct für den Handel mit norischem Eisen.
Von dort wurde dieses entweder unbearbeitet in die Waffenfabriken von Ober-Italien und Makedonien, oder als Kunst-
erzeugniß, wahrscheinlich durch Vermittlung griechischer Kaufleute
aus den Inselcolonien weiter nach dem Orient verführt. Carnuntum in Pannonien wird als ein Stapelplatz für den Bern-
steinhandel genannt. Da der Bernstein von der Ostsee bezogen
wurde, so läßt sich eine geregelte Straßenverbindung bis dahin
voraussetzen, die wahrscheinlich Carnuntum gegenüber am linken

Donauufer auslief und in ihrem Hauptzuge an der March aufwärts über die Höhe an der Weichselquelle, wie jetzt die Nord-
bahn, in das sarmatische Tiefland führte.

Der freie Handelsverkehr war jedoch, sowie die freie
Gewerbsthätigkeit, vielfachen Hemmnissen unterworfen. Es gab
allerhand lästige Weg- und Mauthgebühren; es gab Zwischen-
zölle, die den Handel der einzelnen Provinzen untereinander
erschwerten; es gab endlich Ausfuhrverbote jenseits der Reichsgrenze. Die Goldausfuhr war unbedingt verwehrt. Auf den
Verkauf von Waffen und Eisengeräthen an die Barbaren waren
die strengsten Strafen gesetzt. Eine Zeit hindurch war selbst die
Ausfuhr von Wein und Oel untersagt.

Innerhalb der Provinzen bestand Tauschhandel; er wurde
durch die schiffbaren Nebenflüsse der Donau und durch die zahlreichen Verbindungswege gefördert, die neben den römischen
Militärstraßen, einige von Alters her, den Verkehr unterhielten
und von den Römern sorgsam gepflegt wurden. Beim Tauschhandel zahlte man Waare mit Waare, sonst aber die Waare mit
Geld. Vor der Römerzeit waren in unsern Ländern keltische
Münzen im Curs und uns ist noch manche aus jener Zeit
erhalten worden. Mit der Eroberung kam römisches Geld in
Gebrauch und wurde nicht nur in der Provinz, sondern auch in
den barbarischen Nachbarländern gern genommen. Als aber die
Kaiser nachher leichteres Geld prägen ließen, wurden die germanischen Nachbarn in der Annahme schwierig und ließen sich nur
gegen „altes Geld" mit bestimmter Prägung in einen Handel
ein. In Aquileja und Siscia werden schon um das Jahr 90
n. Chr. G. kaiserliche Münzstätten genannt.

Auch der Handel ward durch die römische Verwaltung
organisirt. An der Spitze stand ein „Handelsgraf" für die
Provinz, der im Namen des Kaisers den Handelsverkehr beauf-

sichtigte, die Waaren, mit denen nicht gehandelt werden durfte, bestimmte, Ort und Ordnung der Märkte festsetzte, den Waaren-zoll an der Grenze, die Mauthgebühr an Straßen, Brücken und Uebergängen regelte und das Erträgniß dieser Gefälle, die an die Meistbietenden in Pacht gegeben wurden, an das Aerar abführte.

24.

Gesellschaft und geistiges Leben — Religion und Gottesdienst.

Es ist schon oftmals die Bemerkung gemacht worden, wie merkwürdig die römische Weltherrschaft die Völker unter-einander gemischt und Söhne der verschiedensten Stämme, gleich exotischen Gewächsen, in die entlegensten Himmelsstriche verpflanzt habe. Sehen wir Pannoner und Noriker im fernen Morgen-lande gegen die Parther kämpfen, unter der tropischen Sonne von Africa oder in dem nebligen Britannien Kriegsdienste leisten, bildeten die Bewohner der rauhen Alpen einen Bestandtheil der kaiserlichen Leibwache in Rom, stand hier der leichte pannonische Reiter neben dem schweren gallischen, dort norisches Fußvolk neben spanischen Cohorten in einer Schlachtreihe, so treffen wir dagegen in unsern Donauprovinzen Cyprer, Fußvolk aus Bri-tannien und Asturien, aus Gallien und Thrakien, Reiter von den Arvakern in Spanien, gätulische aus Africa, ituräische Reiter und Bogenschützen. Viel von diesem kriegerischen Volke aller Erdzonen und Zungen, aller Gesichtsschnitte und Hautfarben, zeigte sich allerdings nur als vorübergehende Erscheinung in unsern Ländern; manches aber blieb in der Provinz, fand da seine

zweite Heimat und seine letzte, das Grab. Jedenfalls läßt sich
aus diesem Umstande auf ein sehr bewegtes und vielseitiges Leben
in den Standquartieren und auf den Heerstraßen der Donauprovinzen des Römerreiches schließen, und der Sinn der aufge-
weckten Provinzialen bekam dadurch einen Gesichtskreis, der ihre
Aufmerksamkeit weit über das beschränkte Gebiet ihrer Heimat
hinauslenkte. Als Bürger oder Angehöriger von Rom war er
Bürger und Angehöriger des ganzen damals bekannten Erdkreises, und fühlte sich hineingezogen in den gewaltigen Strom der
Ereignisse, der unaufhörlich das unermeßliche Reich von einem
Ende zum andern durchfluthete. „Gewiß“, sagt Tertullian,
„die Welt wird jeden Tag schöner und prächtiger; kein Winkel
ist mehr unzugänglich, alle sind gekannt, besucht, alle sind der
Schauplatz menschlicher Thätigkeit. Suche die Gebiete auf, die
sonst öde waren, frische Saatfelder wogen jetzt dort. Der Wald
weicht dem Felde, das Wild den Heerden. Es gibt jetzt mehr
Städte als früher Häuser. Wer hat noch Angst vor einer
Insel, wem bangt noch vor einer Klippe? Man ist sicher, überall
eine Wohnung, ein Volk und seinen Unterhalt zu finden. Die
Welt beugt sich unter der Wucht der Menschen.“ Und der Philosoph Seneca ruft aus: „Der Mensch kann jetzt die Welt als
die gemeinsame Wohnstätte seines Geschlechtes betrachten. Alles,
was du siehst, ist eins, wir sind Glieder eines großen Körpers.
Ich bin nicht auf einen Winkel beschränkt; die ganze Welt ist
mein Vaterland“.

Von den Vortheilen, welche das große und mächtige
Ganze mit sich brachte, fiel auch unsern Donauprovinzen ihr guter
Antheil zu. Trotz der drückenden Steuerlast, trotz der hemmen-
den Mauthen, Zölle und Ausfuhrverbote, trotz der beeinträch-
tigenden Staatsmonopole standen sie dennoch unter römischer
Herrschaft in Blüthe. In den Strecken, die seit des Voerebistas

verheerenden Kriegen lange Zeit hindurch die Bojerwüste ge-
nannt wurden, erstanden binnen wenigen Jahrzehnten volkreiche
Ansiedlungen voll Wohlstand und Gewerbfleiß. Der Getreide-
handel warf für Pannonien reichlichen Gewinn ab, und ein
Schriftsteller des vierten Jahrhunderts nennt es ein mit Frucht-
arten und Nutzvieh aller Art gesegnetes Land, einen ergötzlichen
Aufenthalt für die Kaiser. Von der Wohlhabenheit, ja von der
Ueppigkeit, die in den bedeutenderen norischen, rhätischen und
namentlich pannonischen Städten herrschte, geben die zahlreichen
Inschriften, Denkmale und Bavreste, die noch jetzt häufig aus
tausendjährigem Schutt an das Tageslicht hervorgezogen werden,
lautes Zeugniß. Da finden sich kostbare Blöcke oder Wände aus
italischem oder africanischem Marmor, kunstreiche Mosaikböden,
geschmackvolle Bildnereien. Wir treffen auf Spuren von kaiserlichen Palästen, von üppigen Bade-Anlagen, von Armen- und
Schauspielhäusern. Wir erfahren von römischen Gladiatoren,
die in der illyrischen Stadt Sirmium Gastrollen gaben. „Eine
Pomadehändlerin“, bemerkt ein neuerer Geschichtschreiber treffend,
„und das Grabmal von ein paar Jagdhunden eröffnen in
Pannonien andere Seiten eines recht gründlich verfeinerten
Lebens“.

Ein so gekünstelter und verfeinerter Lebensgenuß läßt sich
gewiß nicht denken, ohne daß auch die geistige Seite des Menschen höhere Pflege gefunden hätte. Wir müßten daher das
Vorhandensein einer hinreichenden Anzahl niederer und mitt-
lerer, vielleicht selbst einer und der andern höheren Schule in
unseren Provinzen annehmen, wenn sich auch nicht einzelne
unmittelbare Zeugnisse aus Inschriften u. dgl. aufgefunden hätten.
Daß im Gebiete der heutigen Lombardie und Venetiens römische
Sitte und Bildung schon vor Beginn unserer christlichen
Zeitrechnung heimisch wurden und die lateinische Literatur mit

mehreren der kostbarsten ihrer Schätze bereicherten, ist schon früher erwähnt. Unter des Tiberius Regierung lernen wir den Vitruvius Pollio, einen gebornen Veroneser, als Baukünstler und Schriftsteller über Baukunst kennen. In demselben Verona erblickte Plinius der Aeltere, einer der gelehrtesten Männer des Alterthums und vielleicht der fleißigste aller Zeiten, im Jahre 23 n. Chr. das Licht der Welt. Sein Neffe, Plinius der Jüngere, der geistreiche und liebenswürdige Briefsteller, war im Jahre 62 zu Comum geboren, und noch heute zeigt man am lieblichen Gestade des Comersees die Stelle, wo sein berühmtes Landhaus stand, von welchem er uns in seinen Briefen eine so ausführliche und reizende Beschreibung hinterließ.

Die Provinzen des großen Illyrien hatten sich zwar keines hervorragenden Vertreters der classischen Literatur zu rühmen, der auf ihrem Gebiete entsprossen war. Daß aber römische Sprache und Bildung hier nicht weniger verbreitet waren, als in andern Theilen des Weltreiches, ist zum Theil aus schon früher Gesagtem einleuchtend. Wenn der Kaiser Marc Aurel während des großen markomannischen Krieges seine „Betrachtungen über sich selbst“ niederschreibt, das erste Buch „geschrieben im Lager gegen die Quaden am Ufer der Gran“, das zweite „geschrieben zu Carnuntum“; wenn wir unter Kaiser Alexander Severus den Geschichtschreiber Dio Cassius als Statthalter von Oberpannonien, unter Julianus Apostata den Aurelius Victor als Statthalter von Unterpannonien antreffen, so wird der Aufenthalt so weiser und gelehrter Männer gewiß nicht ohne wohlthuende Nachwirkung für Verbreitung von Unterricht und Aufklärung geblieben sein.

Militärwesen und Civilverwaltung, Gerichtspflege und geselliger Verkehr, Handel und Gewerbe, alles wirkte zusammen, daß in den eroberten Ländern die römische Sprache bald das Uebergewicht über die einheimische erhielt. Ein directer Zwang, dieselbe zu lernen, bestand nicht; allein der indirecte, da alle Amtshandlungen und öffentlichen Geschäfte in dieser Sprache abgethan wurden, da man sie vor Gericht und in der Armee gebrauchte, war wirksam genug. In den Colonien bediente man sich ihrer als Muttersprache, da die Bewohner fast ausschließlich Römer waren. In den Municipien pflegte man sie aus Eitelkeit, des guten Tones wegen, um nicht in der Bildung zurück zu stehen; überhaupt aber in richtiger Erkenntniß des Vortheils, der dadurch für den Verkehr und die nähern Beziehungen zum öffentlichen Leben, für das Gemeinwesen und den Lebensberuf erwuchs. In Pannonien scheint das Romanisiren in der Sprache schneller vor sich gegangen zu sein. Schon unter Kaiser Tiberius (14—37 n. Chr.) sollen alle Bewohner, wohl nur der Städte, lateinisch gesprochen haben. Kaiser Aurelian (270—275), ein geborner Pannonier aus Sirmium, mußte lateinisch angesprochen werden, wenn man ihm verständlich sein wollte. In den vom großen Verkehr abseit liegenden Gegenden von Pannonien, eben so in Noricum und noch mehr in Rhätien, erhielt sich die heimische Sprache und Sitte länger. Doch deuten auch hier manche Anzeichen auf ein stetiges Umsichgreifen von lateinischer Sprache und Wesen hin. Den keltischen Namen seines Vaters Jatumar erseßt der Sohn durch den römischen Luentius, und zahlreiche Inschriften finden sich, aus denen ein ähnlicher Entwicklungsgang nachweisbar wird.

Bedurfte es bei der Sprache keines unmittelbaren Zwanges, um sie den Provinzialen geläufig zu machen, so war bei der Religion nicht einmal ein mittelbarer nöthig. Im Glauben und in der Götterverehrung gestatteten die Römer den Unterthanen volle Freiheit und vermieden dadurch manche Gefahr, die das

Regieren erschwert hätte. Die einheimischen Gottheiten blieben und neben ihnen wurden die römischen verehrt. Später, als die Römer mit den Eingebornen in ein innigeres Verhältniß traten, vermischten sich die verschiedenen Arten von Gottesverehrung, so daß römische und keltische Gottheiten von beiden Seiten Anerkennung fanden, und von den Truppen aus allen Theilen der Welt, die zeitweise in der Provinz ihr Standquartier hatten, wurde noch der Götterdienst fremder Erdstriche mit ins Land gebracht. So ergibt sich aus den Denksteinen, die in unsern Ländern gefunden wurden, wie aus den Nachrichten über jene Zeit eine wundersame Mannigfaltigkeit in dem Ausdruck religiöser Anschauung, der wir es abmerken, daß sie vergeblich nach Einheit strebt. Traurige Merkzeichen, wenn sie nicht zugleich die Dämmerung bezeichneten, die der Morgenröthe des Christenthums voranging.

Der keltische Gott Belenus — die Römer nannten ihn „Belenus-Apollo“ und bezeichneten ihn somit als Sonnengott — genoß in den Alpen einer ausgebreiteten Verehrung. Aber nicht minder fanden der phönikische Sonnengott Baal, der syrische Dolichenos und der persische Mithras ihre Altäre. Von dem ersteren kennen wir einen Tempel zu Aguntum (Innichen im Pusterthale), von dem letzteren zwei zu Virunum (im Zollfelde Kärntens) und einen zu Carnuntum (bei Haimburg); und ein Forscher bemerkt, der Dienst des Mithras habe nirgends so lange gedauert wie in Pannonien und Noricum. Neben den Tempeln römischer Gottheiten, z. B. des Neptun zu Aemona (Laibach), des Mars zu Celeia (Cilli), des Hercules im Möllthale von Kärnten, der Waldgötter zu Carnuntum, der Venus zu Cetium (Traismauer — in der Nähe heißt noch jetzt eine Höhe Venusberg) finden wir wieder den Cultus africanischer Götter im Schwunge, z. B. der ägyptischen Isis, die

einen Tempel in Petovio (Pettau) hatte, des ägyptischen Sera-
pis, des Jupiter-Ammon der libyschen Wüste u. a., deren
auf Gelübdesteinen gedacht wird.

Aber diese Vielheit der Gottheiten und des Götterdienstes
war nur ein Beweis der Verwirrung, die das Heidenthum über
die Völker gebracht hatte. Sie waren längst nicht mehr vom
alten Glauben durchdrungen; sie errichteten fremdländischen
Göttern Altäre, weil sie das Vertrauen zu den einheimischen
verloren hatten; sie suchten geistigen Trost und Beistand, und der
lag doch so nahe! Die Lehre des Heils hatte von der ersten
Zeit, da sie dem Abendlande verkündet war, auch in unseren
Ländern einzelne Bekenner gefunden. Schon vom heil. Marcus
wird berichtet, daß er auf seiner zweiten Rückreise aus Rom,
wo er seinen Lehrer und Meister, den heil. Petrus aufgesucht
hatte, über Aquileja gekommen sei und daselbst die erste christliche Gemeinde gegründet habe, deren erster Vorstand im J. 50
n. Chr. der heil. Hermagoras wurde. Der heil. Domi-
nius wird als der erste genannt, der um dieselbe Zeit das
Christenthum in Dalmatien verbreitete und zu Salona eine
christliche Gemeinde stiftete. Auch in Noricum und Pannonien
fand die Heilslehre Eingang und wuchs die Zahl ihrer Bekenner,
trotz der grausamen Verfolgungen, die seit Nero's Zeiten wiederholt über sie hereinbrachen. Wie viele Bekenner die christliche
Religion selbst unter den Soldaten zählte, ist aus jener Bege-
benheit im großen markomannischen Kriege zu entnehmen,
bei welcher die Legion Fulminatrix durch ihr Gebet den Ausschlag gab. Aus der Zeit, unmittelbar vor der letzten großen
Christenverfolgung unter Diocletian, erzählt die Legende von
fünf christlichen Arbeitern, die sich in den Marmorbrüchen bei
Sirmium durch Geschicklichkeit und Willfährigkeit hervorthaten.
Sie verfertigten im Dienste des Kaisers Statuen und Götter-

bilder aller Art, die längst ihre religiöse Bedeutung verloren haben und nur mehr als Gegenstände der Kunst zur Zierde der Wohnungen, Paläste und Tempel dienen. Als ihnen aber befohlen wird, ein Bildniß des Aesculap zu verfertigen, welchem die damaligen Heiden nach Jupiter die höchsten Ehren erwiesen, da weigern sie sich den Auftrag zu vollziehen; es wird verrathen, daß sie Christen seien, und die von den Werkmeistern aufgestachelte Menge erhebt sich wider sie; zuletzt werden sie auf Befehl des Kaisers am 8. November 294 hingerichtet.

25.

Die Provinz Dakien.

Gewissermaßen vereinzelt und außerhalb des Zusammenhanges mit den römischen Donauprovinzen, namentlich seit die herrliche Trajansbrücke wieder abgebrochen worden war, lag das alte Dakerland, die römische Provinz Dakien, die erste und einzige jenseits der Donau. Die Anstalten zu ihrer Einrichtung und Verwaltung waren ein Lieblingsgedanke Trajan's. Er zog Ansiedler aus allen Theilen des Reiches hin; denn der Krieg hatte die Bevölkerung furchtbar gelichtet und ein Theil der Bewohner war mit seinen Heerden ausgewandert. Bald übten römischer Götterdienst, römisches Recht und römische Sprache auf die alten Landesbewohner ihren Einfluß und wandelten sie, vielleicht in kürzerer Zeit als die übrigen Provinzialen, in ein romanisirtes Volk um, wozu die Masse der Ansiedler den Ton angab und die Besatzungen mitwirkten.

Die römische Cultur in der neuen Provinz steigerte den Ertrag des Bodens und die Annehmlichkeit des Lebens. Was von Trümmern aus jener Zeit noch übrig ist an Bade-Anlagen, Mosaikböden, Steinbildern, Theatern, Wasserleitungen, Tempeln, gibt Zeugniß davon. Es hoben sich Gewerbe aller Art und der Bergbau fand reiche Ausbeute an Gold, Silber, Eisen und Salz. Aus den Bergstöcken des Erzgebirges flossen wöchentlich 208 Pfund reinen Goldes in die kaiserliche Kammer.

Gewiß hat dieser schnelle Aufschwung zunächst den Verkehr gefördert, der wie in anderen Provinzen durch wohlangelegte Straßen unterhalten wurde. Noch ist die Richtung der Hauptlinie durch das ganze Land erkennbar, und man sieht den alten festen Bau, stellenweise zwei bis sechs Fuß hoch und wallartig erhoben, hier unterbrochen, dort in geradem Laufe zwischen den Fruchtfeldern sich hinziehen. Von der unteren Donau kam — von Sirmium her, mithin im fortlaufenden Zuge aus Italien — die eine Hauptstraße durch den eisernen Thorpaß in das Hatzegerthal, wo die alte dakische, nun römische Hauptstadt stand, und führte von da an den Strell hinab ins Marosthal, das seiner ganzen Länge nach von einer Straße durchzogen war. Indem diese westlich zur Theiß und weiter durch das Jazygerland zur Donau lief, wo sie bei Aquincum in die pannonische Reichsstraße mündete, war der Verkehr mit dem ganzen Reiche auch von dieser Seite hergestellt. Vom mittleren Maris (Maros), in der Gegend des heutigen Karlsburg, zweigte sich ein Straßenzug ab, der durch das Thal des Cibin hinüber ins Altthal führte, wo die zweite von der untern Donau den Alt hinauf ziehende Straße sich anschloß. Ein anderer Zug ging von jenem Knotenpuncte das Thal der großen Kokel hinauf, ein dritter längs des Ampoi hinüber ins Erzgebirge. Weiter oben führte aus dem Marosthale ein Seitenzug durch das Thal des Goldflusses (Aranjos) in die Thäler der beiden Samosz, um auch dort im Gebirge zu endigen.

Dem Zuge dieser Straßen folgten römische Lager und Städte in großer Zahl. An der Stelle von Zarmizegethusa erhob sich die neue römische Hauptstadt Ulpia Trajana. Das walachische Dorf Gradischtje mit noch eilf gleichen Dörfern füllt heute den Raum ihres Gebietes. Noch ist die Burg, 90.000 Geviertklafter umfassend, mit ihren Wällen und Mauern zu erkennen; an ihrer nördlichen Seite stand das Amphitheater, 450 Schritte lang und 15—18 Fuß wallartig über dem Boden erhoben. Jeder Spatenstich bringt Zeugen des vergangenen Glanzes zu Tage, Marmorbilder, Inschriftsteine, Mosaikböden, leider bis in die neueste Zeit nicht vor Verschleppung und Vernichtung gewahrt, da sie häufig den Kalköfen zum Fraße dienen. Im Marosthale, wo die warmen Quellen bei Al-Gyógy, sowie die im Strellthale bei Kis-Katany von den Römern gekannt und benützt waren, lag an dem vorgenannten Knotenpuncte der Straßen Apulum, die zweite Hauptstadt des Landes (jetzt Karlsburg). Das weite Trümmerfeld ringsumher zeugt von ihrer einstigen Größe. Im Erzgebirge waren Ampeja (jetzt Talalber) und Alburnum majus (jetzt Vöröspatak) Stätten reicher Goldgewinnung. Einer der Erzberge dort ist aus der Römerzeit her so durchwühlt und abgearbeitet, daß man von oben herab in den Krater eines ausgebrannten Vulcans zu sehen meint. In Salinae (Thorenburg) wurde auf Salz gebaut; am oberen Szamos stand die Colonie Patavissa (Klausenburg); wo das Altthal sich erweitert, schirmte das feste Standlager Pons vetus (Galt-Heiwiz) die Gegend; das mittlere Groß-Kokelthal schloß die starke Colonie Stenacum (bei Schäßburg) ab.

Neben diesen Ueberresten römischer Straßen und Pflanzorte lebt die Kunde jener Zeit in Münzen, Inschriftsteinen, Grabmälern und Geräthen aller Art fort, die sich über das ganze

11

Land zerstreut finden. Ja, viel vergänglichere Stoffe haben die lange Zeit überdauert. In den Jahren 1786, 1788, 1854, 1855 fanden Bergleute in uralten aufgelassenen Gruben (zu Vöröspatak) jene merkwürdigen, mit Wachs überzogenen Fichtentäfelchen, die von den Eigenthümern zu Aufzeichnungen benützt wurden und in griechischer, noch häufiger in lateinischer Sprache Urkunden über Rechtsverhältnisse enthielten. Sie stammen aus dem zweiten christlichen Jahrhundert. Aber auch an Merkzeichen aus der vorrömischen Zeit ist der Boden des alten Dakiens reich, namentlich durch die große Zahl von Münzen aus der Zeit des Lysimachos. Im Jahre 1543 entdeckten walachische Fischer im Wasser des Stryg Goldmünzen und während des Einsammelns derselben ein Gewölbe mit 4000 solcher Münzen, außerdem eine große Menge ungeprägter Goldbleche. Der Fund wurde bald ruchbar und der damalige Gubernator von Siebenbürgen Münch Georg (Martinuzzi) soll ihn durch weiteres Forschen bedeutend vermehrt haben. Von den 2000 Goldstücken, die er dem Kaiser Ferdinand nach Wien sandte, wog jedes zwei Ducaten.

Dieser Fund wirft zugleich helleres Licht auf einen Vorfall aus der Zeit des letzten Dakerkönigs. Als nämlich Decebalus von den Römern bedrängt war, habe er — sagt man — den königlichen Schatz im Flußbette der Sargetia (Stryg) verborgen. Der Fluß sei abgeleitet und auf dem Grunde ein Gewölbe gebaut worden, das den Schatz aufnahm, worauf man das Wasser wieder in sein altes Bett führte, nicht ohne die Arbeiter zu tödten, die dabei beschäftigt waren. Nach dem Siege über Decebalus jedoch sei die Stelle von seinem Vertrauten, der gefangen wurde, verrathen und der Schatz gehoben worden. Es scheint, daß Trajan nicht alles Vergrabene fand.

— ⸎ —

V.

Verfall der Römerherrschaft.

26.

Allgemeine Ursachen des Verfalls.

Die Schicksale des römischen Reiches von Commodus, dem unwürdigen Sohne des Marc Aurel, bis zum Sturze des letzten Nachfolgers von Kaiser Augustus lassen sich für unsern Zweck nur so weit verfolgen, als die Völker, die damals in den Ländern des heutigen Oesterreich wohnten, in dieselben verflochten sind und mit ihren Bestrebungen und Thaten bedeutsam hervortreten.

Der Zeitraum, den wir zu schildern haben, beträgt mehr als dreihundert Jahre. Das Reich, das den größten Theil der damals bekannten Erde umfaßte, glich einem großen starken Baume, der seine reichbelaubte Krone hoch und weit in die Luft streckt, aber in seinem Innern modert. Und je mehr die Fäulniß im Mark an seinen Lebenssäften zehrte, desto leichter wurde es den Stürmen, an ihm zu rütteln, bis er kraftlos und des Widerstandes unfähig zusammenbrach. Nicht nur bis an die Donau, auch weit über sie hinaus hatte die römische Cultur den Völkern den Weg gezeigt, sich aus dem Zustande der Rohheit

11*

zu erheben. Wir sehen, wie in den eroberten Provinzen allmälig römische Sitte und Sprache heimisch wird, wie Handel
und Verkehr sich hebt, das Gemeinwesen sich ordnet, Handwerk
und Ackerbau den Wohlstand fördern. Das waren allerdings
wichtige Erfolge römischer Gesittung. Aber die Frucht, die sich
Rom von diesen Bemühungen versprach, blieb aus, und die
Völker, die durch sie mit dem römischen Wesen befreundet und
der neuen Herrschaft gefügig werden sollten, verharrten, je
mehr sich ihr äußerer Zustand hob, um so entschiedener bei
ihrem Widerstreben gegen das aufgebürdete Joch und benutzten jeden Anlaß zur Empörung. So zog sich Rom seinen
Feind selbst, gegen den endlich die Burgen und Bollwerke an
der Grenze nicht ausreichten, die Legionen nicht schützen
konnten.

Die zehrende Krankheit des Staatslebens war aber der
Verfall der Sittlichkeit überhaupt, der während des Kaiserreiches alle Schichten der bürgerlichen Gesellschaft durchdrang
und zum Untergange führen mußte. Schon in der letzten Zeit
der Republik waren Treue und Glauben, Redlichkeit und Vater-
landsliebe selten geworden. Maßlose Ehrsucht hatte die politischen
Parteien, Leichtsinn und Wohlleben die Familien beherrscht; Lug
und Trug, Treubruch, Verrath am Heiligsten wurden alltägliche
Mittel zur Befriedigung der Lüste. Diese Entsittlichung, die in
allen Ständen wucherte, mochte einen Cäsar zu dem Vorsatze,
einen Augustus zu der That getrieben haben, den Staat durch
eine straffere Form des Herrschens zu erneuern. Allein sittliche
Uebel widerstehen der Staatskunst und lassen sich von ihr nicht
bewältigen, wenn diese selbst auf unsittlicher Grundlage ruht, und wenn die Bahn des Rechten und Guten, worin
die von ihr Geleiteten sich bewegen sollen, durch ihr verderbliches
Beispiel beleuchtet wird. Die Weisheit des Augustus, der nach

diesem Ziele strebte, starb mit ihm, und schon seine nächsten Nachfolger auf dem Throne hatten das Andenken ihres Werthes verloren. Die kluge Mäßigung, die sich willig dem Gesetze fügt, wich bald der Willkür, die Willkür dem Laster und selbst der Wahnsinn machte sich auf dem Throne breit. So kam es, daß von den Hilfsmitteln, die der Staat zu seiner Erhaltung verwenden kann, dem römischen endlich nur zwei übrig blieben, das nichtigste von allen, der äußere Flitter, und das gefährlichste, ein zuchtloses Heer von Soldaten, deren Knecht der Kaiser war.

Das waren Zustände, unter denen der bildende Einfluß des Staates auf die uns zunächst berührenden Provinzen nicht deren friedliche Entwicklung fördern konnte. Sie gehorchten, aber unwillig, und waren nur durch Gewalt im Zaum zu halten, die je öfter angewendet, desto weniger wirkte. Jene Völker aber, die den römischen Grenzfestungen am Rhein und an der Donau gegenüber standen, nahmen die römischen Culturmittel wie die amerikanische Rothhaut den Branntwein, der sie unter dem Scheine der Stärkung niederwirft. Sie merkten die List, die hinter der Gabe steckte, und nutzten diese aus, soweit sie konnten; aber den Geber haßten sie und zielten beharrlich nach seinem Verderben.

27.

Rückblick auf die zwei ersten Jahrhunderte der römischen Kaiserzeit.

Der gefährlichste Feind der Weisheit ist die Ehrsucht, im Kleinen wie im Großen. Sie löset die Ordnung, die jene geschaffen, und wendet zum Uebel, was jene als Mittel zum

Guten erkannt und angestrebt hat. Als Kaiser Augustus den
Rhein und die Donau zu Grenzen des Reichs bestimmte, hatte
er dessen Wohl im Auge. Die Völker über der Donau und über
dem Rhein sollten vorerst in freundnachbarlichen Verhältnissen
erhalten und allgemach durch die römische Gesittung bezwungen
werden, die sich vor ihnen ausbreitete und deren Wirkung sie
nicht von sich weisen konnten. Dem Kampfmuth und der Tapferkeit der Germanen war im römischen Kriegsdienste reichlich
Befriedigung in Aussicht und der Weg zu Ehren und Gütern
offen. Den Söhnen hervorragender Geschlechter wurde in Rom
eine Bildungsstätte eröffnet, damit sie den Glanz und die Macht
des Weltreiches mit eigenen Augen sehen und liebgewinnen,
die Staatseinrichtungen studiren und, heimgekehrt zu ihren
Stämmen, die friedliche Anerkennung der römischen Hoheit vor-
bereiten.

Diesen weisen Absichten des Kaisers stand der Ehrgeiz seiner Gattin Livia entgegen, die ihre Kinder, August's Stiefsöhne
Drusus und Tiberius, im Glanze kriegerischer Ehren groß-
ziehen und in der öffentlichen Gunst befestigen wollte, damit die
Nachfolge ihrem Hause verbleibe, wenn dem alternden Kaiser
etwas menschliches begegnete. Macht und Einfluß zu politischen
Zwecken war damals nur im Kriege zu holen. Wer die Legionen
zum Siege führte und das Verdienst der Krieger zur Geltung
brachte, hatte den besten Anspruch darauf, zumal wenn er Stiefsohn eines glorreichen Kaisers war. Die Nachgiebigkeit gegen
seine Gattin und vielleicht auch die Neigung zu den hochbegabten
jungen Männern, von denen der jüngere, Drusus, des Kaisers
Liebling war, siegte über die friedlichen Absichten. Zwar an der
Donau ließ man vorläufig die Waffen ruhen und verhielt sich
den Grenzvölkern gegenüber beobachtend. Aber am Rhein wurde
die Eroberung mit einer Entschiedenheit fortgesetzt, die den germa-

nischen Völkern keinen Zweifel· übrig ließ, es sei auf ihre Knech-
tung abgesehen.

Das war der Wendepunct in den Geschicken des Weltreiches.
Sitte und Brauch sind die Elemente des Volkslebens. Sie setzen
sich allmälig an, werden durch Gewohnheit stärker und bestim-
men am Ende die Ordnung des Gemeinwesens. Was in der
Familie, in der geselligen Begegnung, im Streit und in der
Schlichtung des Streites, überhaupt in den gegenseitigen Verhältnissen von Alters her geübt wurde, gestaltet sich mit der
Zeit zu einem heiligen Rechte, das ohne heftige Gegenwirkung
nicht verletzt werden kann. In diesem Rechte aber wurzelt vornehmlich jenes Gefühl von Selbständigkeit und Unabhängigkeit, das man mit einem oft mißbrauchten Worte Freiheit
nennt. Auf das Gefühl der Freiheit hatte die römische Cultur
bei den deutschen Völkern zu wirken, die jugendfrisch und bild-
sam, aber trotz der Bewunderung, mit der sie der römische Glanz
erfüllte, nichts weniger als geneigt waren, ihre Selbständigkeit
zu opfern. Wenn die römische Cultur langsam, bedächtig und
minder selbstsüchtig vorwärts schritt, so wäre jenes Gefühl geläutert, veredelt und vielleicht in eine Richtung geleitet worden, die
dem alternden Rom auf minder blutigem Wege zu seiner Ver-
jüngung half. Aber durch Gewalt und den von der Gewalt
verschuldeten Eingriff in das innere Volksleben mußte es auf
das tiefste verletzt und zum verzweifelten Widerstande aufgestachelt werden.

Der Versuch, das Land am rechten Rheinufer zu unterwerfen, war der kleinere, die Art, wie ein unfähiger Statthalter,
Quinctilius Varus, die Unterwerfung im römischen Interesse ausbeutete, der größere Mißgriff in der römischen Politik.
Dem Raube des Landes fügten sich die Deutschen mit dem Trotz,
der das unvermeidliche geschehen läßt; aber dem Raube ihrer

durch den Gebrauch geheiligten Rechte setzten sie die volle Kraft der Abwehr entgegen, die in der Rauhheit des Bodens und in der Heimlichkeit der Anschläge mächtige Genossen fand. Varus glaubte mit den Deutschen verfahren zu können, wie mit den an Sclavendienst gewöhnten Bewohnern Syriens, wo er früher Statthalter war. Er trieb Steuern ein und übte römisches Recht, wo der freie Mann bisher niemandem Steuer gezahlt und kein anderes Gericht als das seiner Gemeinde gekannt hatte. Er ließ von römischen Sachwaltern in römischer Sprache Rechtshändel führen, in denen der Deutsche ohne Vertheidigung das Urtheil hinnehmen mußte, das in den meisten Fällen entehrend nach seinen Begriffen, in allen vernichtend für sein heiliges Recht war. Freie Männer wurden mit Ruthenhieben gezüchtigt, edle mit dem Beile erschlagen, nach einer Satzung, die der Deutsche nicht begriff und in seiner Entrüstung für schreiendes Unrecht nahm.

Die Folgen dieser Mißgriffe blieben nicht aus. Noch ehe Augustus starb, fühlte er sie bitter; und die Warnung, das Reich zu erweitern, die er im Tode aussprach, war aus klarer Ansicht der Dinge geschöpft. Allein sie konnte, wie sich die Umstände verketteten, nicht befolgt werden; und das bestimmte den Gang der Entwicklung. Schon im Verlauf des ersten christlichen Jahrhunderts erkannten die Nachfolger des Augustus aus dem, was vorging, daß der gefährlichste Feind fürderhin nicht mehr in Africa oder in Asien, sondern in den germanischen Wäldern zu bekämpfen sei.

Ueberblicken wir die Ereignisse dieser Zeit.

Dem Vordringen der Römer am rechten Rheinufer setzten, im Jahre 16 v. Chr. die Deutschen ein Ziel, die damals nicht mehr in Stämmen vereinzelt kämpften, sondern schon zu einem Kriegsbunde vereinigt waren. Im Norden der Donau hatte ein anderer Bund deutscher Völker im Jahre 6 n. Chr. die volle

Kraft des Römerheeres ins Feld gerufen und war nicht mit den Waffen besiegt, sondern nur durch die Gunst der Umstände vor der Hand unschädlich gemacht worden. In den Provinzen südlich der Donau wurde die von den Römern gehoffte friedliche Entwicklung plötzlich durch einen Aufstand gestört, der alle Völker zur wüthendsten Gegenwehr fortriß und erst nach fast vierjährigem Kampfe bewältigt wurde (6—9). Es fragt sich, ob er hätte bewältigt werden können, wenn die Deutschen über der Donau nicht ruhig blieben. Nur auf eine Eroberung im Norden der Donau konnte Rom am Schlusse des Jahrhunderts hinweisen: es war die von Dakien durch Trajan (100—105).

Die erste Hälfte des zweiten christlichen Jahrhunderts verging in bewaffneter Ruhe. An der deutschen Grenze baute man Festungen, regelte Straßen, mehrte die Standlager; über der Grenze lag die unheimliche Stille, die dem Sturme vorangeht. In der zweiten Hälfte des Jahrhunderts brach der Sturm los, als die Deutschen längs der ganzen Donaulinie wie auf ein gegebenes Zeichen ins Reich fielen und, den Bollwerken trotzend, in verheerenden Zügen nach Italien strebten. Es zeigte sich, wie vorbedacht der Anschlag war. Die mit der Grenzhut betrauten Statthalter wurden vom Feinde vollkommen getäuscht, und der Zeitpunct, wo der Kern des Kriegsheeres mit dem Kaiser eben im fernen Parthien beschäftigt war, konnte nicht besser gewählt sein.

Die Abwehr dieses Völkersturmes zog sich bis in das Ende des Jahrhunderts hin, und als sie nach mühevoller Anstrengung erfolgte, waren die Zeichen unsicher, ob er nicht wiederkehren werde. Ja man griff schon zu dem Mittel der Verständigung mit den deutschen Barbaren, als die Waffen nicht ausreichten und die römische Ehre doch nothdürftig gewahrt werden sollte. Schaaren von Deutschen wurden ins Reich aufgenommen, mit

Ländereien und Unterhalt betheilt. Andere Schaaren reihte man
ins römische Kriegsheer ein und gab ihnen damit selbst die
Waffen, die sie in der Folge gegen ihren Erbfeind gebrauchen
konnten. Die Gefahr eines solchen Abkommens wurde noch
durch die inneren Zustände des Reiches erhöht, als nach Ermordung des Kaisers Commodus (192) einzelne Heeresabtheilungen das Recht an sich rissen, den Kaiser ein- und abzu-
setzen und Kaisermord durch die Soldaten an die Tagesordnung kam.

So wurden den Germanen nothgedrungen die inneren
Schäden des Reiches aufgedeckt, während sie immer nachhal-
tiger zum Angriff auf den äußeren Bau desselben schritten; und
dies zu einer Zeit, wo in der Heimat der deutschen Völker
zwischen Rhein und Weichsel, von der Ostsee bis zum schwarzen Meere die Bildung von Völkervereinen mit staatlicher Form
im Gange war und eine neue Kraft zum Widerstande weckte.

28.

Germanische Völkerbünde — Thronwirren und Kaiserwechsel nach Marc Aurel's Tode.

Vom dritten Jahrhunderte ab finden wir nämlich im
Kampfe mit Rom weniger einzelne Stämme als ganze Genos-
senschaften deutscher Völker auf dem Schauplatze. Die Beob-
achtung des römischen Reiches, das trotz seiner inneren Schäden
in der Vereinigung so stark war, mochte zu Versuchen dieser Art
geführt haben, wie wir sie in dem Bunde der Sueben unter
Ariovist, in dem zweiten Bunde der Sueben unter Marbod

und in jenem der Cherusker unter Armin bereits kennen gelernt haben. Aber zu jenen früheren Versuchen stehen die deutschen Völkervereine des dritten Jahrhunderts wie der Fortschritt zum Anfange. Die Kraft der Vereinigung war nunmehr geregelt und darum sicherer. Nicht mehr galt der Bund nur für die Dauer des Kampfes, sondern er galt für Krieg und Frieden, da man einsehen gelernt hatte, daß ein Frieden mit diesem Feinde den Krieg nicht ende. Nicht mehr schalteten die Führer der einzelnen Stämme, die zum Bunde gehörten, nach eigenem Gutdünken und konnten sich, von Eitelkeit oder Feindeslist berückt, von ihm lossagen; sondern der einzelne Stamm gab sein Verfügungsrecht an den Bund ab, er ging im Bunde auf, so wie in der Regel auch sein Name sich in dem des Bundes verlor. Das Bundeshaupt war König oder Herzog mit königlicher d. h. unbeschränkter Gewalt, aus einem edlen Geschlechte gewählt, in welchem sich nach und nach die Erblichkeit der Würde festsetzte, mit gleichem Machteinflusse auf alle Glieder des Bundes. So war aus einer vorübergehenden, auf die Zeit der Noth beschränkten Einrichtung eine ständige geworden, die die Elemente des monarchischen Staates in sich ausbildete.

Am Niederrhein vereinigt der Gesammtname Franken die deutschen Stämme, die wir früher unter den Namen Sigambrer, Katten, Cherusker, Brukterer, Ampsivarier u. s. w. kennen gelernt haben. Die Stämme an der Weser und Niederelbe umfaßt der Name Sachsen, der früher nur einem unbedeutenden Volke an der Niederelbe eigen war. Die suebischen Stämme am Main und Schwarzwald bis zur obern Donau und später zu beiden Seiten des Hochrheins nennen sich Alamannen. Die Völker an der Weichsel und von der Ostsee zum schwarzen Meere, also auf dem Wege, den der unternehmende Stamm der Gothen durchschritt, halten zu den Gothen, denen sie theils unterworfen, theils nachbarlich befreundet sind. Von den genannten Völkervereinen treten zwar im Verlauf des britten Jahrhunderts nur die Alamannen und Gothen auf jenen Schauplatz der Begebenheiten, der uns zunächst berührt; aber die anderen rücken später nach. Noch andere, wie die Thüringer (die früheren Hermunduren mit Theilen der Markomannen und suebischen Stämmen), die Langobarden und Burgunder sind erst in der Bildung begriffen und haben, namentlich die beiden letzteren, wo sie in den folgenden Jahrhunderten auftraten, schon das Gepräge eines einigen Volkes, in welchem die Stammverschiedenheit erlosch. Endlich die für unsere Geschichte wichtigen, aber in ihren Anfängen noch nicht erforschten Bayern (Baiuvarier, Boivarier), die im fünften Jahrhundert, von den Franken abhängig, an beiden Seiten der oberen Donau (im heutigen Bayern) erscheinen. Wenn sie, was so ziemlich feststeht, aus dem nachbarlichen Böhmen kamen, so ist die Vermuthung gerechtfertigt, in ihnen eine Vereinigung suebischer Völkerreste zu erkennen, von denen Hermunduren und Markomannen wie bei den Thüringern Bestandtheile bilden. Die Zeit ihrer Einwanderung ist ungewiß und eben so wenig läßt sich feststellen, ob sie in Böhmen den Slaven oder einem germanischen Volke Platz machten, welches den Slaven voranging.

Während die Deutschen sich durch Völkervereine zum Angriff kräftigten, bietet das römische Reich im Innern ein Bild fortschreitender Auflösung in grellen Farben. Die Einheit im Herrschen war gebrochen, da fast in jeder Provinz das Heer durch den gebot, dem es eben den Purpur anlegte und nach Laune wieder herabriß. Das Bürgerthum, ehemals die Kraft des Staates, war in der Despotie erstickt und wie überall, wo es sich nicht durch Theilnahme an öffentlichen Angelegenheiten kräftigen kann, im Schlamm der Sorglosigkeit versunken. Die

Rechte des Bürgers, aber nicht die Pflichten übte der Soldat, und jetzt nicht einmal der römische, sondern der fremde, der Barbar, der für Kriegslohn im Heere diente, weil man ihn nicht besiegen konnte, und der zu jener Zeit schon den größten Theil des Heeres besetzt hielt. Die ewige Stadt hatte ihre Bedeutung als Mittelpunct des Reiches verloren, da sie von den Kaisern, die selten Römer von Geburt waren, vernachlässigt wurde. Die Provinzen glichen Heerlagern, die kampfbereit gegen einander standen und nur so viel Kraft zum Schutze des Reiches aufbieten konnten, als ihnen vom gegenseitigen Kampfe übrig blieb. Es klingt wie Hohn, daß unter solchen Verhältnissen das Fest des tausendjährigen Bestandes von Rom (248) gefeiert wurde und daß der Kaiser Philippus, der es anordnete, seiner Heimat nach ein Araber war. Die Zeit ermuthigte wahrlich nicht, sich der Macht und Größe des Reiches zu freuen, sondern sie forderte zum ernsten Nachdenken auf, wie der Schein der Macht noch zu bewahren und der gänzliche Verfall des Reiches länger hinzuhalten sei.

Vom Tode Marc Aurel's (180) bis auf Decius den Illyrer (249), also während eines Zeitraums vom kaum siebenzig Jahren, zählte man nicht weniger als 21 Kaiser und Gegenkaiser, unter denen ein einziger war, der nicht gewaltsamen Todes starb. Commodus wurde im zwölften Jahre seiner Regierung (192) ermordet. An seine Stelle wählten die Verschwornen einen allgemein hochgeachteten Mann, den sechsundsechzigjährigen Helvius Pertinax, der sich zuletzt unter Marc Aurel im Markomannenkriege ausgezeichnet hatte. Dio Cassius sagt von ihm: „Menschenliebe, Rechtlichkeit, Sparsamkeit, die thätigste Sorge für das Gemeinwesen waren die Zierde seiner Regierung". In den Provinzen wurde die Nachricht von seiner Wahl mit Jubel, von Roms Feinden mit Furcht aufgenommen. Allein der Kaiser

regierte nur 78 Tage; er starb durch das Schwert der Prätorianer. Sein Nachfolger, Didius Julianus, der die Weltherrschaft von Pertinax' Mördern durch Mehrbot erhielt, war
ein ganz unfähiger Mann. Die Heere in den Provinzen empörten
sich. Im Orient wurde Pescennius Niger, in Britannien
Albinus zum Kaiser ausgerufen; in Pannonien aber sammelte
der Heerführer Septimius Severus seine eilf Legionen und
erklärte ihnen, er werde Pertinax rächen und nie den aner-
kennen, dem die Prätorianer das Reich verkauft hätten. In Eil-
märschen zog er nach Italien, seine Soldaten legten nie die
Rüstung ab, unerwartet stand er vor Rom. Didius, von den
Seinigen verlassen, wurde auf Befehl des Senats in seinem
Palaste enthauptet, nachdem er nicht länger als 66 Tage regiert
hatte. Nun schaffte sich Septimius Severus seine beiden Nebenbuhler aus dem Wege — Pescennius Niger wurde (194) nach
der verlornen Schlacht am Issus auf der Flucht getödtet; Albinus
stieß sich, nachdem er bei Lyon geschlagen worden (199), das
eigene Schwert in die Brust — und führte darauf eine milde,
nicht ruhmlose Regierung. Als er (211) in Britannien sein Ende
herannahen fühlte, ließ er sich die Urne bringen, in der seine Asche
gesammelt werden sollte, und sprach: „Bald wirst du einen
Mann in dir fassen, dem der Erdkreis zu klein war".

Auf Septimius Severus folgten seine Söhne Caracalla
und Geta, deren letzterer aber schon das Jahr darauf durch
den eigenen Bruder ums Leben kam. Die Bluttthat kostete Caracalla viel Geld, da er jedem Soldaten des kaiserlichen Lagers
1020 fl. nach unserem Gelde versprechen mußte, und so in einem
Tage vergeudete, was sein vorsichtiger Vater achtzehn Jahre hindurch gesammelt hatte. Um den Staatsschatz wieder zu füllen,
ertheilte er allen Freien im weiten Umfange des Reiches das
römische Bürgerrecht, wodurch jene, die es zuvor nicht hatten,

größere Ehren und Vorrechte erhielten, aber dafür größere Steuern und Abgaben entrichten mußten.

Unter Caracalla's Regierung brachen die Alamannen 213 zum erstenmale vom Main her über den Grenzwall, den die Römer zum Schutze ihres Gebietes von der Donau zum Rhein gezogen hatten. Caracalla trieb sie (214), nach einer Niederlage, die er ihnen beibrachte, in ihre Grenzen zurück und zog dann an die Donau, wo die Markomannen und Quaben wieder schwierig geworden waren. Caracalla hielt sich im Kriege wacker. Er war freundlich und herablassend gegen die Soldaten, die er seine Kameraden nannte; er lebte mit ihnen auf gleichem Fuße, theilte ihre Entbehrungen, zog neben ihnen zu Fuß einher. Wo es einen Graben zu ziehen, eine Brücke zu schlagen gab, war der Kaiser der erste, der Hand anlegte. Doch er hatte nirgends Rast noch Ruh'. Die Blutschuld, die er auf sich geladen, schien ihn wie den ersten Brudermörder von einem Orte zum andern zu treiben. Von den Ufern der Donau zog er nach Asien gegen die Parther. Da ereilte ihn (217) zu Karrhä in Mesopotamien sein Schicksal; er wurde auf Befehl des Präfecten seiner Leibwache, Macrinus, meuchlings niedergestoßen.

Macrinus und dessen neunjähriger zum Cäsar und Nachfolger bestimmte Sohn Diadumenianus regierten kaum über ein Jahr; 218 verloren sie bei Immä Schlacht und Leben. Heliogabalus, der nach ihnen kam, das verächtlichste Scheusal auf dem Throne der römischen Imperatoren, wurde (222) sammt seiner unwürdigen Mutter erschlagen und ihre Leichen schleifte man mit höhnendem Jubel durch die Straßen von Rom. Auf Heliogabalus folgte wieder einmal ein guter Kaiser, Alexander Severus, ja einer der besten, die Rom besaß, dessen Ruhm bei längerem Leben vielleicht alle seine Vorgänger

überstrahlt hätte. In seinem Munde hörte man oft das Wort
Christi: „Was du nicht willst, daß man dir thue, das thue auch
andern nicht"; er ließ es in seinem Palaste und an andern öffentlichen Gebäuden als Aufschrift anbringen. Doch auch er starb
keines natürlichen Todes. Im dreizehnten Jahre seiner Regierung,
er zählte damals erst dreißig Lebensjahre, empörten sich die gallischen Legionen wider ihn, riefen den ungeschlachten Thraker
Maximin zum Kaiser aus und überfielen Alexander Severus
nachts in seinem Feldquartiere. Er sprang vom Lager, verhüllte,
als er keine Rettung sah, sein Haupt und empfing, ohne ein
Wort zu sprechen, den Todesstoß (235). „Menschenliebe war
seine Lust", sagt der Geschichtschreiber Herodian von ihm, „und
in Wohlthun ging er vorüber."

Maximinus, dessen Gegenkaiser Titus Quartinus
und sein Sohn und Mitkaiser Maximin der Jüngere,
Gordianus Vater und Sohn (237), die beiden Senatoren-
Kaiser Clodius Pupienus Maximus und Coelius Bal-
binus, Gordianus III., Enkel des ältern Gordianus, Philippus, der Araber, mit seinem zum Cäsar ernannten Sohne,
243—249, sie alle fielen theils in der Schlacht oder wurden
hingerichtet, meuchlings niedergestoßen oder grausam zu Tode
gemartert.

Während dieser wirren Zeit hatten die germanischen Bünde
mehr als einmal das römische Reich bedroht, und auch die unauf-
hörlichen Thronfolgekriege führten zu blutigem Zusammenstoße
auf dem Gebiete der Donauprovinzen. Die Markomannen
und Quaden brachen 233 neuerdings über die Grenze. Die
Alamannen fielen zu wiederholtenmalen in Gallien ein, gingen
über den Rhein und über die Donau, brachten Illyrien und
selbst Italien in Gefahr. Sie wurden zwar immer wieder zurückgetrieben, wobei Geld mehr that als die Waffen, aber nie

besiegt. „Wenn sie Geld sahen", sagt ein gleichzeitiger Gewährsmann, „so waren sie geschmeidig. Was aber das
schlimmste war, die Alamannen bekamen echte Goldmünzen;
bei uns (Römern) dagegen war nur verfälschtes Gold und
Silber im Umlauf". Alexander Severus zog, um diesen
Verheerungen ein Ende zu machen, 235 wider sie; während des
Feldzuges verlor er sein Leben. Der Thronräuber Maximin
rückte 235 in Germanien ein, verheerte zur Vergeltung
das Land auf vierzig Meilen in der Runde und machte viele
Gefangene. Dann begab er sich nach Sirmium und focht auch
dort glücklich wider die Barbaren. Er trug sich mit dem Gedanken, alle feindlichen Stämme jenseits der Donau bis an die Ostsee zu vertilgen oder sie der römischen Oberherrschaft zu unterwerfen. Allein die Fortschritte der Gordiane nöthigten ihn, diese
Pläne aufzugeben und gegen Italien zu marschiren. Im April
237 traf er vor Aquileja ein, das sich tapfer gegen die Angriffe des rohen Thrakers vertheidigte. Seine Soldaten empörten
sich und hieben ihn und seinen Sohn nieder, 238. Während
der Regierung Philipps des Arabers durchbrachen die
Gothen die Donaugrenze, fielen in Mösien ein und ihr
Name wurde von den Römern zum erstenmale mit Schrecken
genannt. Zu gleicher Zeit brach in Pannonjen ein Aufstand aus. Der Kaiser sandte den Senator Decius dahin,
um die Bewegung niederzuschlagen. Dieser löste seine Aufgabe
mit Glück; zum Danke dafür nöthigten ihn seine Legionen
den Purpur anzunehmen. Philipp zog wider ihn; bei Verona
kam es zur Entscheidungsschlacht, in welcher Philipp und sein
Sohn das Leben verloren, 249.

29.

Die Zeit der illyrischen Kaiser.

Decius, in der Gegend von Sirmium geboren, war der erste Illyrer, der den Thron des römischen Weltreichs bestieg. Mit ihm hebt in der römischen Imperatorengeschichte ein Zeitraum an, in welchem die Träger der obersten Macht des damals bekannten Erdkreises mit geringen Unterbrechungen dem Gebiete unseres heutigen Kaiserstaates entsprossen. Sie fochten mit Tapferkeit, wenn auch nicht immer mit Glück, wider die Barbaren und manches rühmliche ist von ihnen zu berichten.

Die größte Gefahr kam damals den Römern von den Gothen, die nach mehreren Beutezügen, die ihnen gelungen waren, 250 mit kriegsgeübten Schaaren abermals in Mösien einfielen. Sie hatten es diesmal nicht nur auf das römische Donauland (jetzt Serbien und Bulgarien) abgesehen, sondern warfen zugleich Kriegsvolk nach Thrakien und Makedonien, drangen nach Griechenland und setzten in zahllosen, leicht gezimmerten Kähnen über das schwarze Meer. Kaiser Decius schlug sie in mehreren Treffen, bis er durch die Verrätherei seines Feldherrn Gallus in Mösien eine entscheidende Niederlage erlitt. Als einer seiner Söhne vor den Augen des Vaters fiel, rief Decius mit ächt römischem Heldenmuth seinen Soldaten zu: „Es ist nur ein Kämpfer weniger" und stürzte sich an ihrer Spitze mit neuer Kraft gegen die Feinde; er gerieth aber in einen Sumpf, wo er seinen Tod fand. Die Gothen verweigerten ihm die Ehren der Bestattung und ließen seine Leiche den Raubthieren zur Beute, 251. Sein Nachfolger Gallus schloß einen schimpflichen Frieden, indem er sich zu Jahresgeldern verpflichtete, wenn die Gothen das römische Gebiet verschont

ließen. Ein solcher Vertrag war eher eine Lockung zu neuen Einfällen, als ein Schutz dagegen.

Bald fielen andere germanische Stämme in Illyrien
ein und abermals zitterte man in Rom. Doch Aemilianus,
Statthalter von Pannonien und Mösien, warf sich ihnen entgegen, schlug sie und trieb sie über die Donau zurück, 253. Seine
Legionen riefen ihn dafür zum Kaiser aus. Gallus und dessen
Sohn Volusianus wurden erschlagen, doch bald darauf von
Valerianus, einem Feldherrn des Gallus, gerächt, der den
Aemilianus aus dem Wege schaffte und seinen Sohn Gallienus
zum Mitkaiser annahm. Mit den nördlichen Reichsgrenzen
stand es schlimmer als je. Binnen wenig Jahren war der Angriff der Barbaren ein allgemeiner. Die Franken drangen über
den Niederrhein, die Alamannen fielen in das römische Gebiet
zwischen dem Rhein und der Donau, die Markomannen
setzten über die Donau, griffen Rhätien und Noricum an,
die Gothen plünderten Mösien und Makedonien und kehrten mit
reicher Beute beladen in ihre Heimat zurück. Während Valerian
im fernen Asien im Kampfe gegen den Perser Sapor fiel, 259,
ergab sich Gallienus in Rom trägem Sinnesgenusse und ließ es
geschehen, daß durch die Einfälle der Barbaren eine römische
Provinz nach der andern verloren ging und die Legionen in allen
Theilen des Reiches einen Kaiser nach dem andern ausriefen.
In den Jahren von 260—270 gab es mehr als dreißig Kaiser
und Cäsaren, darunter zwei Frauen, Zenobia in Palmyra und
Victoria am Rhein. Als in den illyrischen Provinzen Ingenuus, Statthalter von Pannonien, von seinen Truppen
zum Kaiser erhoben wurde, raffte sich Gallienus aus seiner Thatlosigkeit auf und trat an die Spitze des Heeres, das er
gegen Ingenuus führte. Bei Mursa (Essegg) kam es zur
Schlacht; Ingenuus wurde aufs Haupt geschlagen und stieß

sich verzweifelnd den Dolch in die eigene Brust. Tausende seiner Krieger und Anhänger wurden erbarmungslos niedergemacht. „Alles, was männlich ist, muß getödtet werden, auch Greise und Knaben, nicht blos Bewaffnete", lautete der Blutbefehl des Gallienus. Kaum hatte er den Rücken gewandt, so brach der Aufstand von neuem los. Regillianus, Feldhauptmann in Illyrien, wurde zum Kaiser ausgerufen; aber nicht lange darnach von Aureolus, dem Statthalter von Mösien, bezwungen.

Die Wirren, die das römische Reich erschütterten, waren eine neue Lockung zu räuberischen Einfällen für die Barbaren. Von der einen Seite durchbrachen die Alamannen wieder den Grenzwall und drangen durch Rhätien vor, von der andern überschritten die Markomannen die Donau, ergossen sich über Pannonien und Noricum und kamen bis Ravenna. Italien zitterte, der Senat schrieb ein allgemeines Aufgebot aus, Gallienus eilte nach Oberitalien, wo sich seine Truppen sammelten. Bei Mediolanum kam es zur Schlacht. Die Römer behielten die Oberhand; doch in dem Frieden, den man darauf schloß, wurde den Barbaren ein Theil von Pannonien eingeräumt. Pipa, die schöne Tochter des Markomannenkönigs Attalus, hatte Auge und Herz des römischen Kaisers gewonnen und bekam ihn bald ganz in ihre Gewalt; er vernachläßigte seine rechtmäßige Gemahlin, verläugnete römische Sitte und trug seiner germanischen Geliebten zu Gefallen eine Perrücke aus blonden Haaren.

Im Jahre 268 ließ sich Aureolus, der bis dahin dem Gallienus gute Dienste geleistet hatte, von seinen Legionen zum Kaiser ausrufen und führte sie nach Italien. Er wurde geschlagen und in Mediolanum eingeschlossen; bald darauf aber fiel Gallienus durch die Hand seiner eigenen Officiere, die einem

tapferen Heerführer, der zur selben Zeit in Pavia stand, den
Purpur antrugen. Claudius II., einer wenig bekannten
Familie aus Illyrien entstammend, war berufen, die zer-
rüttete Einheit und das gesunkene Ansehen des Reiches wieder
herzustellen. Er gehört unter die wenigen römischen Kaiser,
die von Mit- und Nachwelt verehrt wurden. „Er besaß die
Tapferkeit des Trajan, die Güte des Antoninus, die Mäßigung
des Augustus und alle Vorzüge der größten Fürsten", sagte ein
Zeitgenosse von ihm. Nachdem er den Aureolus bei Pontiroli
(Pons Aureoli) geschlagen und ihn den Tod des Verräthers hatte
sterben lassen, wandte er sich nach Thrakien, das durch neue Einfälle der Gothen zu leiden hatte. Er griff sie bei Naissus (Nissa
in Serbien) an und brachte ihnen eine vollständige Niederlage
bei. „Wir haben", so konnte er nach Rom an den Senat
schreiben, „320.000 Gothen vertilgt und 2000 ihrer Schiffe
versenkt. Die Flüsse sind mit ihren Schilden, alle Ufer mit
ihren Lanzen und Schwertern bedeckt; vor lauter Gebeinen sieht
man die Felsen nicht".

Claudius Gothicus, dieser Beiname wurde ihm für seine
glänzende Waffenthat, freute sich nicht lange seines Ruhmes;
die Pest brach in den Donauländern aus und raffte auch den
trefflichen Kaiser, nachdem er kaum zwei Jahre regiert hatte, zu
Sirmium dahin, 270. Doch hatte er an Aurelianus
einen würdigen Nachfolger, den er sterbend dem Heere em-
pfahl und der gleich nach seinem Tode zum Kaiser ausgerufen
wurde. Aurelian, durch Kraft und männliche Schönheit, durch
Tapferkeit und kriegerisches Wesen ausgezeichnet, gleich seinem
Vorgänger einer illyrischen Familie aus dem Mittelstande
entsprossen, warf Roms Feinde auf allen Puncten, wo sie sich
erhoben, rasch und glücklich zu Boden. Wieder waren die Alamannen in das Reich eingefallen; Aurelian schlug sie bei Placentia

und in der Ebene von Pavia. Sodann wandte er seine Waffen wider die Gothen, denen er in Thrakien und in Illyrien Niederlagen beibrachte. Nachdem er glücklich in Africa gekämpft, schlug er die Barbaren abermals an der Donau, besiegte seine Gegner in Gallien und feierte 274 in Rom einen der glänzendsten Triumphe. Gefangene Araber, Indier, Baktrer, Perser, Gothen, Alanen, Franken, Sueben, Vandalen und vor allem die schöne, glänzende und berühmte Wüstenkönigin Zenobia, an Händen und Füßen mit Fesseln aus lauterem Golde gebunden, folgten seinem stolzen Siegeswagen.

Das dankbare Rom begrüßte ihn als den Wiederhersteller des Reichs (restitutor orbis); dennoch zwang ihn Staatsklugheit, eine wichtige Provinz dem Wohle des Ganzen zu opfern. Hundert achtundsechzig Jahre war Dakien unter der Herrschaft der Römer geblieben, den andern Provinzen gleichgehalten, aber durch seine Lage außerhalb der befestigten Reichsgrenze mehr als die andern gedrückt, da es dem Andrange der Barbaren offen stand und fortwährend größere Besatzungen tragen mußte. Dadurch wird erklärlich, daß die Bewohner, so oft ein Sturm andringender Völker gegen das Reich losbrach, sich ihm anschlossen. Gegen sie hätte die römische Macht selbst bei der innern Zerrüttung ausgereicht. Als aber die Gothen in immer wiederkehrenden Angriffen die Reichsgrenze bedrohten; als sie von den Mündungen der Donau nicht mehr abzuwehren waren, und ihre Raubzüge über das schwarze Meer für die östlichen Provinzen fürchten ließen, da war das von Truppen entblößte Dakien nicht mehr zu halten. Um die Provinz nicht verlieren zu müssen, gab sie Kaiser Aurelian freiwillig an die Gothen. Er hoffte das kriegerische Volk durch dieses Geschenk dem Reiche verbindlich zu machen und erlebte es nicht, daß diese Hoffnung trog. Die römischen Ansiedler wurden nach Mösien abgeführt

(Dacia Aureliana), wohin später, der gothischen Herrschaft weichend, noch andere Stämme aus Dakien folgten. Von den romanisirten Dakern, die zurückgeblieben waren und nachher mit germanischen und slavischen Stämmen verwuchsen, leitet man das Volk der Walachen her, das sich selbst Romanen (Rumänen) nennt und heute noch den größten Theil der Bevölkerung Siebenbürgens ausmacht.

Aurelian fiel 275 in Folge eines unseligen Mißverständnisses durch Meuchlerhand. Die Mörder reute gleich darauf ihre That; sie errichteten ihm ein kostbares Grabmal und weihten ihm einen Tempel. Sein Nachfolger Tacitus, aus dem Geschlechte des großen römischen Geschichtschreibers, erlag schon nach sechs Monaten einer tödtlichen Krankheit. Zwei Monate später wurde dessen Bruder Florianus, der sich zu Tarsus mit dem Purpur hatte bekleiden lassen, von seinen eigenen Soldaten getödtet, und abermals bestieg ein Illyrer, M. Aurelius Probus aus Sirmium, Sohn wenig bemittelter Aeltern, den Thron der Cäsaren. Schon Tacitus hatte im Senat erklärt, Probus allein verdiene den Thron, und unter stürmischem Jubel wurde er vom Heere zum Kaiser ausgerufen. „Ich habe nie nach dem Purpur gestrebt", schrieb Probus nach Rom, „ich habe ihn nur ungern angenommen; allein ablegen kann ich diese mir so verhaßte Bürde nicht mehr. Ich muß die Rolle spielen, die mir der Soldat aufgedrungen hat."

Seit der Preisgebung von Dakien war wieder die Donau Grenze des Reichs und auf dieser Seite der Gothe unmittelbarer Nachbar des Römers; die Westgothen im heutigen Siebenbürgen, in der Walachei, Moldau und Bessarabien; die Ostgothen zwischen dem Dnjestr und Dnjepr bis ans schwarze Meer. Nach der Räumung Dakiens scheinen sie die einheimischen Völker bekriegt zu haben, um sie ihrer Herrschaft zu unterwerfen. Wenig-

stens finden sich einige derselben (178) in Verhandlung um Wohnsitze auf römischem Boden, die ihnen Kaiser Probus in Thrakien
gewährte. Probus gehörte, wie Claudius II. und Aurelian, zu den
edleren Erscheinungen auf dem Throne. Thatkräftig wehrte er die
Feinde ab, die Franken, Burgunder, Alamannen von Gallien, die
Sarmaten von Illyrien, wenn man auch den Berichten über seine
Siege nicht unbedingt glauben darf und die Schilderung seines
Erfolges über die Alamannen, die er in ihrem eigenen Lande
bezwungen und zu einem demüthigenden Frieden genöthigt haben
soll, gewiß übertrieben ist. „Neun Könige verschiedener Völker",
so schrieb der siegreiche Kaiser an den Senat, „sind zu meinen
Füßen gelegen; alle Barbaren ackern jetzt für Euch, säen für Euch
und kämpfen gegen die tiefer hinein liegenden Völker. Vierzig-
tausend Feinde sind erschlagen, sechzehntausend streitbare Männer
zu unserer Verfügung gestellt".

In den Pausen des Krieges sorgte Probus für die Grenzländer, die durch die Noth der Zeit erschöpft waren, und insbesondere für seine illyrische Heimat. Die Legionen mußten das
Schwert mit dem Spaten vertauschen, um Wälder zu roden,
Aecker zu bestellen, Sümpfe abzuleiten, die Rebe zu pflanzen,
deren Zucht am Rhein wie an der Donau seit Domitian beschränkt war.

Wenn es wahr ist, daß Probus 16.000 deutsche Jünglinge
mit einemmal in das Heer aufnahm, so zeigt dies, wie wenig
taugliche Mannschaft damals in Italien und den Provinzen ver-
fügbar war und wie sehr der unausgesetzte Krieg mit seinen grau-
sen Folgen die Bevölkerung gelichtet hatte. Darauf läßt auch
die Colonisirung schließen, die dieser Kaiser in großem Umfange betrieb. Von der Ansiedlung germanischer Stämme, die
den Gothen wichen, haben wir schon gesprochen. Längs dem
Grenzwalle und zwischen Donau und Rhein wurde gallischen

und germanischen Ansieblern Land gegen die Verpflichtung angewiesen, die Grenze zu hüten. Vandalen, die heimatlos um Aufnahme baten, verpflanzte Probus nach Britannien, und die Länder zwischen der unteren Donau, dem schwarzen und dem
Abriameere wurden mit Ansiebleru verschiedener Nationalität
gefüllt, die freilich später dem Reiche nicht zum Heile dienten. An
biese Colonisirung knüpft sich ein seltener Zug von Heimatsliebe.
Eine Schaar Franken, wahrscheinlich auf einem Raubzuge in
Gallien aufgegriffen, war an die Küste des schwarzen Meeres
versetzt worden, und der Kaiser hatte sie mit allem versorgt, was
zum Unterhalte nöthig war. Die Franken aber, von Sehnsucht
nach der Heimat ergriffen, bemächtigen sich einer Anzahl Schiffe
und fahren durch die Meerengen ins Mittelmeer, erobern auf
Sicilien Syrakus und gelangen durch das atlantische Meer nach
vielem Mühsal an die Rheinmündung zu den Ihrigen.

Die friedliche Sorge des Kaisers Probus entsprach dem
Worte, das er oft geäußert: es müsse die Zeit kommen, wo man
der Soldaten nicht mehr bedürfe. Allein sie schützte ihn nicht
vor dem Schicksale, das so viele seiner Vorgänger traf. Er
wurde zu Sirmium, als er die Hügel mit Weinreben
bepflanzen und einen Canal in die Save zur Trockenlegung der
sumpfigen Gegend graben ließ, von seinen Soldaten ermordet
(282), die gleich darauf bereuten, was sie gethan.

Sein Nachfolger M. Aurelius Carus, der seine beiden
Söhne Numerianus und Carinus zu Cäsaren ernannte,
trieb die Skythen aus Illyrien, wohin sie einen Einfall gemacht, fand aber das Jahr darauf, 284, im Kampfe gegen
die Perser den Tod. Kurze Zeit darnach fiel Numerianus durch
die Hand des Obersten der Leibwache, Arrius Aper, und dies
bahnte einem der merkwürdigsten Männer der römischen Kaisergeschichte den Weg zum Throne.

Diocletianus, aus Dioclea in Dalmatien gebürtig, Sohn eines Schreibers und Freigelassenen des Senators Anulinus, hatte sich durch seine außergewöhnlichen Fähigkeiten, seinen männlichen Sinn und seine Verläßlichkeit im Dienst zum Range eines höheren Officiers aufgeschwungen. Er war muthig und kühn, sein Geist schien alles zu durchdringen und war doch undurchbringlich für jeden andern; er zeigte sich bieder und offen, und war doch schlau und versteckt, und von maßlosem Ehrgeiz erfüllt. Eine Druidin hatte ihm geweißagt, er werde durch die Erlegung eines Ebers (aper) zur höchsten Macht gelangen. Von der Zeit an gab es keinen eifrigeren Jäger als ihn; viele Eber fielen durch seine Hand, doch der Weg zur höchsten Macht wollte sich immer nicht zeigen. „Ich tödte allezeit die Eber", rief er oft bitter aus, „doch ein anderer genießt immer das Fleisch". Da machte die schändliche That des Arrius Aper mit einemmale seinen Geist helle. Mit den Worten: „Der hat den Kaiser getödtet!" stürzte er auf Aper los und durchbohrte ihn. „Nun endlich", rief Diocletian aus, „habe ich den vom Schicksal bestimmten Eber erlegt!". Am 17. December 284 rief ihn das Heer zum Kaiser aus.

Carinus, der zweite Sohn des Carus, ein gänzlich unwürdiger, dabei tückisch grausamer junger Mensch, war in Italien beschäftigt, um einen Gegenkaiser Julianus, den die Legionen in Venetien erhoben hatten, zu bekriegen. Julianus wurde besiegt und Carinus wandte nun seine Waffen gegen Diocletian, der an der Spitze eines Heeres wider ihn heranzog. Bei Margus, jetzt Kastolec in Serbien, kam es zur Schlacht, in welcher Diocletian Sieger blieb; Carinus fiel durch die Hand seiner eigenen Soldaten. Eben so glücklich wie gegen seine Nebenbuhler kämpfte Diocletian gegen den auswärtigen Feind. Er bekriegte die Sarazenen, demüthigte den

Perserkönig Narses II., schlug an der Donau die Sarmaten. Zur größeren Sicherheit der Grenze an diesem Strom legte er bei Aquincum mehrere feste Plätze an, zog die Römerschanze zwischen der Donau und Theiß und stellte daselbst eine Kriegs-flotille auf.

Mitten unter den Gefahren der Soldatenherrschaft wagte Diocletian eine innere Umwälzung des Staates, die zunächst gegen jene gerichtet war. Von der Ueberzeugung geleitet, daß nur die Vereinigung aller Gewalt in einer Hand den Staat retten könne, nahm er die Zügel der Regierung unbeschränkt in die Hand und ordnete das Verhältniß zwischen Herrscher und Beherrschten auf eine bisher unerhörte Weise. Er vertheilte die Geschäfte der Ver-waltung nach einer das ganze Reich umfassenden neuen Form, die in dem Willen des Kaisers ihren Mittelpunct hatte. Der Einfluß des römischen Senates hörte auf, die bewaffnete Willkür der Soldaten wurde gebrochen; Italien, früher vor allen begünstigt, verlor die Steuerfreiheit und sank zur Provinz herab, die fortan alle Lasten mit den andern trug und nicht mehr des Vorzuges genoß, die Person des Kaisers in den Mauern Roms zu besitzen. Nikomedien (in Kleinasien) wurde die Residenz. Den Maximianus, einen Bauernsohn aus Sirmium, der gleich ihm von der Pike auf gedient hatte, ernannte er zum Cäsar, am 1. April 286 zum Mitkaiser, und wies ihm Mediolanum zum Sitze an. In dieser Stadt trafen im Winter von 290 auf 291 die beiden Auguste zusammen und beriefen 292 den Galerius Maximianus und den Con-stantius Chlorus (den Bleichen) zu Cäsaren. Das uner-meßliche Reich wurde in vier Theile getheilt, doch so, daß Diocletian die oberste Leitung behielt. Er war das leitende Haupt, zu welchem die andern, nach dem Ausdrucke des Aurelius Victor, „emporsahen, wie zu einem Vater oder höchsten Gott".

Er nannte sich Jovius und stellte sich dadurch dem höchsten Gotte der Römer, dem Jupiter gleich; Maximian hieß Herculeus, gleichsam das Sinnbild der kräftigen vollziehenden Macht. Diocletian ließ sich persönliche Ehre erweisen, wie kein römischer Kaiser vor ihm. Nach Art der Perserkönige schmückte er sein Haupt mit dem Diadem, einer weißen mit Perlen besetzten Stirnbinde. Der Zutritt zu seiner Person wurde erschwert. Wer ihm nahte, mußte das Knie beugen, während bis dahin blos die ehrerbietige Begrüßung des Kaisers üblich war. Seine Gewänder und Schuhe ließ er mit Edelsteinen besetzen; die Kaiser vor ihm hatten sich wie jedermann gekleidet, ihre Auszeichnung bestand nur in dem purpurfarbigen Oberkleid. Diocletian nannte sich Dominus, Herr, und legte sich den Titel „geheiligte Majestät" bei; seiner Gottheit (numen imperatoris) wurden Opfer gebracht, vor seinen Statuen Eide geschworen. Er erlaubte sich, was ungestraft keiner seiner Vorgänger sich erlauben durfte, und nicht blos gegen gewöhnliche Unterthanen oder mindere Diener des Staates, sondern gegen Feldherren, gegen seine Gehilfen in der Herrschaft. Als Galerius aus einem unglücklichen Feldzuge gegen die Perser heim kam, ließ, obgleich ihn der Purpur kleidete, der erzürnte Diocletian ihn bei der ersten Begegnung einige tausend Schritte weit zu Fuß hinter seinem Wagen einherschreiten. Galerius fühlte sich dadurch so beschämt, daß er sich von neuem an die Spitze des Heeres stellte, auf die Perser muthig losging und ihnen eine entscheidende Niederlage beibrachte. Jetzt empfing ihn der Ober-Kaiser mit den ausgesuchtesten Ehren und Gnadenbezeigungen.

Dennoch wußte Galerius in einer wichtigen Angelegenheit den größten Einfluß auf Diocletian zu gewinnen. Der Kaiser war bisher duldsam gegen die Christen gewesen; seine Gemahlin Valeria und seine Tochter Prisca waren Christinnen. Der

Cäsar Constantius Chlorus in Gallien begünstigte die Christen;
nur Galerius, durch seine Mutter Romula aufgestachelt, war
vom wüthendsten Hasse gegen sie erfüllt. Lange widerstand Diocletian dem Drängen des Galerius; endlich 303
erging das furchtbare Gebot, daß alle Christen ohne Unterschied des Standes den heidnischen Göttern opfern müßten.
Valeria und Prisca blieben von dem Befehle nicht verschont;
viele aus der nächsten Umgebung Diocletian's, die sich
weigerten Götzendienst zu leisten, wurden qualvoll hingerichtet.
In Phrygien bekannten alle Einwohner einer Stadt das
Christenthum und wurden von den Soldaten sammt ihrer
Stadt verbrannt.

Auch auf die Länder unseres heutigen Kaiserstaates erstreckte
sich die grausame Verfolgung. Hier hatte das Christenthum bereits ansehnliche Verbreitung gefunden. Außer den altberühmten
Bischofsitzen von Mediolanum, Aquileja und Salona
bestanden solche zu Anfang des vierten Jahrhunderts in Pannonien zu Sirmium, Siscia, Mursa und Stridon (an
der Mur), im mittelländischen Noricum zu Tiburnia
(Teurnia), Petovio und Aemona; das zu Laureacum
im Ufer-Noricum scheint jüngeren Ursprungs zu sein. Jeder
dieser bischöflichen Sprengel hatte seine Märtyrer aus den
Zeiten der früheren Christenverfolgungen. An Aquileja knüpfen
sich die Namen der Heiligen Hermagoras, Fortunatus
und Celianus (zu Tergeste), an Noricum die der Heiligen
Julius, Maximilianus (zu Celeia) und Pelagius (zu
Aemona), an Pannonien die der fünf Arbeiter in den Marmorbrüchen bei Sirmium. Die Zahl dieser todesmuthigen Glaubens-
zeugen vermehrte die diocletianische Verfolgung. In Ufer-Noricum
wurden vierzig Christen nach Laureacum ins Gefängniß geschleppt.
Da bekannte sich Florianus, der früher im Heere gedient hatte,

unerschrocken zu ihnen und wurde in die Enns gestürzt. „Der Fluß erschrak, da er Christi Märtyrer empfing, und mit gehobenen Wogen legte er den Körper desselben auf einen emporragenden Fels; ein Adler schützte ihn da auf Gottes Befehl mit ausgespannten Fittigen" — so erzählt ein alter Bericht. Zu Petovio erlitt der Bischof Victorinus, zu Siscia der Bischof Quirinus den Märtyrertod. Als der letztere in den Strom gestürzt wurde, erhielt er sich noch lange schwimmend über den Fluthen und rief den am Ufer Stehenden Worte des Trostes und der Ermuthigung zur Ausdauer im Glauben zu, bis ihm die Kräfte versagten und die Fluthen den sinkenden Körper verschlangen. Die römische Kaisergeschichte zählte seit Nero zehn Christenverfolgungen von Staatswegen; die diocletianische war, wenn nicht die grausamste, jedenfalls die ausgedehnteste von allen, aber glücklicherweise auch die letzte.

Zwei Jahre später wurde die Welt durch das unverhoffteste in Staunen versetzt. Am 1. Mai 305 trat der lebenssatte schwermüthige Kaiser in Nikomedia vor seine Soldaten und legte seine Würde nieder. An demselben Tage legte auch Maximian in Mailand, durch ein Diocletian gemachtes heiliges Versprechen gebunden, den Purpur mit den Worten nieder: „Du hast ihn gegeben, großer Jupiter, nimm ihn wieder zurück!" Maximian begab sich auf ein Landgut in Lucanien, Diocletian aber in seine Heimat, aus der er vor langen Jahren als unbekannter Mensch geschieden war, um von Stufe zu Stufe bis zur höchsten weltlichen Würde emporzusteigen. Nächst Salona in Dalmatien hatte er sich einen prachtvollen Palast mit ausgedehnten Gärten angelegt, in deren Stille er sich jetzt begrub und bis an sein Lebensende ein Einsiedlerleben führte — wenn wir die Zurückgezogenheit mit allen Genüssen des Privatlebens so nennen dürfen. Als ihn während der Thronstreitigkeiten, die auf seinen Rücktritt folgten, Maximian bereden wollte, aus seiner Einsamkeit hervorzutreten und wieder die Zügel der Regierung zu ergreifen, ließ ihm Diocletian sagen: „Wenn Du den Kohl sehen könntest, den ich pflanze, würde es Dir nicht in den Sinn kommen, an mich ein solches Verlangen zu stellen". Er starb im Jahre 314, im Alter von 68 Jahren.

30.

Constantin der Große — Oeffentliche Anerkennung des Christenthums — Arianismus.

Unter den Mit- und Hilfsherrschern, die nach Diocletian's Abgange einander gegenseitig befehdeten, blieb zuletzt Constantin Sieger. Er hatte neben seinem trefflichen Vater, Constantius dem Bleichen, der in Gallien den Christen Duldung und Milde angedeihen ließ, eine noch trefflichere Mutter, Helena, die schon die christliche Ueberzeugung im Herzen trug und durch diese ohne Zweifel auf die Entschließungen ihres Sohnes bestimmend gewirkt hat.

Constantin, entfernt von seinen Eltern am Hofe in Nikomedien gehalten, wurde nach Diocletian's Abdankung von dessen Nachfolger Galerius eifersüchtig bewacht. Als er im Jahre 306 an das Krankenlager seines Vaters eilte, entging er mit genauer Noth den Nachstellungen des Galerius. Er nahm seinen Weg die Donau aufwärts, und fand da überall die Spuren der letzten Christenverfolgung; viele Orte waren leer, weil sich die Bewohner in die Berge und Wälder geflüchtet hatten. Sein Vater starb am 25. Juli 306 und die Soldaten riefen den Sohn zum Imperator aus. Galerius mußte es geschehen

laſſen, gab ihm aber nicht den Rang eines Auguſtus, ſondern
nur den des zweiten Cäſar. Zu ſeinem Mitkaiſer ernannte Galerius den Flavius Severus, zum erſten Cäſar den
Maximinus Daza, ſpäter den Daker Licinius. Severus
endete 307; dafür trat aber Maximian wieder aus ſeinem
Privatleben hervor und bekleidete ſeinen Sohn Maxentius
mit der Cäſarenwürde, ſo daß das römiſche Reich eine kurze Zeit
hindurch ſechs Beherrſcher auf einmal hatte. Maximian ſtarb
310 durch eigene Hand, Galerius das Jahr darauf in Folge
ſeiner Ausſchweifungen, Maxentius, deſſen Soldaten durch
Conſtantin bei Verona geſchlagen und nach Rom zurückgetrieben wurden, ertrank 312 beim Einſturz einer Brücke, über die
er ſich flüchten wollte. Im Winter darauf trafen in Mediolanum Conſtantin und Licinius zuſammen, die, nachdem
313 auch Maximinus Daza geendet hatte, die Weltherrſchaft
unter ſich theilten. Doch ihre Freundſchaft dauerte nicht lange.
In Aemona wurden die Statuen Conſtantin's beſchimpft
und das gab den erſten Anlaß zum Streit. Conſtantin brachte
ſeinem Mitkaiſer bei Cibalis in Pannonien eine Niederlage
bei (314) und ließ ſich von ihm Illyrien abtreten. Neun Jahre
ſpäter (323) entbrannte der Kampf um die Herrſchaft von
neuem, Licinius verlor Thron und Leben, Conſtantin war
Alleinherrſcher des Reiches (324). Im Jahre 326 beging er zu
Rom die zwanzigjährige Feier ſeines Regierungsantrittes. In
dieſe Zeit fällt die beklagenswertheſte That ſeines Lebens. Auf
die falſche Anklage ſeiner zweiten Gemahlin Fauſta gegen
ſeinen edlen und liebenswürdigen Sohn erſter Ehe Criſpus
und einen angeblich Mitverſchworenen deſſelben Licinianus
gab er den Befehl zur Hinrichtung, der an den beiden hoff-
nungsvollen Jünglingen zu Pola vollzogen wurde. Zu ſpät
öffnete die fromme Helena dem grauſam getäuſchten Vater die

Augen, der nun, eine Blutthat durch die andere rächend, Fausta im heißen Bade ersticken ließ.

Diese Handlung hat Constantin's sonst rühmliches An- denken befleckt. Uebrigens gehört er unter die bedeutendsten Herrscher des römischen Reiches und seine Regierung bezeichnet einen Wendepunct in der Geschichte der Menschheit. Die Mit- welt legte ihm den Namen des Großen bei, den er, wenn nicht durch anderes, gewiß durch das hohe Verdienst rechtfertigt, das Christenthum aus der Schmach der Erniedrigung gehoben und ihm die Bahn zur vollen Entfaltung seines Segens geöffnet zu haben.

Bis auf diesen Punct, den wir näher betrachten werden, baute Constantin in allem auf dem Grunde fort, den Diocle- tian gelegt hatte. Wie dieser erkannte er in der unbeschränkten Herrschaft das einzige Mittel, die widerstrebenden Elemente zu bezwingen und Einheit im Staate herzustellen. Doch wählte er, durch die Vorgänge nach Diocletian gewarnt, keine Mitherr- scher. Wie dieser hielt er auf einen glänzenden Hofstaat, bestellte für die verschiedenen Bedürfnisse des Herrschers besondere Wür- denträger — woraus später die Hofämter sich entwickelten — und regelte die Abstufungen in Rang und Titel bis in die untersten Glieder, wodurch freilich die Zahl der Beamten sehr zunahm und dem Reichssäckel eine drückende Last erwuchs. Zu- dem stand der guten Absicht des Kaisers die Schwierigkeit ent- gegen, das Gebaren der Beamten zu beaufsichtigen und Willkür oder Erpressungen hintanzuhalten, die bei der ungeheuern Steuerlast, welche die Reichsländer zu tragen hatten, um so empfindlicher trafen, und gegen die es keinen Schutz gab. Die Eintheilung des Reiches, wie sie von Diocletian ausging, behielt Constantin bei; aber er sonderte sowohl das Morgen- als das Abendland in je zwei Theile, und ließ den vier Präfecten, welche diese Theile verwalteten, keinen Einfluß auf das Heerwesen. Indem er so die bürgerliche Gewalt von der militärischen trennte, wurde der Willkür gesteuert, die manchem seiner Vorgänger Thron und Leben gekostet hatte.

Wie Diocletian wählte er seinen Kaisersitz außer Rom. Jener wurde dazu durch persönlichen Widerwillen gegen die ewige Stadt, Constantin aber durch gewichtige Rücksichten bestimmt, die im Plane der Regierung lagen. An der Grenzscheide zwischen Europa und Asien, wo keine Denkmäler alte Erinnerungen weckten, sollte die neue Hauptstadt erstehen, als ein Denkmal der neuen Zeit, die der Kaiser durch weitgreifende Veränderungen begründen wollte. Das alte Byzanz, am Eingange der Meeresstraßen aus dem schwarzen ins Mittelmeer, ward zur Anlage der neuen Stadt gewählt, ein Platz von entzückender Schönheit und wie Rom durch sieben Hügel beherrscht. Der Kaiser nannte die Stadt Neu-Rom, das Volk gab ihr des Gründers Namen, Constantinopolis, der sich forterhielt. Ihre Bedeutung für die Zukunft lag insbesondere in zwei Merkmalen, die Constantin bei ihrer Gründung im Sinne hatte: Alle Nationen des Reichs, auch die Barbaren, waren darin vereinigt, und die christliche Kirche breitete dort ungehindert ihre segensreiche Wirkung aus.

Constantin's Verhältniß zu den germanischen Völkern war, vom römischen Standpuncte aufgefaßt, das eines Mannes, der ein unabwendbares Uebel so erträglich als möglich macht. Seine Laufbahn zum Throne lehrte ihn das. Das Heer, mit welchem er gegen seine Widersacher gesiegt hatte, bestand größtentheils aus germanischen Söldnern. Alamannische Legionen waren es, die ihn zuerst als Kaiser begrüßten. Nur mit Hilfe dieses Heeres konnte er seinen umfassenden und der Volksmasse nicht bequemen Neuerungen Nachdruck geben und, wenn es darauf ankam, den

Feind von der Grenze abwehren. War es unter solchen Umständen zu wundern, daß Constantin weniger die Waffen als
andere Mittel gebrauchte, um mit den Barbaren in Frieden zu
bleiben? Nur gegen die Gothen, die an der untern Donau
immer dringender wurden, zog er ins Feld. Als sie sich aber
erboten, ihm gegen Sold, so oft er es verlangte, eine Hilfs-
schaar zu stellen, nahm er das Bündniß an. Noch zu seiner
Zeit finden wir in Constantinopel Gothen als tonangebende
Stadtbewohner; ihre Tracht wurde Mode, ihre Sprache Merkmal gewählter Bildung; und die Franken hatten dort schon
einen so einflußreichen Anhang, daß der Kaiser einen der Ihrigen mit dem Titel eines römischen Consuls ehrte.

Am wichtigsten aber und folgenreichsten war Constantin's
Stellung zum Christenthum. Sie hat ihm von christlichen
Schriftstellern überschwängliches Lob, von den heidnischen heftige
Schmähungen eingebracht. Wir dürfen uns durch beides nicht
beirren lassen. Er begann seine Laufbahn als Herrscher mit der
offenen Anerkennung der christlichen Lehre und mit ihrer Duldung im Staate, 324, die später zum Schutz, ja zur Begünsti-
gung führte. Er schloß seine Laufbahn mit dem persönlichen
Eintritt in die Gemeinschaft der Kirche, indem er erst im Vor-
gefühl des nahenden Todes die Taufe empfing. Dem denkenden
Staatsmanne, der die Wirkungen der bisher grausam verfolgten
Lehre auf den Staat besser als seine Vorgänger abwog, schloß
sich am Ende der bekennende, und wir wollen annehmen, auch
der gläubige Christ an. Constantin sah im Christenthume vorerst
eine Macht, die im Kampfe mit dem Staat gefährlich, im Bunde
mit ihm seine Stütze werden konnte. Darum begünstigte er die
Ausbreitung der Lehre, ohne das Heidenthum zu verfolgen.
Darum vertiefte er sich in die Organisation der Kirche und
schützte deren Satzungen, ohne seine Person ihr hinzugeben.

Darum ließ er den neuen Kaifersitz Byzanz zu einer vornehmlich christlichen Stadt einrichten und mit der reichsten Pracht des christlichen Cultus schmücken, ohne die Denkmäler des Götterglaubens auszuschließen. Und aus demselben Grunde mußte ihm viel daran liegen, den Einfluß der Bischöfe zu stärken, ihren Verfügungen zu Gunsten der christlichen Gemeinden Schutz zu gewähren, und vor allem Uneinigkeit und Spaltungen in der Kirche abzuwenden, die voraussichtlich mit der Kirche auch den Staat gefährden mußten.

Der gelehrte Streit über die Göttlichkeit der Person Christi bewegte damals die Gemüther und drohte gefährlich zu werden. Da drang der Kaifer auf einen giltigen Ausspruch der Kirche und berief eine allgemeine Kirchenversammlung, an welcher beinahe die ganze höhere Geistlichkeit des Reiches theilnahm. Unter den 318 anwesenden Bischöfen trug „mancher noch die Merkmale der Marter aus der Verfolgungszeit sichtbar am Leibe". Auf dieser ersten Kirchenversammlung zu Nicäa (325) wurde die Lehre des Arius, der die Göttlichkeit Christi in Frage stellte, verurtheilt und die wahre Lehre der Kirche in einem Glaubensbekenntnisse festgestellt (das nicänische Symbolum). Dem Beschlusse gebot der Kaifer sich unbedingt zu fügen, ja er lieh der Kirche noch seinen weltlichen Arm, indem er über Arius und dessen Anhänger, nachdem sie von der Kirchengemeinschaft ausgeschlossen waren, das Verbannungsurtheil aussprach. Und dennoch finden wir ihn später wieder schwankend in dem gefaßten Beschlusse und geneigt, die Gegner des Arius zu strafen, während dieser zu Gnaden kam. Mit einem Wort: Die eifrige Förderung, die das Christenthum durch Constantin erfahren hat, und die offene Anerkennung, die es ihm verdankt, folgten zunächst aus Beweggründen, die außer dem Glauben lagen. Nur von dem Nutzen des Christenthums für den Staat war

Constantin überzeugt; die beseligende Wirkung, die es auf den gläubigen Bekenner übt, kannte er bis zum Tode nicht.

Nach ihm kam noch eine Zeit, wo das Christenthum gewaltsam verdrängt und der Bund des Staates mit der Kirche gelöst werden sollte. Es war unter dem kräftigen, aber in unfruchtbaren Ansichten befangenen Julian. Die Zeit ging wie ein Gewitter vorüber, das die Luft klärt. Der abtrünnige Julian mußte sich am Schluß seiner Kämpfe zugestehen, daß diese Macht unüberwindlich sei. Aber auch nach Julian blieb die Kirche in dem unsichern Verhältnisse zum Staate, in welches sie Constantin gesetzt hatte; sie war neben dem Heidenthum geduldet und wurde je nach der Strömung der Ansichten, die sich am Kaiserhofe geltend machten, begünstigt oder sich selbst überlassen. Den Gedanken: „Der Staat soll christlich sein", hat erst Theodosius ins Leben gerufen, der selbst Christ in der schönsten Bedeutung des Wortes war und bei dem sichtbaren Verfall alles bestehenden jene wunderbare Macht erkannte, der sich die Trümmer des Reiches dereinst zu einer schönern Ordnung fügen sollten. Das rechtfertigt den Beinamen des Großen, den die Geschichte diesem Kaiser beilegt.

31.

Beginn der Völkerwanderung — Theodosius der Große — Theilung des römischen Reiches.

Auf Constantin's Tod, 21. Mai 337, folgte wieder eine Zeit des Stillstandes in der innern Entwicklung des Reiches, die mit Kämpfen um den Thron gefüllt war. Wir wollen sie flüchtig berühren, insofern die Ereignisse mit der Geschichte unseres Vaterlandes verflochten sind oder sich auf dem Gebiete desselben zutrugen. Constantin's Söhne, Constantin II., Constantius und Constans — dem letzteren fiel Illyrien, Pannonien, Italien und Africa zu — blieben nicht lange einig. Zuerst kam es zwischen Constantin II. und Constans zum Kampfe. Während dieser mit den Gothen beschäftigt war, 340, fiel jener in Italien ein und rückte durch die Ebene des Po auf Aquileja los, wo er sich festsetzte. Constans machte schnell mit den Gothen Frieden, zog dem feindlichen Bruder entgegen und wußte ihn in einen Hinterhalt zu locken, wo Constantin mit dem größten Theile seiner Mannschaft unterlag. Zehn Jahre später, 350, fiel Constans durch Meuchlerhand. Gegen Constantius aber, den einzig noch übrigen Sohn des großen Constantin, erstand in Magnentius ein Gegenkaiser, der sich mit Vetranio in Illyrien verband. Sein Glück war von kurzer Dauer. Von Constantius 351 bei Mursa, zum zweitenmale bei Pavia geschlagen, mußte er nach Gallien flüchten, wo er nach einer dritten entscheidenden Niederlage bei Lyon sich selbst den Tod gab. An des Gefallenen Stelle ließ sich Gallus zum Augustus ausrufen. Constantius, scheinbar zum Frieden geneigt, lud ihn zu einer Zusammenkunft; als aber Gallus kam, wurde er festgenommen und zu Pola hingerichtet, 354.

Jetzt hatte Constantius nur einen Nebenbuhler zu fürchten, den hochbegabten und strebsamen Julianus, einen Brudersohn seines Vaters. Der Kaiser ließ ihn zu sich nach Mediolanum bringen, wo sich der junge Mann durch sein kluges Benehmen so in seine Gunst zu setzen und sein Vertrauen zu gewinnen wußte, daß er ihn 355 zum Cäsar erhob und nach Gallien sandte. Nach fünf Jahren thatkräftigen Wirkens daselbst wurde Julian von seinen Legionen zum Kaiser ausgerufen, und nun kam es zum Bruche mit Constantius, der im fernen Asien beschäftigt war. Im Frühjahre 361 wälzten sich drei

große Heeresmassen von Gallien her durch die Länder unseres
Kaiserstaates dem Orient zu: eine Abtheilung durch Italien über
Aquileja, das allein bewaffneten Widerstand leistete, nach
Illyrien, eine andere durch die rhätischen Alpen, eine dritte,
bei welcher sich Julian selbst befand, an beiden Ufern der Donau und theilweise auf Schiffen nach Pannonien. Der Tod
des Constantius, 3. Nov. 361, ließ es jedoch zu keiner kriegerischen Entscheidung kommen. Julian hat, wie schon früher erwähnt, durch seinen offenen Abfall vom christlichen Glauben,
an dessen Stelle er wieder das Heidenthum und selbst das
Judenthum setzen wollte, eine traurige Berühmtheit und den
Beinamen Apostata (der Abtrünnige) erlangt. Er regierte nur
kurze Zeit, bis 26. Juni 363. Jovianus, aus Singidunum
(Belgrad), der ihm nachfolgte, starb, kaum acht Monate nach
seinem Regierungsantritt, 16. Februar 364, und hatte den
tapfern und tüchtigen Valentinian, aus Sabaria gebürtig,
zum Nachfolger. Valentinian nahm seinen Bruder Valens
zum Mitherrscher auf, und wies ihm Constantinopel zum Sitze
an, während er selbst zu Mediolanum Hof hielt.

Valentinian regierte zehn Jahre weise und glücklich, und
kämpfte siegreich in Gallien und Britannien, bis ihn ein un-
erwartetes Ereigniß in die Gefilde seiner Heimat rief. Gereizt
durch die Anlage von Castellen und Brückenköpfen auf ihrem
Gebiete und durch die treulose Ermordung ihres Königs Gabi-
nius, — der Feldherr des Kaisers, Marcellianus, hatte ihn
unter dem Vorwande gütlicher Ausgleichung zu einem Gastmahle geladen und meuchlings aus dem Leben geschafft — hatten
die Quaden, die seit langem friedliche Nachbarn der Römer
waren, einen Einfall nach Pannonien gemacht, zwei römische
Legionen niedergeworfen, das glanzvolle Carnuntum mit
Sturm genommen und der Verwüstung preisgegeben und das

Land am rechten Ufer der Donau weithin verheert. Als Valentinian auf dem Schauplatze erschien und in dem zerstörten Carnuntum schleunige Vorkehrungen zu einem Rachezuge traf,
zogen sich die Quaden wieder in ihre Sitze zurück, wohin ihnen
Valentinian mit einem Heere folgte und das Gebiet jenseits der
Donau verwüstete. Die gebeugten Quaden baten um Frieden
und sandten eine Botschaft an den Kaiser, die er in Brege-
tium empfing. Als sie aber während der Verhandlung sich
darauf beriefen, nicht ihre Schuld sei es gewesen, sondern die
Eigenmächtigkeit und Hinterlist der kaiserlichen Feldobersten, die
den Krieg herbeigeführt, gerieth Valentinian in so heftigen Zorn,
daß ihm eine Ader barst und er plötzlich starb, 17. November 375. Er hinterließ zwei Söhne, Gratian, von seiner
frühern verstoßenen Gemalin Severa Marina, und den
fünfjährigen Valentinian II. von seiner zweiten, Justina.
Die beiden Mütter führten die Regentschaft über ihre Söhne,
von denen der ältere in Trier, der jüngere in Sirmium erzogen wurde.

Der Einfall der Quaden war nur ein Vorspiel dessen,
was jetzt dem römischen Reiche von den wilden Stämmen jenseits seiner Grenzen drohte. Der erste Anstoß zu dem gewaltigen
Völkergedränge kam vom fernen Osten her. Um das Jahr 374
waren zahllose Schwärme mongolischer Völker — sie werden
Hunnen genannt — aus den Steppen Asiens in Europa ein-
gebrochen und hatten die Ostgothen, die zwischen Dnjepr und
Dnjestr saßen, nach kurzen Kämpfen überwältigt. Furchtbar
nach ihrer Zahl und verstärkt durch die unterjochten Stämme,
warfen sie sich vordringend auf die Westgothen in Dakien, die an der untern Donau, wie wir wissen, unmittelbare
Nachbarn der Römer waren und mit diesen in einem gewissen
Vertragsverhältnisse standen. Ein großer Theil derselben ging.

Schutz suchend, über die Donau und bat um Aufnahme in das Reich, die ihnen nach mancher Schwierigkeit der Grenzbeamten gewährt wurde. Der Kaiser Valens wies ihnen Wohnsitze südlich der Donau an und mochte dabei im Sinne haben, sie, wenn der Hunnensturm heranrücke, als Vorhut des Reiches zu verwenden. Allein die neuen Ansiedler wurden von den kaiserlichen Beamten so rücksichtslos behandelt, daß sie zur Selbsthilfe schritten und die vorenthaltene Verpflegung auf Raubzügen holten. Die Erbitterung führte zur offenen Empörung. Von ihren Landsleuten über der Donau und auch von Hunnen unterstützt, kehrten die Westgothen die Waffen gegen den Kaiser, brandschatzten die Provinz und drohten auf Constantinopel loszugehen. Auf dem Wege dahin stellte sich ihnen das kaiserliche Heer, mit dem Kaiser an der Spitze, entgegen und es kam zur Schlacht (378). Wer noch den Gedanken gehegt hatte, daß die Germanen besiegbar seien, der Sieg der Gothen bei Adrianopel mußte ihn eines andern belehren. Die Niederlage der Römer war, wie ein Soldat und Augenzeuge spricht, furchtbarer, als die durch Hannibal bei Cannä. Auf der Flucht ging der Kaiser zu Grunde.

In dieser Bedrängniß rief der schwache Mitkaiser Gratian den Feldobersten Theodosius zu Hilfe und bekleidete ihn mit dem Purpur, womit er an die Stelle des verunglückten Valens trat. Zu Sirmium, der Residenz des von seiner Mutter Justina bevormundeten jungen Valentinian II., wurde Theodosius 379 dem Heere als Augustus vorgestellt. Er zählte damals 33 Jahre, war blühend und kräftig; ein Ehebündniß, das er mit Galla, der schönen Schwester Valentinian's einging, befestigte ihn noch mehr in seiner neuen Stellung.

Theodosius hatte für die Gefahr des Augenblicks den sichern Blick. Die Gothen konnten nicht mit den Waffen besiegt und eben so wenig mehr aus dem Reiche gedrängt werden, auf dessen Besitz — in den untern Donauländern — sie das Anrecht des Eroberers hatten. Theodosius wandte seine Vorsicht dahin, sie für das Reich unschädlich, vielleicht sogar nützlich zu machen. Es ist das Verdienst des Feldherrn wie des Staatsmannes, daß er die Führer des kriegerischen Volkes dahin brachte, den ruhigen Besitz des Landes als ein kaiserliches Geschenk mit Gegenleistung anzunehmen. Man schloß einen Heerdienstvertrag (382). Das ganze Volk der Westgothen wurde zu Verbündeten (confoederati) aufgenommen und erhielt ständige Wohnsitze in Mösien und Thrakien mit dem Zugeständniß, keine Abgaben zu zahlen und unter ihren eigenen Gesetzen und Häuptern zu leben; doch mit der Verpflichtung, die Oberhoheit des Kaisers anzuerkennen und ein ständiges Heer von 40.000 Mann für den römischen Kriegsdienst zu stellen, wofür ihnen Jahresgelder ausgezahlt wurden.

Von nun an gehörten gothische Fürsten (im Westen des Reiches auch fränkische) zu den Großen des römischen Reiches, und vorzüglich mit gothischen Kräften löste Theodosius die Aufgabe, die ihm als Ordner des Reiches beschieden war. Mit einem Gothenheere schlug er (388) bei Petovio seinen Nebenbuhler Maximus, der sich an des ermordeten Gratian Stelle gesetzt hatte, und verfolgte ihn bis Aquileja; die eigenen Soldaten des Maximus lieferten ihn an Theodosius aus, der ihn enthaupten ließ. Jetzt schlug Valentinian II., dem Illyrien, Italien und Africa zufielen, seinen Sitz in Mediolanum, später in Trier auf, wo er 392 von dem ehrsüchtigen Arbogast, einem heidnischen Franken, vom Throne gestoßen und ermordet wurde. Arbogast wußte, daß ihm Theodosius diese That nicht werde hingehen lassen und zog mit einem Heere wider ihn. Als er durch Mediolanum kam, wo der große

Kirchenlehrer Ambrosius (geb. 340) Bischof war, drohte der übermüthige Franke: „Wenn ich als Sieger zurückkehre, werde ich aus eurer Kirche einen Stall für meine Pferde machen und aus euren Geistlichen Soldaten!" Doch er kehrte nicht zurück. Wieder kam es bei Aquileja zur Entscheidung (394), und wieder war es ein Gothenheer, von dem jungen Fürsten Alarich geführt, das Theodosius seinem Feinde entgegenstellte. Am ersten Tage blieb Argobast Sieger. „Wo ist der Gott des Theodosius?" rief schmerzvoll der Kaiser nachts auf seinem Lager. Da soll ihn ein Traumgesicht mit neuem Muthe erfüllt haben. Am andern Tage wurde der Kampf fortgesetzt. Der „Gott des Theodosius" brachte den Sieg, Arbogast stürzte sich in sein eigenes Schwert und Theodosius war Alleinherrscher.

Inmitten dieser Kämpfe um die Selbständigkeit des Reiches widmete Theodosius den Verhältnissen des Christenthums die regste Sorgfalt. Schon während der getheilten Herrschaft mit Gratian erließ er eine Reihe von Gesetzen, die den Götterdienst einschränkten und dem christlichen Bekenntnisse eine freiere Entwicklung gestatteten. Zugleich war er bestrebt, der arianischen Irrlehre Schranken zu setzen, die in den Zeiten nach Constantin I. größere Verbreitung fand, da sich mehrere Kaiser zu ihr bekannten. Der eigene Sohn Constantin's, Constantius, ließ sich von dem arianischen Bischofe von Mursa (351) zum Arianismus bereden. Valentinian I. war Katholik, sein Bruder und Mitkaiser Valens dagegen Arianer, der die Katholiken heftig verfolgte. Von Valentinian's Witwen war die verstoßene Severa Marina eifrige Katholikin, die andere, Justina, heftige Arianerin und so wurden auch die beiden jungen Kaiser erzogen. Als Justina mit Valentinian II. in Mailand weilte, verlangte sie, daß die Hauptkirche der Stadt den Arianern eingeräumt werde; doch Bischof Ambrosius widersetzte sich diesem Begehren in so kräftiger Weise, daß der Hof nachgeben mußte. Im Jahre 381 endlich versammelte Theodosius die Bischöfe in Constantinopel zur zweiten allgemeinen Kirchenversammlung, um den arianischen Streit zum Abschlusse zu bringen. Eilf Jahre später (392) erließ er das allgemeine strenge Verbot des heidnischen Cultus und erhob das Christenthum zur ausschließenden Staatsreligion, so daß selbst der Senat zu Rom, der sich am längsten dagegen gesträubt hatte, seine Göttertempel schließen mußte.

Wiewol die arianische Irrlehre zum zweitenmal verurtheilt war, so widerstand sie im östlichen Theile des Reiches doch lange allen Versuchen der Unterdrückung und pflanzte sich insbesondere bei den Gothen fort, an welche der strenggläubige Kaiser kein Verbot erlassen konnte. Die pannonischen und illyrischen Diöcesen waren mehr oder minder von dem Arianismus angesteckt. Sirmium war ein Hauptsitz desselben. In Petovio bedrängte der arianische Bischof Valens den katholischen, der sich nach Mediolanum flüchtete, wo Ambrosius der Irrlehre, wie bereits erzählt wurde, kräftig entgegentrat. Es spricht für die Thatkraft dieses großen Mannes, wenn wir hören, daß er sich nach Sirmium begab und dort den katholischen Anemius als Bischof einführte.

Zu welcher sittlichen Macht sich die Kirche erhob, beweiset folgender Zug aus dem Leben dieses Kirchenfürsten, der auch dem Kaiser Theodosius zu Ehren gereicht. Theodosius hatte zu Thessalonich, im Zorne darüber, daß ihm einer der Kriegsobersten erschlagen wurde, auf das Volk einhauen lassen, wobei an 7000 Menschen umkamen. Als er einige Zeit darnach zu Mailand in die Kirche gehen wollte, versagte ihm Ambrosius den Eintritt, weil es eine neue Sünde wäre, die von Blut triefenden Hände ungesühnt zu Gott zu erheben. Der Kaiser, ergriffen von dieser Mahnung, unterwarf sich der Kirchenbuße und erhielt erst nach acht Monaten die Lossprechung gegen die Zusage, künftige Todesurtheile erst nach einem Aufschube von 30 Tagen vollziehen zu lassen.

Vier Monate nach dem Siege von Aquileja starb Theodosius (17. Jänner 395) und hinterließ das Reich in der schwierigsten Lage seinen jungen und schwachen Söhnen Arcadius und Honorius, jenem das Morgenland mit dem Sitze zu Constantinopel, diesem das Abendland mit dem Sitze zu Rom. Beiden setzte der sterbende Kaiser einen Vormund und Reichsverweser an die Seite; im Morgenlande den Gallier Rufinus, im Abendlande den Vandalen Stilicho. Noricum, Rhätien, Illyrien und Pannonien gehörten zum abendländischen Reiche.

Zwei Jahre nach Theodosius ging Ambrosius aus dieser Welt. An das Ereigniß seines Todes knüpft sich eine Nachricht, die davon Zeugniß gibt, daß die Markomannen damals noch ihre alten Sitze in Böhmen inne hatten und die alte Feindschaft gegen die Römer hegten. Die Königin Fritigild nämlich, die den Wunsch hegt, Christin zu werden, sendet im Jahre 396 Botschaft an Ambrosius und bittet ihn um Belehrung im christlichen Glauben. Indem Ambrosius dieser Bitte willfährt, fügt er der schriftlichen Belehrung den Rath bei, die Königin möge ihren Gatten zum Frieden mit den Römern bewegen, was Fritigild auch thut. Als sie aber darauf nach Mailand reiste, um den heiligen Mann persönlich zu begrüßen, fand sie nur seine Leiche; am 4. April 397 war er in das bessere Jenseits hinübergegangen.

VI.

Die Zeiten der Völkerwanderung — Untergang des weströmischen Kaiserreichs.

32.

Die Westgothen unter Alarich und Athaulf.

Mit dem Tode des Kaisers Theodosius fiel die letzte Schranke, welche die Barbaren von Angriffen auf das Reich abhielt; und diese Angriffe waren nicht mehr auf Gewinn von Wohnsitzen oder auf Abwehr übler Behandlung gerichtet, sondern sie hatten Unterjochung und Herrschaft zum Ziele, und verfolgten dieses Ziel, wenigstens im westlichen Theile des Reiches, bis es erreicht war.

Theodosius hatte diese Gefahr nicht verkannt und glaubte ihr durch die Theilung des Reiches zu begegnen. Zwischen den griechischen und lateinischen Ländern war nämlich ein durchgreifender Unterschied in Sprache und Sitte, ein merkbarer in Lehre und Verfassung der christlichen Kirche eingetreten, deren Einfluß auf die Herrschaft sich immer mehr geltend machte. Die Einfälle der Barbaren ins Reich geschahen nicht mehr vereinzelt, sondern zu gleicher Zeit in Nord und West, und forderten eine Theilung der Kräfte, die hier und dort den

Widerstand durch eine feste Ordnung regelte. Aber in einem ver-
sah es Theodosius. Er glaubte, die Barbaren, die er durch Verträge
ans Reich gebunden und als reisiges Kriegsvolk aufgenommen
hatte — sie machten den kräftigsten Theil des Reichsheeres aus —,
würden unter seinen Nachfolgern eben so fügsam zu erhalten
sein, wie sie sich ihm gegenüber zeigten. Er baute vielleicht in
diesem Puncte auf die Klugheit der beiden Reichsverweser, die
er seinen Söhnen gab, und die, ihrem Stamme nach selbst
Barbaren, ein vorsichtiges Verfahren gegen ihre Landsleute
erwarten ließen. Rufinus, der Minister des Arcadius in
Ost-Rom (Constantinopel), war, wie wir gehört haben, ein
Gallier, Stilicho, der Vormund des Honorius in West-
Rom, ein Vandale.

Ehe wir den Verlauf der Ereignisse verfolgen, die nach
des Kaisers Tode eintraten, wird ein Blick auf die Stellung
der Völker nothwendig sein, welche damals den Raum des
heutigen Kaiserstaates besetzt hielten. In Rhätien und Noricum waren die alten Verhältnisse ziemlich unverrückt geblieben. Der Römer gebot noch über römische Provincialen,
unter denen die alten Ansiedler romanisirt waren, die neuen
keinen gewichtigen Bestandtheil bildeten. Das Elbeland war
noch von Markomannen, das March- und Waagland von
Quaden besetzt. Doch hatten unter beiden auch andere germanische Stämme Platz gefunden. Heruler und Gepiden
werden besonders genannt; sie gewinnen später Bedeutung.
Von den Langobarden, die wir früher an der mittleren
Elbe gefunden haben, war eine Schaar schon bis an die Grenze
Pannoniens (im heutigen Ungarn) vorgedrungen. Pannonien
selbst hatte um diese Zeit beinahe völlig Barbaren zu Bewohnern,
vornehmlich Ostgothen mit Theilen von Alanen, Vandalen und Hunnen, von deren Haltung es nur abhing, ob

die Provinz noch als römisch oder als verloren zu betrachten war. Und über die Karpaten bis an die Stromschnellen der Donau (bei Orsova) verbreitete sich der Hauptstamm der aus Asien eingedrungenen Hunnen mit den ihnen unterworfenen Slaven und Theilen von Alanen und Gothen. Letztere, dem Westgothen-Stamme angehörig, sind von jenen zu unterscheiden, die an den Mündungen der Donau und südlich des Stroms vertragsmäßig als römische Verbündete angesiedelt waren.

Inner des oströmischen Reiches bildeten Westgothen den Kern der verfügbaren Truppen, in der Hauptstadt Constantinopel eine mächtige und einflußreiche Partei. Letztere heidnisch, aber dem Hofe ergeben und ihren Landsleuten in der Provinz abgeneigt; erstere christlich, dem arianischen Bekenntnisse folgend, welches ihr Bischof Ulfilas (geb. 311, Bischof 340, gest. 381) unter ihnen verbreitete, und dem römischen Regimente abhold, da sie sich in ihrem Bundesverhältnisse gedrückt fühlten und der alten Zeit ihrer Unabhängigkeit nicht vergessen konnten, wo sie unter heimischen Königen den Römern furchtbar geworden waren. Die Begegnung zwischen Römern und den im Reiche angesiedelten Gothen war nichts weniger als freundlich. Der Gothe, ein unbändiger Krieger, fügte sich nicht leicht in die Militär-Ordnung der Legionen, wollte bessere Quartiere und bessere Verpflegung, und sah stolz auf den römischen Krieger herab, dem er fühlen ließ, daß er seiner nicht entbehren könne. Der Römer dagegen im Bewußtsein seiner feinern Bildung verachtete den Gothen und ließ ihn das, so oft er konnte, merken. Reibungen, Schlägereien, die oft einen bedenklichen Charakter annahmen, waren zwischen römischen und gothischen Truppen nichts seltenes, und nur das kluge und umsichtige Verfahren des Kaisers vermochte den gefährlichen Ausbruch solcher Feindseligkeiten hintan zu halten. Wie nothwendig dem

Theodosius das gute Einvernehmen mit den Gothen erschien, zeigt sich daraus, daß er unter den Westgothen in Thrakien die arianische Irrlehre duldete, während sie bei den römischen Unterthanen verfolgt wurde. In Constantinopel ließ er, der eifrige Katholik, sogar heidnische Gothen zu Diensten im kaiserlichen Palaste zu und beförderte sie zu Ehrenämtern.

Wenige Monate nach des Kaisers Tode sank das Gebäude seiner Vorsicht in Trümmer. Die Westgothen in Thrakien, entweder vom oströmischen Hofe in ihren Rechten verletzt oder dies zum Vorwand nehmend, versagten den Gehorsam und erhoben einen Jüngling aus dem edlen Geschlechte der Balten als König auf den Schild. Es war Alarich, derselbe, der das Gothenheer im Dienste des Theodosius bei Aquileja zum Siege geführt hatte. Siegreich zog er (395) mit seinen Gothen gegen Constantinopel, und als er die Stadt durch die dem Hofe ergebenen Landsleute vertheidigt sah, weiter südwärts nach Griechenland, das hülflos der Plünderung preisgegeben war.

Einen wirksamen Beistand gegen ihn vereitelte die Eifersucht der beiden Reichsverweser. Stilicho, der mit weströmischen Truppen über das Adriameer zu Hilfe kam, mußte auf Befehl aus Constantinopel heimkehren; und als er im nächsten Jahre, wo ganz Griechenland schon von Alarich besetzt war, wieder gerufen wurde, ging er mit diesem einen bedenklichen Frieden ein. Illyrien, die Grenzprovinz zwischen West- und Ost-Rom, wurde dem Gothenkönig „zur Bewachung" übergeben, so daß Stilicho sich seiner gegen Constantinopel bedienen konnte (397). Schon vordem hatten die gothischen Söldner in Constantinopel eine Meuterei erregt und den Reichsverweser Rufinus vor den Augen des Kaisers Arcadius erschlagen.

Aber Stilicho täuschte sich in den Plänen Alarich's, so wie Theodosius sich ehedem im Verhalten der Gothen getäuscht

14

hatte. Nicht Constantinopel, sondern das abendländische Reich war sein Ziel. Im Osten sah der vorsichtige Mann die Vorzeichen des Sturmes, der durch die Hunnen hereinbrechen werde, und konnte auf keinen freien Besitz wohlgebauter Länder rechnen. Im Westen dagegen, in Oberitalien lockte der reiche von den Alpen gegen eine Völkerflut geschützte Boden, der Verfall der Sitten, die Schwäche des Kaisers — Honorius war willenlos in den Händen seines Ministers — und die Leichtigkeit des Gelingens, da die Truppen fortwährend in den schwierigen zum Abfall geneigten Provinzen des Westens, in Gallien, Spanien und Africa, beschäftigt waren. Alarich wählte die Zeit zum Angriffe auf Italien, als die besten römischen Truppen in Gallien standen, und es ist mehr als wahrscheinlich, daß er dabei nicht ohne Verbündete war. Denn während er (400) von Illyrien sich in Bewegung setzte, fielen die pannonischen Ostgothen mit Alanen unter Führung des Ratiger (Radagais) ins rhätische Gebiet ein, um von Norden her nach Italien vorzudringen. Offenbar sollte der Angriff von zwei Seiten den Schlag verstärken.

Aber der Minister des Honorius war ein trefflicher Feldherr auch mit schlechten Truppen. Von den Plänen der Gothen unterrichtet, raffte Stilicho, was Italien an Kriegern entbehren konnte, in Eile zusammen und zog vorerst gegen den Feind in den rhätischen Gebirgsthälern, den er theils durch siegreiche kleine Gefechte, theils durch den Abfall der Alanen, die er dem römischen Dienste gewann, zum Rückzuge nöthigte. Dann wandte er sich gegen Alarich. Dieser hatte mittlerweile die Po-Ebene ohne Widerstand durchzogen und den fliehenden Kaiser nach Asti am Tanaro verfolgt, wo er ihn belagerte. In der Ebene von Pollentia (am Einfluß der Stura in den Tanaro) kam es zur Schlacht (402), welche zwar von beiden Seiten als gewonnen betrachtet wurde, aber jedenfalls günstiger für die Römer ausfiel, da Alarich sich in Unterhandlungen einließ und in Folge derselben seine Gothen nach Illyrien zurückführte.

Für diesmal war Italien bewahrt, aber nicht für lange. Alarich rüstete zu einem neuen Zuge in das Land, welches ihm schon als das Ziel seiner Wünsche vor Augen stand; und während er rüstete, zog ihm wieder der Ostgothe Ratiger mit einem gewaltigen Heere voran. Die Bundesvölker Pannoniens waren darin vereinigt (405). Glücklicher als das erstemal gelangte dieser bis über die Gebirge von Mittel-Italien, und das blühende Tuscien (Toscana) ward seine Beute. Rom zitterte vor dem Heiden, und es ist bezeichnend für die Zaghaftigkeit der dortigen Christen, daß sie Altäre wegräumten und den Göttern opferten, um den Grimm des Barbaren zu mildern. Auch diesmal war Stilicho der Retter. Durch kluges Zaudern und kundige Benützung des Bodens wußte er das Gothenheer zu trennen und in einzelnen Abtheilungen zu schlagen. Ratiger selbst wurde auf der Flucht eingeholt und getödtet. Wenige schlugen sich durch das Gebirge durch, um später in Ober-Italien aufgerieben zu werden. Die wenigsten gelangten in ihre Heimat zurück.

Aber während diese Gefahr von Italien abgewendet wurde, brach eine andere über die westlichen Provinzen herein. Zur selben Zeit, wo Ratiger seinen zweiten Zug gegen Italien unternahm, verließen pannonische Völker — Quaden, Vandalen, Sarmaten mit Gepiden und Herulern werden besonders genannt — plötzlich ihre Wohnsitze an der Donau (405) und zogen mit gewaffneter Hand die Donaustraße aufwärts gegen Gallien, auf dem Wege dahin verstärkt durch Burgunder, Sachsen, Alamannen und andere germanische Völkerschaften. Ob dieser unvorgesehene Aufbruch eine Folge des Druckes war, den die Hunnen auf Pannonien aus-

übten, oder ob Alarich zum Angriffe der westlichen Provinzen
Roms hetzte, um in Italien freiere Hand zu haben, ist ungewiß,
aber beides wahrscheinlich. Nach dem Abzuge dieser Völker nahm
Alarich ungehindert von Noricum Besitz. Von dem Augen-
blicke aber, wo sie sich über Gallien ergossen, siechte dort die
Römerherrschaft und konnte sich nicht mehr erholen.

Stilicho ward durch Alarich, der drohend an der Grenze
stand, in Italien zurückgehalten und mußte Gallien vorläufig
ohne Hilfe lassen. Dies benutzten seine Feinde am Hof, um ihm
das Vertrauen des Kaisers zu entziehen. Der Mächtige hatte
schon längst ihren Haß entzündet und der Kaiser war schwach
genug, ihn ungehört zu verurtheilen. Stilicho wurde als Verräther des Vaterlandes angeklagt und zu Ravenna hingerichtet
(23. August 408). So beraubte West-Rom sich selbst seines
größten Feldherrn und Staatsmannes, dessen Geist allein fähig
gewesen wäre, den nachfolgenden Stürmen Stand zu halten.

Mit Stilicho schwand für den Westgothen-König jede wei-
tere Rücksicht. Offen trat er nun mit der Forderung auf, daß
man ihm den freien Besitz von Pannonien gewähre; als
das verweigert wurde, rückte er in Italien ein, und ohne die
Festungen am Wege zu beachten, unverweilt gegen Rom. Wiewohl die ewige Stadt damals noch über eine Million Menschen
enthielt, gab sie nach kurzer Frist die Vertheidigung auf und
erkaufte den Abzug der Gothen mit ungeheuern Opfern (Jänner
409). Alarich forderte alles Gold und Silber und kostbare
Geräthe, sowie die Auslieferung aller Sclaven barbarischer Herkunft, und antwortete auf die Frage, was er den Römern übrig
lassen wolle: „Das Leben“. Er wich aber nicht von Italien;
und als der Hof sich in Erfüllung der Bedingungen säumig zeigte,
erschien er wieder vor den Mauern der Stadt und erzwang die
Absetzung des Kaisers, an dessen Stelle er den Präfecten von

Rom, Attalus, mit Diadem und Purpur bekleidete. Die Kaiser-
würde dünkte dem Gothen zu schmachvoll, um sich selbst damit
zu schmücken. Und als der neue Kaiser sich bald unfähig zeigte,
nahm ihm Alarich wieder die Zeichen der Würde und sandte sie
als Gnadengeschenk dem Honorius zurück, der sich in Ravenna
hinter Mauern und Soldaten geborgen hielt.

Noch waren die Bedingungen des Friedens, die Alarich
gestellt hatte, nicht erfüllt. Man wollte ihn hinhalten, bis Truppen aus den westlichen Provinzen herbeigezogen wären. Da er-
grimmte der Gothe und ging zum drittenmale auf Rom los.
Am 24. August 410 wurde die Stadt von den Gothen erstürmt,
der Plünderung und theilweise dem Brande preisgegeben. Alarich verließ nach wenig Tagen die Stadt und ging nach Unter-
Italien, wo ihn der Tod ereilte (Ende 410).

Damit wendete sich das Geschick Italiens und auch jener
römischen Provinzen, die thatsächlich unter westgothischer Herrschaft waren. Alarich's Schwager Athaulf trat in freundliche
Beziehungen zum Kaiser Honorius, dessen Schwester Placidia
er zur Gattin nahm, und sammelte seine Völker zu einem Zuge
nach Gallien, um die von Germanen besetzte Provinz wieder
für den Kaiser zu erobern. Pannonien, Noricum und Rhätien wurden wieder römisches Eigenthum und genossen eine
Zeit lang — es war die letzte vor dem Sturme, der West-Rom
niederwarf — der Ruhe und friedlichen Entwicklung unter dem
weisen und gerechten Statthalter Generidus (409—430).

Je weniger uns die Geschichte jener Zeit ehrenhafte Män-
ner überliefert, desto mehr erfordert es die Pflicht, der wenigen
in Ehren zu gedenken. Ein solcher war Generidus. Wiewohl
Heide und Barbar, wird er doch von christlichen und römischen
Federn mit Eigenschaften geschmückt, die bei dem allgemeinen
Verfall der Sitten höchst selten waren: unbeugsamer Gerechtig-

keit und Uneigennützigkeit. Als nach Stilicho's Tode ein Gesetz erlassen wurde, das jeden Heiden vom Staatsdienste ausschloß, wollte man mit Generidus, als Oberbefehlshaber aller römischen Truppen, eine Ausnahme machen. Aber er wies die Gunst zurück und antwortete dem Kaiser, daß er da, wo allen Unrecht geschehe, keinen Vorzug wolle. Um den tüchtigen Mann nicht zu verlieren, sah sich der Kaiser genöthigt, das Gesetz zurückzunehmen, und fortan wurde zum Staats- und Heeresdienste jeder für fähig erklärt, ohne Rücksicht auf das Religionsbekenntniß. Generidus verwaltete die ihm anvertrauten Provinzen mit musterhafter Sorgfalt, und verwendete die Einnahmen, die sonst in den Privatsäckel der Statthalter floßen, um die Arbeit zu heben und den fleißigen Arbeiter zu lohnen. So war er den Barbaren an der Grenze ein Schrecken und den Landschaften ein wahrer Beschützer.

33.

Attila und die Hunnen.

Dieser glückliche Zustand der Provinzen dauerte nicht lange. Als des Honorius Nachfolger Valentinian III. sich mit der Tochter des oströmischen Kaisers Theodosius II. vermählte (427), wurde Pannonien an Constantinopel abgetreten, während Noricum und Rhätien bei Rom verblieb. Doch war die Provinz unter der neuen und kräftigen Herrschaft ebenso wenig zu erhalten, da die Verwicklungen zwischen beiden Reichstheilen keine kräftige Bewachung zuließen. Theils durch Vertrag, theils im Kampfe fiel sie den Hunnen anheim, deren Stämme sich damals unter dem gewaltigen Attila zu einem geschlossenen Reiche vereinigten (434).

Die Niederungen der mittlern Donau und Theiß waren der Mittelpunct des Hunnenreichs; dort hatte der König inner mächtigen Wallringen seine von Pfahlwerk umgebene Hofburg, wie sie dem unstäten, an Kampf gewöhnten Reitervolk entsprach. Die Völker im Osten über Siebenbürgen hin bis an das schwarze Meer, im Süden über die Donau bis an den Hämus, im Westen bis an die Alpen und nördlich der Donau bis weithin über die Grenzen unseres heutigen Reiches waren nach und nach in die Abhängigkeit dieses merkwürdigen Volkes gedrängt worden, das mit der Rohheit der Sitten und mit der Wildheit der äußern Erscheinung einen wunderbaren Scharfblick für die Benützung der Umstände verband. Von der Zeit an, wo die Hunnen auf dem Schauplatze unserer Geschichte erscheinen, bis zu ihrer Vereinigung unter Attila, verfolgen sie das Ziel der Eroberung mit festem Blicke und weit ausgreifenden schlauen Mitteln. Nicht in vollem Andrange, wie die germanischen Völker, werfen sie sich auf das römische Reich, sondern sie begnügen sich, als sie in den Karpaten festen Fuß gefaßt hatten, mit einzelnen Streifzügen, um den Boden und die Kriegsweise kennen zu lernen und den Schrecken ihres Namens wach zu halten. Sie werben Bundesgenossen zunächst unter den Barbaren, die sie später gegen Rom gebrauchen können, und binden diese theils durch Zwang, theils durch Lockung an sich. Krieg ist ihr Leben; ihn suchen und pflegen sie; aber weniger in Unternehmungen, wo sie selbst die Kriegführenden sind, als in der Theilnahme an fremdem Kampfe, ohne Rücksicht auf die Partei. Die Häuptlinge führen die Schaaren in aller Herren Länder und verdingen sich zum Kampfe, wo es einen gibt. So kommen sie mit den Völkern des Abendlandes in immer nähere Berührung, werden ins Völkergetriebe gezogen und ziehen andere hinein, erstarken in der Ausdauer unter jedem

Himmel und finden überall ihren Vortheil. Hunnische Schaaren zogen mit Alarich gegen Constantinopel, kämpften für Constantinopel gegen Alarich; Hunnen waren unter den Völkern, die Ratiger nach Italien führte, wie unter jenen, die von der Donau nach Gallien aufbrachen. Mit Hunnen erfocht Stilicho seine Siege; und in den Tagen, die wir eben schildern, lohnte der letzte große Feldherr West-Roms Aëtius die Hilfe, die ihm Hunnen geleistet hatten, mit der Abtretung des südwestlichen Theils von Pannonien, zu welchem sich diese dann die wichtige Stadt Sirmium selber eroberten. Mit einem Worte: Die Hunnen hatten sich als fahrende Krieger Länder und Macht erbeutet, und es bedurfte nur eines Mannes voll großer Entwürfe und unbeugsamer Willenskraft, um den Besitz zu sichern und die Macht zu erweitern. Ein solcher Mann war Attila.

Ueber des Volkes Herkunft war man lange im unklaren. Erst die neueste Forschung hat darüber Licht verbreitet. Man weiß nun, daß die Hunnen dem finnischen (tschudischen) Volksstamme angehörten, der in den steppenreichen Tiefebenen zu beiden Seiten des Ural schon in alter Zeit sein Wanderleben führte. Man weiß, daß die Reste derselben, als nach Attila's Tode ihre Macht in Ungarn erlosch, nach Asien zurückzogen und bald darauf mit verwandten Stämmen, die ihnen aus den Steppen folgten, als Bulgaren und nachher als Avaren wiederkehrten. Man folgert endlich mit großer Wahrscheinlichkeit, daß die letzten tschudischen Stämme, die nach Europa gelangten, in den Magyaren (Ungarn) zu erkennen seien, die noch heute das alte Pannonien und das westliche Dakien inne haben, freilich mit schwachen Kennzeichen der Abstammung, nachdem eine tausendjährige Cultur auf sie gewirkt hat.

Wie aber das Volk der Hunnen zu jener Zeit war, als sein gewaltiger König die „Geißel Gottes" im Abendlande schwang, davon gibt uns die Feder eines römischen Feldherrn, der sie im Krieg und Frieden beobachtet hat, ein anschauliches Bild. „Die Hunnen", sagt er, „übertreffen alles an barbarischem und wildem Wesen. Starkknochig und untersetzt ist ihr Körperbau, mit dickem Kopfe, breiten Schultern, braungelbem Gesicht und kleinen tiefliegenden blitzenden Augen, mit hervorstehenden Backenknochen, tiefen Narben an Kinn und Wangen, die von Einschnitten herrühren, die sie sich in der Kindheit machen, um den Bart zu unterdrücken; voll Schmutz, mit Kitteln aus Linnen oder zusammengenähten Thierfellen, Beinkleidern aus Bockshäuten, Mützen aus Zottelfellen, und durch alles dies von so abschreckender Gestalt, daß sie eher zweibeinigen Bestien als Menschen gleichen. Von Jugend auf an Kälte und Hitze, Hunger und Durst gewöhnt, leben sie von rohen Wurzeln und rohem Fleisch, das sie ohne Feuer zubereiten, indem sie es unter ihren Sätteln mürbe reiten. Beständig leben sie im Freien, auf ihren kleinen unschönen, aber ausdauernden Pferden sitzend, auf denen sie essen und trinken, schlafen und sich berathen, während ihre Weiber mit den Kindern, auf Karren wohnend, ihren Zügen folgen, so daß sie Flüchtlingen gleich nicht den Ort angeben können, wo sie geboren oder erzogen sind. Von Ackerbau, festen Sitzen und Gesetzen wissen sie nichts. Ohne Ahnung Gottes, ohne Treue gegen die Menschen, ohne einen Begriff von Recht oder Unrecht sind sie nur den Trieben ihrer thierischen Begierden hingegeben, jähzornig, veränderlich, wankelmüthig, raubsüchtig, insbesondere geldgierig. Im Angriffe sind sie furchtbar. Mit erschreckendem Geheul beginnend, stürzen sie sich ohne alle Reihenordnung blitzschnell auf den Feind, schießen von ferne schon, dahin und dorthin schweifend, ihre spitzknochigen Pfeile ab, greifen dann in der Nähe zum Säbel, und wenn der Feind ihren Hieben ausweicht, werfen sie ihm Schlingen um den Hals und schleppen ihn mit sich fort. Ebenso rasch ziehen sie sich nach jedem Ansturm gleich zurück, um schnell wieder zu kommen und durch unausgesetzten Angriff zu ermüden." Ob diese Schilderung, die nach den ersten Kämpfen mit den Hunnen entworfen ist, auch auf die Zeit Attila's passe, wo das Volk schon mehr als fünfzig Jahre unter dem Einflusse europäischer Gesittung lebte und mit den gebildetsten Völkern in Verkehr gekommen war, bleibe dahingestellt. Aus dem Berichte eines römischen Gesandten, der Attila's Hofhaltung in ihren Einzelheiten schildert, läßt sich wenigstens folgern, daß die hunnische Wildheit ihre Grade hatte.

Nach dem Tode seines Oheims, des Hordenführers Rugilas, ergriff Attila die Zügel der Herrschaft über die Hunnenstämme, anfangs in Gemeinschaft mit seinem Bruder Bleda (in der Sage heißt er „Blödel"), dann, als er sich dessen durch Mord entledigt hatte (444), als Alleinherr aller Hunnen. Die Ostgothen in Illyrien und Thrakien, die Langobarden, damals am Pontus, die Gepiden in den Gebirgen Dakiens mit andern germanischen Völkerschaften waren ihm dienstbar und die Umstände sehr günstig, um den bei den Hunnen traditionellen Eroberungsplan gegen das römische Reich durchzuführen. Von nun an kämpfen die Hunnen nicht mehr in vereinzelten Schaaren hier und dort, sondern bleiben vereint unter der Führung ihres Königs, dessen Namen der Schreck der Völker ist und dessen Schwert, wenn er es in den Boden stößt, Rom und Constantinopel in ihren Grundvesten erschüttern macht.

Wir haben gehört, wie der weströmische Feldherr Aëtius das gute Einvernehmen mit den Hunnen zu hegen wußte. Das schützte Italien vor dem ersten Anprall der hunnischen Macht. Attila stellte sich vorerst gegen das griechische Kaiserreich, das ihm bereits Jahresgelder zahlte. Maßlose Forderungen an den

Kaiser machten den Anfang. Auf jede verweigerte Forderung folgte ein verwüstender Einfall in die Grenzprovinz. Nachdem (447) an siebenzig Städte in Illyrien, Thrakien und Griechenland ausgeplündert und verheert waren und der Hunne Constantinopel bedrohte, verstand sich Kaiser Theodosius II. zur Abtretung des Landes am rechten Ufer der untern Donau und zur Erhöhung des jährlichen Tributes von siebenhundert Pfund Goldes auf das dreifache. Daß von seinem kräftigeren Nachfolger Marcian der Tribut verweigert wurde, beirrte den Hunnen nicht.

Drei Jahre später erfolgte der Angriff auf das weströmische Kaiserreich; doch nicht unmittelbar gegen Italien, sondern nach einem schlau vorbereiteten Plane gegen die westlichen Provinzen, nach deren Bezwingung Italien hilflos zur Beute fallen mußte. Der Vandalenfürst Gizerich in Africa war zur Unterstützung des Planes geworben.

Auch hier begann Attila mit einer kühnen Forderung. Die Schwester des Kaisers Honoria sollte ihm zur Gattin und ein Theil des Reiches zur Mitgift gegeben werden. Als Rom diese Forderung verweigerte, brach er im Frühlinge (451) von Pannonien auf und führte seine Hunnen und Bundesvölker am rechten Ufer der Donau aufwärts durch Noricum und Vindelicien nach Gallien. Verwüstung bezeichnete den Weg. Die Römerwerke an den Donaugrenzen sanken größtentheils in Trümmer. Der erste, der am linken Rheinufer sich der Fluth entgegenwarf, der tapfere Burgunderkönig Gundichar (Günther), fiel mit seinem ganzen Stamm und die Reste der Burgunder mußten dem Sieger folgen. Die Städte Worms, Speyer, Straßburg mit andern wurden verwüstet und durch die geängsteten Länder flog die Kunde, der Hunnenkönig wolle nicht stille stehen bis am Meere. Je weiter er kam, desto größer wurde sein Heer, da sich freiwillig und gezwungen Kriegsmannschaft von allen Seiten an dasselbe anschloß.

Zum Glücke für West-Rom blieb von der allgemeinen Verwirrung, welche dieser Hunnen-Einbruch verursachte, derjenige unberührt, in dessen Hand damals die Beschützung des Reiches lag, Aëtius. Er kannte den Feind und seine Pläne, und es war ihm, noch ehe die Gefahr am nächsten war, gelungen, die von den Hunnen bedrohten germanischen Stämme in Gallien mit den Römern zu vereinigen. Die Westgothen unter Theodorich, die Franken unter Merowich, die Alanen unter Sangipan, die Sachsen und ein Theil der Burgunder hielten zu ihm und setzten sich, während Attila die Stadt Genabum (Orleans) belagerte, kampfmuthig in Bewegung, um ihn anzugreifen. In den Feldern bei Catalaunum (Chalons an der Marne) trafen sich die Heere, und die Schlacht, die hier gekämpft wurde, hat ihres gleichen bis auf die bei Leipzig im Jahre 1813 nicht gehabt. Die meisten europäischen Völker standen im Kampfe gegeneinander, von den germanischen insbesondere Gothen auf beiden Seiten, die Westgothen bei den Römern, die Ostgothen bei den Hunnen. Attila wurde besiegt und wäre auf dem Rückzuge völlig erlegen, wenn nicht die Eifersucht der Römer gegen die Westgothen ihm das Entkommen erleichtert hätte. Aber sein Kriegsruhm war verdunkelt.

Nach Pannonien zurückgekehrt, rüstete Attila zu einem Zuge nach Italien, der im Frühlinge 452 stattfand. Aqileja war sein erstes Opfer, die alte Pflanzstadt römischer und christlicher Cultur; sie fiel, um sich nicht wieder zu einer Bedeutung zu erheben. Ein ähnliches Schicksal traf die Städte Vicenza, Padua, Verona, Mantua, Brescia, Bergamo, Mailand u. a. Den Hunnen begleiteten wie überall Raub, Mord und Brand. Damals war es, wo ein Theil der Veneter, vor den

Bürgern fliehend, sich auf die kleinen Inseln am Ausfluß der Brenta und Etsch retteten und dort den Grund zu dem nachmals mächtigen Freistaate Venedig legten. Als Attila im Begriffe war, aus Ober-Italien gegen Rom zu ziehen, erschien von dorther eine Gesandtschaft vor ihm, an deren Spitze der ehrwürdige Bischof Leo (Papst Leo der Große) den Eroberer im Namen Gottes beschwor, der Stadt und des Landes zu schonen. Von den Worten des Greises wunderbar ergriffen, gab Attila den weitern Zug auf, wobei allerdings auch Mangel und Krankheit in seinem Heere und der für Reiterschwärme ungünstige Boden seinen Willen bestimmt haben mochten. Nach einem vergeblichen Versuche, über die Alpen nach Gallien zu dringen, kehrte er an die Theiß zurück.

Es war seine letzte Heerfahrt; im darauf folgenden Jahre (453) erfolgte sein plötzlicher Tod und dieser führte den Zerfall des Hunnenreiches herbei.

Seine Zeit hatte kein gerechtes Urtheil über ihn; aber die Geschichte weiset ihm unter den großen Männern, die in Weltereignisse eingreifen, einen hervorragenden Platz an. In den Niederungen zwischen der Donau und der Theiß — die Gegend ist noch nicht genau ermittelt — hielt er sein Hoflager. Aus Gebäuden von Holz war hier eine Stadt aufgeführt, weitläufig, volkreich und alles mit reinlicher Sorgfalt gehalten. Unermeßliche Schätze, die Beute der eroberten Länder, barg sie in sich. An dem Hofe des Herrschers sah man eine Pracht entfaltet, die selbst Griechen und Römer in Erstaunen setzte. Gesandtschaften aus allen Theilen der Erde begegneten sich hier; neben der hunnischen Sprache wurde die gothische, lateinische und griechische gehört. Attila selbst ließ in seiner Körperbildung seinen Ursprung nicht verkennen. Aber Selbstbewußtsein und Herrschsucht sprachen aus seinen Mienen, die einen ernsten Ausdruck hatten. Er lebte einfach; aus hölzernen Gefäßen nahm er Speise und Trank und auch in Kleidung und Waffen unterschied er sich nicht von den andern Hunnen. Aber er fühlte sich als Herr der Welt und wollte als solcher geehrt sein. „Attila war Barbar; aber ein Barbar, der mit seinem Blick die Welt überschaute. Es entging ihm nicht, was bei den Persern am Euphrat geschah; mit seinem Einflusse leitete er den Hof von Constantinopel; zu Rom harrte man seines Wortes; zu Karthago bei dem Vandalenkönig waren seine Gesandten. Voll fester Zuversicht auf das Schwert des Kriegsgottes, das er, wie er wähnte, in Händen hatte, glaubte er seinem Willen die ganze Welt beugen zu können".

Bei seiner Leichenfeier ritten die Hunnen mit abgeschnittenen Haaren und zerfetzten Gesichtern mehrmals um den in einem Prachtzelt ausgestellten Leichnam ihres großen Königs herum und priesen dabei in Liedern seine Thaten. Dann ward er in einen goldenen Sarg gelegt, den ein silberner und zuletzt ein eiserner umschloß, und mit seinen Lieblingsgeräthen und andern Kostbarkeiten begraben. Die das Grab gemacht hatten, wurden getödtet, damit die Ruhestätte des Hunnenhelden nicht verrathen werde.

Attila's Söhne konnten das Reich ihres Vaters nicht zusammenhalten; und nachdem der älteste, Ellak, in einer Schlacht gegen die Gepiden gefallen war, löste sich das Volk wieder in Horden auf und suchte in zerstreuten Zügen den Weg nach Asien. Nur ein geringer Theil soll in den Gebirgen Dakiens die nachherigen Stürme überdauert haben; man bezeichnet die Szekler in Siebenbürgen als ihre Abkömmlinge.

34.

Zustände der Länder an der mittleren Donau nach Attila's Tode — Der heilige Severin — Sturz des weströmischen Kaiserreichs.

In die Hauptsitze der Hunnen innerhalb unseres Reiches theilten sich die Gepiden und die Ostgothen. Das Land innerhalb der Theiß, der Donau und der Karpaten nahmen die ersteren in Besitz; die Länder von Sirmium bis Vindomana (Wien) und von der dalmatischen Küste bis an die Donau besetzten die Ostgothen und ließen sich das Land von Constantinopel rechtskräftig übertragen.

Mit dem Zuge Attila's nach Gallien, der die Anwohnenden mit fortriß, war die Stellung der Völker im Norden der obern Donau verändert worden. An der Stelle der Quaden — sie scheinen im Völkersturme untergegangen zu sein — saßen nun die Rugen, von der Waag bis etwa zur Krems hinauf; westlich von ihnen Völker des thüringischen Bundes, zu denen, wie wir schon an einem andern Orte bemerkten, auch die Markomannen gehörten.

Neben diesen seßhaften Völkern aber wurden die Länder jenseits und diesseits der Donau von streifenden Schaaren anderer heimgesucht, die Beutelust über die offene Grenze führte; Alamannen und Heruler werden besonders angeführt. Ueberhaupt boten die Donauländer nach dem hunnischen Sturme ein trauriges Bild der Verödung. Die römische Herrschaft bestand dem Namen nach, war aber thatsächlich gebrochen, der Verkehr mit Italien abgeschnitten. Den Besatzungen an der

Grenze fehlte es an Leitung, an genügender Mannschaft, an Zufuhr und Waffen, ja an sichern Plätzen, um den Schutz, zu dem sie bestimmt waren, auch nur nothdürftig zu geben. In den Castellen, die noch ungebrochen da standen, lagen sie unthätig, der Lebensmittel entbehrend und fortwährend von streifenden Barbaren belagert, die das Land umher plünderten. Die Provincialen waren ohne Schutz und auch ohne Hoffnung, einen solchen zu erlangen.

Ueber den Zustand von Noricum insbesondere gibt uns eine beglaubigte gleichzeitige Schrift — das Leben des heiligen Severin von Eugippius — höchst merkwürdige Aufschlüsse und zugleich das erhebende Bild eines Mannes, der in der allgemeinen Drangsal die Geister durch christlichen Starkmuth aufrichtete.

Bald nach Attila's Tode, ums Jahr 454, erschien nämlich zu Asturis, einem Städtchen in Ufer-Noricum (man setzt es an die Stelle des heutigen Osterburg bei Melk in Niederösterreich) ein unbekannter Mann, von Osten her wandernd, der sich als Priester des römischen Bekenntnisses kundgibt. Er heißt Severinus. Die Gefahr des Städtchens, das eben von Barbaren bedrängt ist, gibt ihm den ersten Anlaß, warnend, rathend und helfend unter der verzagenden Menge aufzutreten, die anfangs von Staunen über den seltsamen Gast gefesselt, dann von der Tiefe und Wahrheit seines Wortes hingerissen, einen Gottbegnadigten in ihm erkennt, vor dessen Blick die Zukunft offen liege und dem Unbegreifliches möglich sei. Der Ruf des Mannes mit heiligem Wandel, mit dem vollen Herzen für Arme und Bedrängte fliegt durch das Land, und ihn selbst drängt der Geist Gottes, Hilfe und Trost von Ort zu Ort zu tragen, überall zum Gottvertrauen mahnend und auf die Verwerflichkeit des Lebens hinweisend, wenn es nicht von Gottesfurcht und Nächstenliebe getragen werde. Seine Mahnung wendet Gefahren ab; seine Weisheit vernichtet ruchlose Anschläge, der Kraft seines Wortes beugen sich sogar Könige. Er aber bleibt arm und auf die äußerste Nothdurft des Lebens beschränkt, verschmäht Ansehen und Ehre, sammelt für die Darbenden und wirbt Jünger, die gleich ihm des heiligen Berufes pflegen, den römischen Provincialen — denn zu diesen zieht ihn zunächst sein Herz, der gleiche Glaube und vielleicht auch das gleiche Vaterland — Helfer in der Noth der Zeit zu sein. Das Andenken seines Wirkens knüpft sich an Favianis (Wien), wo er eine Kirche, und an die nächste Um-gebung von Wien (vielleicht Heiligenstatt), wo er ein Kloster für Mönche gründet, die seiner Regel folgend, des Glaubens wahren nnd die Jugend unterweisen. Aehnliche Gründungen geschehen durch ihn zu Batavis (Passau), Boitro (Innstadt bei Passau) und Juvavo (Salzburg).

Der Verlauf seines der Menschenliebe geweihten Lebens, wiewohl auf einen kleinen Raum beschränkt, da es sich am rechten Donauufer zwischen Wien und Passau abspinnt, führt uns in die bedeutsamen Ereignisse, die den Fall des abendländischen Reiches begleiten. Die Gothen von Osten, die Thüringer, Ala-mannen und Sueben von Westen, die Heruler und Rugen von Norden bedrohen Ufer-Noricum, nicht in geschlossenen Angriffen — denn sie fürchten einander —, sondern in Streifzügen, die das von den Römern preisgegebene Land zum Ziel ihrer Beute-lust machen. Asturis fällt ihnen anheim, als Severin kaum dort angelangt war. An manchen Orten nehmen die römischen Einwohner Barbaren freiwillig in ihre Mauern auf, um sich dadurch anderer zu erwehren, so zu Comagene (an der Stelle des heutigen Königsstetten? Zeiselmauer?). Favianis wird von Horden überfallen, die alles, was sie von Menschen und Vieh vor der Mauer finden, wegführen. Mit Mühe bewegt

Severin den römischen Tribun Mamertinus, ihnen die Beute abzujagen. Die Heruler im Norden der Donau senden fortwährend Schaaren über den Strom; sie dringen bis in die Berge, zerstören Juvavo (477), tödten den Priester Maximian und führen die übrig gebliebenen Einwohner in die Knechtschaft. Sueben und Alamannen bedrängen die Gegend von Passau. Die Besatzung wird erschlagen und nicht einmal der heiligen Stätten geschont. Wiewohl theilweise Sieger gegen die Barbaren, fühlen sich die römischen Einwohner der oberen Städte nicht mehr sicher und ziehen abwärts nach Laureacum (Lorch). Doch auch hier erscheinen die Feinde, umzingeln die Stadt und besetzen die nahen Wälder. Nur durch einen Zufall werden sie von einer Unternehmung auf dieselbe abgeschreckt.

Mittlerweile hatten die Ostgothen, dem Zuge nach Italien folgend, das rechte Donauufer verlassen (474) und dieses wurde sofort von den Rugen besetzt. Ihr König Feletheus, auch Fava genannt, und dessen Bruder Friedrich herrschen über Rugiland. Der erstere, ein sanfter lenkbarer Mann, voll der größten Achtung für Severin, der die Lage der Dinge richtig auffaßt und zu seinem Nutzen ausbeutet; obgleich Arianer, duldet er nicht, daß seine Gemahlin Gisa den Römern ihre Religion aufdringt oder daß die römischen Ansiedler als Sclaven behandelt werden. Dagegen wird des Feletheus Bruder, der in Favianis gebietet, als ein habgieriger, heuchlerischer und gewaltthätiger Mann geschildert.

Während die Städte an der obern Donau eine nach der andern fallen und ihre Einwohner unter Severin's Leitung nach Laureacum ziehen, hat Feletheus mit den Rugen das rechte Donauufer besetzt und wünscht die flüchtigen Römer seinem Reiche zu gewinnen; denn er weiß den Werth betriebsamer Colonisten zu schätzen. Severin unterhandelt mit ihm, und erst nachdem die gute Behandlung der Colonisten vom Könige zugesichert ist, räth er seinen Landsleuten, sich unter den Schutz des rugischen Königs zu begeben. Sie werden in die Städte am rechten Donauufer vertheilt und genießen, so lange Severin lebt, einen bessern Schutz, als sie ihn früher von ihrem Mutterlande erfahren hatten.

Zu derselben Zeit kommt der fromme Siedler mit einem Jüngling aus germanischem Stamme in Berührung, der mit einer Schaar Heruler, Turcilinger, Rugen und Skyren nach Italien zog, um unter den römischen Miethstruppen Kriegsdienste zu nehmen. Es war Odoaker, derselbe, wie wir hören werden, der bald darauf dem römischen Westreiche den letzten Schlag versetzte. Aus der Zelle des Siedlers soll er die Hoffnung auf das Gelingen dieser Unternehmung mitgenommen haben.

Kurz vor seinem Tode (8. Jänner 482) ermahnt Severin das rugische Königspaar, von jeder Gewaltthat abzustehen und kündigt ihnen den Abzug der Provincialen nach Italien an, wenn sie gewaltthätig gegen sie handeln. Aber bald nach seinem Tode plündert Friedrich Kirche und Kloster in Favianis. Er wird von seinem Neffen gleichen Namens erschlagen. Odoaker, vielleicht der Begegnung mit Severin gedenkend, zieht von Italien her gegen Feletheus, besiegt diesen und führt ihn mit seiner Gattin Gisa gefangen nach Italien. Der jüngere Friedrich begab sich in den Schutz des Ostgothenkönigs Theodorich, der damals gegen Odoaker zum Einbruche in Italien rüstete.

Die rugische Herrschaft am rechten Ufer der Donau war zu Ende. Aber Odoaker besetzte das Land nicht, da er jenseits der Alpen wichtigere Interessen zu wahren hatte. Den schutzlosen Provincialen im Ufer-Noricum gestattete er nach Italien zu ziehen, wo ihnen Grund und Boden angewiesen wurde.

Aehnlich, wie wir den Zustand von Ufer-Noricum geschildert haben, mag er im mittleren Noricum und Rhätien gewesen sein. Ueberall die alte Ordnung gelöst und angstvolle Verwirrung, ehe eine neue geschaffen ist. Das abendländische Reich lag in den letzten Zügen und es hing nur von den Umständen ab, welcher von seinen Drängern ihm den Todesstoß versetzen werde. Außer Italien war sein Hab und Gut von germanischer Hand belegt, Africa von den Vandalen, Spanien und Südgallien größtentheils von den Westgothen, das übrige Gallien von den Franken und Burgundern, Britannien von den Angeln und Sachsen. In den Alpenländern höhnte der Alamanne, Thüringer, Heruler, Ruge den römischen Namen, und von Pannonien her drohte der Ostgothe, während im Innern Italiens das Schwert in der Hand germanischer Miethstruppen lag, von denen kaum zu zweifeln war, für wen sie es ziehen werden.

Der klägliche Zustand des Reiches spiegelte sich in dem Verhalten des weströmischen Hofes. In demselben Jahre, wo der Bedränger des Abendlandes Attila starb, wurde Aëtius, der das Reich vor ihm geschützt hatte, von seinem Kaiser ermordet, auf einen Verdacht hin, der gegen ihn gefaßt war (453). So theilte er, nur gräßlicher, das Los Stilicho's. Valentinian III. aber, sein Mörder, fiel wieder durch Mörderhand auf Anstiften des Petronius Maximus, der nun Kaiser wurde und des Ermordeten Wittwe Eudoxia zwang, ihn zur Ehe zu nehmen. Die Rache des mißhandelten Weibes rief die Vandalen aus Africa herbei, die unter Gizerich (454) Rom plünderten und an den Kunstschätzen die volle Wuth der Barbaren übten. Ihr Name als Verwüster ist seither sprichwörtlich geworden.

Nach Maximus haben inner zwanzig Jahren noch acht Kaiser den herabgekommenen Namen der Herren Roms geführt.

Ihre Macht war Schein, ihr Wirken ein Spiel in der Hand von Günstlingen, deren einer den andern verdrängte. Endlich scheint das Unleidliche des Zustands, wo keiner herrscht und keiner gehorcht, die kräftigen Germanen im römischen Heere zu einer Erhebung gedrängt zu haben, welche den Ausschlag gab. Sie forderten einen König, der eine feste Herrschaft begründe, und hoben ihren Genossen Odoaker auf den Schild. Der letzte Kaiser Romulus Augustulus wurde zur Abdankung gezwungen und mit einem Gnadengehalt auf ein Schloß nach Unteritalien geschickt. Seltsamerweise vereinigte der Jüngling die Namen des Stifters von Rom und des Gründers der Alleinherrschaft, und erfuhr dasselbe Schicksal von Germanen, das ehedem Marbod, der Germane, von den Römern erfahren hatte. Odoaker setzte keinen neuen Kaiser ein, verschmähte aber auch für sich die Würde des Augustus. Er beherrschte Italien und ließ sich König der dortigen deutschen Völker nennen. Also erlosch die Herrschaft Roms, unwürdig seiner früheren Großthaten, im Jahre unserer Zeitrechnung 476 und im 1230sten nach Erbauung der ewigen Stadt.

Milder, rücksichtsvoller und der friedlichen Entwicklung förderlicher ist nie ein Eroberer verfahren, als der erste germanische Herr bei der Besitznahme des römischen Reiches. Nicht nur, daß Odoaker dem Kaisertitel entsagte, er ließ sich auch, um der oströmischen Eifersucht zu entgehen, den Schein der Abhängigkeit gefallen, indem er von Constantinopel den Patriciertitel annahm. Den Westgothen überließ er, damit sie seiner Herrschaft nicht in den Weg treten, den noch übrigen Theil des römischen Gebietes in Gallien; zu Gunsten der Vandalen, um ihre Angriffe auf Italien abzuhalten, leistete er auf Sicilien Verzicht; und seinen Deutschen, die seine Heeresmacht bildeten, überließ er nach altem Brauch germanischer Heerkönige anstatt des bisherigen

Soldes, den sie fortan nur im Kriege erhielten, den dritten Theil des von ihm beherrschten Landes zur Benützung. Wie er die Gewaltherrschaft des rugischen Königs gestraft und die römischen Ansiedler der Donauländer nach Italien geführt hat, wurde schon erzählt. Um der alten Gewohnheit nicht nahe zu treten, behielt er die römischen Einrichtungen und Gesetze, selbst die bisherige Hofhaltung in Ravenna bei, ließ, wiewohl Arianer, die rechtgläubige Kirche ungeschädigt und sorgte durch verständige Mäßigung für den ungestörten Fortgang der Verwaltung, der den erschöpften Ländern wohl that.

Allein die Zeit war der ruhigen Entwicklung noch nicht günstig; und was im späteren Mittelalter, als in Deutschland der herrenlose Zustand das Recht untergrub, von Einzelnen galt, die mit der Faust ihr Recht suchten, das konnte man im fünften Jahrhundert von den Völkern sagen, die, nach dem römischen Reiche stürmend, um den Besitz alles wagten und in dem Besitz das Ziel ihres Strebens fanden. Die Stärkeren behielten Recht. Odoaker's weise und milde Herrschaft sicherte ihm nicht die eroberten Trümmer des Weltreichs. Nach zwölfjähriger Dauer mußte er sie an die Ostgothen hingeben und der Zeitraum, den wir uns in diesem Abschnitte der Geschichte zur Betrachtung gewählt haben, schließt mit den Erlebnissen desselben germanischen Volksstammes in freier Entwicklung seiner Macht, den wir am Anfange in unfreiwilliger Dienstbarkeit als Hebel kennen gelernt haben, die römische Macht aus den Fugen zu reißen.

35.

Die Oſtgothen unter Theodorich.

Die Oſtgothen hatten nach Attila's Tode, wie wir wiſſen, Pannonien von Conſtantinopel zum Beſitz erhalten und ſich dem oſtrömiſchen Reich bald ſo furchtbar gemacht, daß der Kaiſer ihnen ein Jahrgeld bewilligen mußte. Dies nährte die Zwiſtig- keiten mit dem Reiche. Bei einem Frieden mit dem Kaiſer Leo I. ſchickte einer der drei Oſtgothenkönige Theodemir ſeinen damals ſiebenjährigen Sohn Theodorich als Geißel nach Conſtantinopel. Dort blieb der Knabe eilf Jahre lang unter ſorgfältiger Zucht, lernte die Einrichtungen der Haupt- ſtadt, das Weſen des Hofes genau kennen und bewahrte in- mitten einer laſterhaften Umgebung die Reinheit ſeines Herzens. Heimgekehrt, übte er ſeinen Kriegsmuth in Kämpfen mit den Slaven, die nach der Hunnenherrſchaft ſich im Donaulande freier zu entwickeln begannen; und als ſein Vater ſtarb, hatte er die Liebe und Bewunderung der Gothen ſo für ſich, daß ſie ihn zum Könige wählten. Der oſtrömiſche Hof mußte ihn als Gegner fürchten und räumte ihm einen Theil des heutigen Ser- bien und Bulgarien ein, um ihn für ſich zu gewinnen. Allein er gewann dadurch nur einen Nachbar, der je näher um ſo ge- fährlicher war.

Da fügte es ſich, daß der von Odoaker vertriebene Fürſten- ſohn Friedrich aus Rugiland bei Theodorich Hilfe ſuchte. Conſtantinopel bot alles auf, um Theodorich zu einem Zuge gegen Odoaker zu bewegen; denn die Entfernung der Oſtgothen konnte ihm nur erwünſcht ſein. Dazu kam die Verödung Pan- noniens ſeit der Hunnenherrſchaft, ſo daß das Land den Gothen geringen Vortheil bot. Endlich mag die Lüſternheit nach dem gesegneten italischen Boden, von dem die alte Ueberlieferung der Gothen sprach, das ihrige beigetragen haben. Theodorich brach 488 mit seinem ganzen Volke nach Italien auf. Die Straße über die julischen Alpen, die einst die Westgothen nach Rom, später die Hunnen gegen Rom geführt hatte, brachte jetzt Deutsche gegen Deutsche, um für den Besitz von Italien zu kämpfen. Nachdem Odoaker dreimal geschlagen war, suchte er in dem starkbefestigten Ravenna Zuflucht und vertheidigte sich dort drei Jahre lang mit der größten Tapferkeit, bis ihm 493 Theodorich Leben und Freiheit zusicherte. Er genoß sie aber nicht lange. Wenige Tage nach seinem Einzuge in Ravenna ließ Theodorich ihn mit seinem Sohne und dem nächsten Gefolge bei einem Gastmahle ermorden, unter dem Vorwande, daß er ihm nach dem Leben getrachtet habe.

Theodorich war nun Herr des eroberten Landes und ging mit derselben Mäßigung wie Odoaker an die Einrichtung des neuen Reiches, das von Constantinopel anerkannt und durch die weise Vorsicht des neuen Herrschers bald erweitert und gegen Behelligung von Seite der Nachbarvölker gesichert wurde. Denn Theodorich unterhielt in seinen Gothen eine achtunggebietende Kriegsmacht und gewann die Beherrscher der Nachbarlande durch die Bande der Verwandtschaft. Während er selbst in zweiter Ehe eine Schwester des Frankenkönigs Chlodwig zur Gemahlin hatte, vermählte er eine Tochter mit dem Westgothenkönig Alarich II., eine andere mit dem Burgunderkönig Sigismund, seine Schwester mit dem Vandalenkönig Thrasimund und deren Tochter mit dem Thüringerfürsten Hermanfried. Die friedlichen Beziehungen, die aus solchen Verhältnissen flossen, förderten auch die Staatenbildung außer dem gothischen Reiche.

Der Name Theodorich's wird in der Geschichte mit Ehren genannt, in den deutschen Heldenliedern hoch gefeiert. Kraft,

Milde und Weisheit bezeichnen in hervorragender Weise seine Herrscherlaufbahn, und dagegen verschwinden die Schwächen, die er in den letzten, von Schwermuth verdüsterten Tagen seines Lebens zeigt. Die Aufgabe, unter widerstrebenden Einflüssen ein großes, durch Religionsbekenntniß und Nationalität in sich gespaltenes Reich zu ordnen und auf einen rechtlichen Grund zu stellen, hat er jedenfalls mit großem Erfolge gelöst. Der Heldenkraft und Milde, die er in sich vereinigte, konnten selbst die Römer nicht widerstehen, wiewohl er ihnen ein Barbar und Ketzer war, und der Ruhm seiner Thaten wurde unter den germanischen Stämmen so volksthümlich, daß die fernsten ihn durch Geschenke ehrten und alle, so lang er lebte, unter dem Schirm seines väterlichen Ansehens wie in einem Friedensbunde vereinigt schienen.

Sein Reich umfaßte neben Italien und Sicilien das heutige Graubündten, Tyrol und Salzburg, Bayern bis an die Donau, Ober- und Niederösterreich, vielleicht mit Ausnahme eines Striches am rechten Donau-Ufer, der so wie das linke damals an der Stelle der Rugen von Langobarden besetzt war, Steiermark, Kärnten und Krain mit Istrien, das westliche Ungarn mit Croatien, Slavonien, Dalmatien und im Westen den Strich zwischen den Alpen und der Rhone. So stand er in naher Verbindung mit den andern Germanenstaaten, was er zum vermittelnden Einflusse auf dieselben benützte, während ihm der Besitz der Alpenpässe die herrschende Stellung in Italien wahrte, das nicht nur durch ein starkes Landheer, sondern auch, namentlich gegen die Byzantiner im Osten und gegen die Vandalen im Westen, durch eine wohlbestellte Flotte geschirmt war. Die Landesvertheidigung vertraute er nur den Gothen, auf deren Treue er bauen konnte. Den römischen Unterthanen war der Ackerbau, der Betrieb der Gewerbe und des Handels überlaſſen, ſo wie er dieſe auch zur Leitung der Geſchäfte in den Hof- und Reichsämtern verwendete, wobei er nicht auf Geburt und Reichthum, ſondern auf Tüchtigkeit ſah. Er aber ſelbſt war die Seele der ordnenden Thätigkeit im Reiche. Er berief und entließ die Beamten, beſtimmte die Steuer, gab Geſeße und übte die Hoheitsrechte. In der Rechtspflege war Unparteilich. keit ſein Streben. Darum wurde ſie für Römer und für Gothen beſonders eingerichtet; über Römer durften nur Römer nach römiſchen Geſeßen, über Gothen nur Gothen nach gothiſchem Gebrauch richten. Bei gemiſchten Streitigkeiten zog er römiſche und gothiſche Richter bei.

Durch die beiden Nationalitäten im Reiche erſcheint die Stellung des Herrſchers ſelbſt als eine getheilte, die Theo-dorich mit weiſer Schonung einhielt; den Römern gegenüber war er Selbſtherrſcher, der Geſeße geben und aufheben — den Gothen gegenüber beſchränkter Wahlfürſt und Heerkönig, der ohne Zuſtimmung der Volksälteſten weder alte Rechtsgebräuche abſchaffen, noch neue einführen konnte. Nur wo das Ganze durch dieſe Schranken gelitten hätte, ſtellte er beide Völker unter das gleiche Geſeß. Zur Grundſteuer waren Gothen wie Römer verpflichtet, wiewohl ſie von erſtern ungern getragen wurde. Gewerbſteuer und Zollabgaben trafen billigerweiſe nur die Römer, in deren Hand Gewerbe und Handel gegeben waren.

Ungleich den früheren weſtrömiſchen Kaiſern mied Theo-dorich Prunk und unnöthigen Aufwand, und ſeine Hofhaltung zu Ravenna zeigte die Würde, aber nicht die Pracht des Königs, der ſeinen Ruhm im Wohl des Reiches ſuchte. Wenn es wahr iſt, daß Theodorich nicht ſchreiben konnte, ſondern ſeinen Namen mittels einer Blechform unterzeichnete, in welcher die vier erſten Buchſtaben ſeines Namens eingeſchnitten waren, ſo gewinnt ſeine Sorge für Kunſt und Wiſſenſchaft um ſo höhere Bedeutung.

Als er im Jahre 500 zum erstenmal nach Rom kam, machten die Prachtgebäude und Kunstwerke der Weltstadt auf ihn einen solchen Eindruck, daß er der Bewunderung kaum Herr werden konnte. Vieles war in Trümmer gesunken. Er setzte große Summen aus, um es wieder herzustellen und das noch Erhaltene vor dem Verfall zu bewahren. In Ravenna und Verona, wo er oft Hoflager hielt — daher in der Sage sein Name „Dietrich von Bern" — ließ er Kirchen und Paläste von großartigen Verhältnissen bauen, in denen man schon die Anfänge des deutschen Styls des Mittelalters erkennt. Für sich errichtete er ein Grabdenkmal eigenthümlicher Form. Es war ein Rundbau, dessen Kuppelgewölbe aus einem Stein, mit den Bildern der zwölf Apostel, den Marmorsarg enthalten sollte. Männern der Wissenschaft war er nicht nur persönlich zugethan und bedachte sie bei einflußreichen Aemtern, sondern er förderte auch die vorhandenen Bildungsanstalten und spornte zum geistigen Unterricht der Jugend, obgleich die Gothen auf die Uebung in den Waffen mehr Werth legten.

Theodorich war Arianer, wie sein ganzes Volk. Die Römer waren Katholiken. Aber so leidenschaftlich sich anderwärts die verschiedenen Religionsparteien befehdeten, er duldete nicht, daß die Katholiken verfolgt oder die römische Kirche in ihren Rechten gekränkt wurde. Die Wohlfahrt des Reiches nahm unter dem weisen König rasch zu. Aber die Bürgschaft für die Zukunft fehlte ihr; denn sie war doch nur auf die wandelbare Kraft eines Menschen gebaut und nicht auf Grundlagen, die der Zeit trotzen. Das zeigt sich schon im Leben des großen Königs. So milde und versöhnlich er gegen die Römer verfuhr, so tief und nachhaltig sein Wohlwollen ihnen vor Augen lag, so konnten sie es nicht verschmerzen, daß ein Deutscher und Ketzer sie beherrsche, und nährten Groll unter dem Schein der Unterwürfigkeit. Als in

Constantinopel ein Kaiser auf den Thron kam, der zur katholischen Kirche hielt, machte sich die Unzufriedenheit in dem Verlangen Luft, unter die Herrschaft des griechischen Kaiserreichs zu kommen. Theodorich bekam von den Umtrieben seiner Unterthanen Kenntniß und es übermannte ihn der Zorn über den Undank, womit man seine Wohlthaten lohne. Das Gemüth des bis dahin so milden und gerechten Mannes wurde verbittert und zum Mißtrauen gereizt, so daß er die lang geübte Besonnenheit verlor. Auf den bloßen Verdacht eines Verrathes ließ er edle Männer unter dem Henkerbeile bluten, und der Schatten, der sich damit über die letzten Tage **des** großen Mannes zieht, wird wenig durch die Thatsache **gemildert**, daß er sein Unrecht bald erkannt und die Reue, die **er** darüber empfand, sein Leben verbittert habe.

Theodorich starb im Jahre 526 Das ostgothische Reich seiner Schöpfung sank mit dem Gründer, da nur er es verstanden hatte, die widerstrebenden Elemente zweier Nationen **und** zweier christlicher Bekenntnisse durch das Gewicht seiner Herrschergabe aneinander zu binden.